LE POUVOIR DE L'INFLUENCE

Ce livre a été publié pour la première fois aux États-Unis en 2017, chez Henry Holt & Company, New-York, sous le titre *The Influencial Mind*.

Traduction par Emmanuelle Urien.

TALI SHAROT

LE POUVOIR DE L'INFLUENCE

MARABOUT

Pour Josh

Sommaire

Prologue

L'influence, une affaire mystérieuse

Une seringue taille XXL

Vous et moi avons une activité en commun. Peut-être ne vous êtes-vous jamais attardés sur cette activité. Ou bien, au contraire, y pensez-vous constamment. En tant que conjoint, parent ou ami, vous pratiquez cette activité. Et tout autant si vous êtes médecin, enseignant, conseiller financier, journaliste, cadre, ou simplement humain.

Cette activité, c'est l'influence que nous avons sur les autres. Nous enseignons à nos enfants, guidons nos patients, conseillons nos clients, aidons nos amis et informons nos contacts sur les réseaux sociaux. Et si nous le faisons, c'est parce que chacun de nous possède une expérience, des connaissances et des compétences uniques que les autres n'ont peut-être pas. Mais est-ce que nous pratiquons cette activité comme il convient ?

Il me semble que les personnes qui délivrent les messages les plus importants et donnent les conseils les plus utiles ne sont pas forcément celles qui ont l'impact le plus étendu. L'histoire récente regorge de tels mystères, depuis l'entrepreneur qui a convaincu les investisseurs d'injecter des milliards dans une entreprise biotechnologique bancale jusqu'au politicien qui a échoué à persuader les citoyens de se battre pour l'avenir de leur planète. Mais alors, qu'est-ce qui détermine notre capacité à influencer ce que pensent les autres ? Et qu'est-ce qui conditionne le fait que les autres puissent modifier ce en quoi nous croyons et notre façon de nous comporter ?

Ce livre part du principe que c'est votre cerveau qui crée la personne que vous êtes. Chaque pensée qui vous traverse l'esprit, chaque sentiment que vous éprouvez, chaque décision que vous prenez, est générée par votre activité neuronale. Pourtant, votre propre cerveau, qui se trouve dans votre propre crâne, ne vous appartient pas totalement. Il est le produit d'un code qui a été écrit, réécrit et modifié pendant des millions d'années. En déchiffrant ce code et en essayant de comprendre pourquoi il a été écrit de cette façon, nous serons mieux à même de prédire les réactions des gens et de comprendre pourquoi certaines méthodes classiques de persuasion échouent là où d'autres fonctionnent.

Depuis vingt ans, j'étudie en laboratoire le comportement humain. Avec mes collègues, nous avons effectué des dizaines d'expériences afin de comprendre ce qui amène les gens à changer d'avis, modifier leurs croyances et réécrire leurs souvenirs. Nous avons, de façon systématique, manipulé les stimulations, les émotions, les contextes et les environnements sociaux, puis nous avons observé le cerveau de nos sujets, enregistré leurs réactions physiques et décrit leurs comportements. Il s'avère que nous nous trompons sur les éléments que nous estimons généralement de nature à modifier les pensées et les actes des autres. Avec ce livre, j'entends révéler les erreurs systématiques que nous commettons quand nous tentons de faire changer quelqu'un d'avis, mais je souhaite aussi mettre en lumière ce qui se passe lorsque nous y parvenons.

Je vais commencer par mon propre cas, en évoquant un épisode où un homme, dont l'influence inattendue sur des millions de gens en a étonné plus d'un, a failli me persuader d'ignorer des années de formation scientifique.

*

Le soir du 16 septembre 2015, vers 20 heures, j'étais assise sur le canapé de mon salon pour regarder le second débat des primaires républicaines sur CNN. La campagne présidentielle de 2016 était l'une des plus intéressantes de l'histoire, pleine de rebondissements et de surprises. Elle s'est également révélée être une étude fascinante de la nature humaine.

Sur la scène de la Bibliothèque présidentielle Ronald Reagan de Simi Valley, en Californie, se trouvent deux des principaux candidats : Ben Carson, neurochirurgien pédiatrique, et Donald Trump, magnat de l'immobilier. Entre deux discussions sur l'immigration et les impôts, le débat s'oriente vers l'autisme.

— Docteur Carson, commence le modérateur, Donald Trump a publiquement, et de façon répétée, relié les vaccins, les vaccins infantiles, à l'autisme. Comme vous le savez, la communauté médicale réfute catégoriquement cette assertion. Vous êtes neurochirurgien pédiatrique. Monsieur Trump doit-il cesser de lancer cette affirmation ?

— Eh bien, répond le docteur Carson, disons que de nombreuses études ont été réalisées et qu'elles n'ont pas révélé de corrélations entre la vaccination et l'autisme.

— Doit-il cesser d'affirmer que les vaccins provoquent l'autisme ? demande le modérateur.

— Je viens juste de le lui expliquer. Il peut lire ces études, s'il le souhaite. Je pense que c'est un homme intelligent et qu'après avoir eu en main les faits réels, il prendra les bonnes décisions.

Même si je n'adhère pas à tout ce qu'affirme le docteur Carson, je suis d'accord avec lui sur ce point. Il se trouve que le sujet m'est familier, non seulement en raison de mon métier de neuroscientifique, mais aussi parce que je suis mère de deux jeunes enfants qui, à l'époque, ont respectivement deux ans et demi et sept semaines. Je suis donc extrêmement surprise par ma réaction aux paroles que Trump prononce alors :

— J'aimerais répondre à ça, dit-il. L'autisme s'est transformé en épidémie... C'est devenu complètement incontrôlable... Vous avez un joli petit bébé, et vous lui enfoncez... Je veux dire, on dirait que ce truc est fait pour un cheval, pas pour un enfant. Et on a eu tellement de cas, des gens qui travaillent pour moi. Tenez, l'autre jour, deux ans, deux ans et demi, un enfant, un bel enfant, il est allé se faire vacciner et en revenant, une semaine plus tard, il a eu une fièvre incroyable, il a été très, très malade, et maintenant il est autiste[1].

Ma réaction est immédiate et viscérale : l'image d'une infirmière enfonçant une seringue taille XXL dans mon minuscule bébé s'imprime dans ma tête et refuse de disparaître. Je sais très bien que les seringues utilisées pour les vaccinations sont de taille normale, mais peu importe : je panique : « Oh, non ! Et si mon enfant tombe malade ? »

Je suis choquée de sentir ces pensées me traverser. Néanmoins, l'angoisse, un sentiment très familier chez les parents, prend brusquement le dessus.

— Mais vous savez, dit le docteur Carson, il se trouve que nous avons des preuves extrêmement tangibles que vaccination et autisme n'ont aucun lien.

Des preuves, tu parles ! Le docteur Carson pourrait citer une bonne centaine d'études, cela n'aurait aucun effet sur la tempête qui se déchaîne dans mon cerveau. Je suis obnubilée par cette énorme aiguille qui est sur le point de rendre mon enfant très, très malade.

Cela n'a aucun sens. D'un côté, il y a un neurochirurgien pédiatrique qui a fait des études médicales validées par des pairs et possède des années d'expérience clinique ; de l'autre se trouve un homme d'affaires dont les arguments se réduisent à l'observation et à l'intuition. Pourtant, en dépit de mes années de formation scientifique, c'est ce dernier que je crois. Pourquoi ?

Je savais exactement pourquoi. Et cette prise de conscience m'a ramenée à la réalité. Là où Carson ciblait mon côté « cérébral », Trump visait tout le reste. Et il le faisait dans les règles de l'art – celles que décrit ce livre.

Trump puisait dans mon besoin très humain de contrôle et dans ma peur de perdre celui-ci. Il m'avait fourni l'exemple d'une erreur commise par un autre, déclenchant une émotion qui me permettait d'aligner mon schéma d'activité cérébrale sur le sien et de me ranger plus facilement à son point de vue. Enfin, il me mettait en garde contre les conséquences terribles qui résulteraient d'une ignorance de ses conseils. Comme je vais l'expliquer dans ce livre, provoquer la peur est souvent une mauvaise stratégie de persuasion. La plupart du temps, la peur fonctionne bien : a) quand ce que vous tentez de déclencher est l'inaction, b) quand la personne en face de vous est déjà angoissée. Dans ce cas précis, ces deux critères étaient remplis car Trump menait campagne *contre* la vaccination, et son public cible – les jeunes parents – est stressé par nature.

Le fait que je comprenne comment Trump affectait mes pensées m'a permis par la suite de réévaluer calmement la situation. Je n'allais pas changer d'avis sur la question : mon fils allait recevoir ses vaccins, tout comme ma fille avant lui. Mais je me demandais combien de jeunes parents avaient été convaincus par ses arguments. J'ai également réfléchi à ce qui serait arrivé si le docteur Carson avait fait appel aux besoins, désirs, motivations et émotions du public au lieu de partir du principe que la simple évocation des faits lui ferait prendre la bonne décision*. Le docteur Carson parlait à des millions de gens, et il a manqué une occasion extraordinaire de les toucher. Nous rencontrons tous de telles opportunités. Il est rare que nous parlions à des millions de personnes, mais nous sommes chaque jour en

* Une étude que j'évoque au chapitre 1 révèle pourquoi l'approche du docteur Carson était vouée à l'échec et ce qu'il aurait dû faire à la place.

contact avec des gens : à la maison, au travail, en ligne ou hors ligne.

Le fait est que nous adorons propager des informations et partager des opinions. Cela saute aux yeux sur Internet : chaque jour, quatre millions d'articles apparaissent sur des blogs, 80 millions de photos sont téléchargées sur Instagram, et 616 millions de tweets sont diffusés dans le cyberespace – soit 7 130 tweets par seconde. Derrière chaque tweet, post et photo se cache un être humain comme vous et moi. Pourquoi des millions d'humains passent-ils des millions de précieuses minutes chaque jour à partager de l'information ?

Il s'avère que la possibilité de transmettre ses connaissances est intérieurement gratifiante. Une étude menée par l'université Harvard montre que les gens sont disposés à renoncer à de l'argent afin que leurs opinions soient communiquées à d'autres[2]. Certes, dans ce cas, nous ne parlons pas d'informations très élaborées : il s'agit d'avis concernant des sujets ordinaires, du genre : Barack Obama aime-t-il les sports d'hiver, ou le café est-il meilleur que le thé ? Des images de scanner montrent que, quand une personne a l'occasion de transmettre ses sages paroles à d'autres, le siège de la récompense s'active fortement dans le cerveau. Nous éprouvons une explosion de plaisir en partageant nos pensées, ce qui nous pousse à communiquer. Il s'agit d'un trait fabuleux de notre cerveau, car il permet à la connaissance, à l'expérience et aux idées de ne pas disparaître avec la personne dont elles émanent, et de nous faire bénéficier en tant que société de tous ces esprits productifs.

Bien sûr, pour que cela arrive, le simple partage ne suffit pas. Il faut provoquer une réaction – ce que Steve Jobs appelait pertinemment « une entaille dans l'univers ». Chaque fois que nous partageons nos opinions et connaissances, c'est dans l'intention d'impacter les autres avec plus ou moins de force. L'objectif peut être de les sensibiliser à une cause sociale, d'augmenter des ventes, de modifier la vision des gens sur l'art ou la politique, d'améliorer la façon dont notre enfant mange, de changer la perception qu'on a de nous, de faire comprendre aux gens le fonctionnement du monde, d'accroître la productivité de notre équipe, ou simplement de convaincre notre conjoint de travailler moins et de partir avec nous en vacances sous les tropiques.

Le problème, c'est que nous envisageons cette tâche depuis l'intérieur de notre tête. En essayant de créer un impact, c'est d'abord *nous* que nous voyons. Nous réfléchissons à ce qui nous paraît persuasif, à notre état d'esprit, à nos désirs et à nos objectifs. Mais bien entendu, si nous voulons affecter le comportement et les croyances de la personne en face de nous, il nous faut d'abord comprendre ce qui se passe dans *sa* tête à elle et nous aligner sur le fonctionnement de *son* cerveau.

Prenez le docteur Carson, par exemple. En tant que médecin et scientifique expérimenté, ce sont des données vérifiées qui l'ont convaincu que les vaccins ne provoquaient pas l'autisme. Il a donc considéré que les données en question auraient le même effet persuasif sur les autres. Mais les humains ne sont pas programmés pour réagir de façon objective à l'information. Si les chiffres et les statistiques sont nécessaires pour établir une vérité, ils ne suffisent pas à modifier les croyances, et ils sont pratiquement inutiles pour déclencher une action, qu'il s'agisse de faire changer d'avis une personne ou une foule entière – une salle remplie d'investisseurs potentiels, ou simplement votre conjoint. Prenons l'exemple du changement climatique : il existe des monceaux de données prouvant que l'être humain joue un rôle dans le réchauffement de la planète et pourtant, 50 % de la population n'y croit pas[3]. En politique, c'est la même chose : aucun chiffre ne parviendra à convaincre un vrai républicain qu'un président démocrate a fait progresser la nation, et inversement. Et ne parlons pas de la santé : des centaines d'études prouvent que l'exercice physique est profitable, et les gens le croient mais, malgré cela, bien peu fréquentent les salles de sport.

De fait, le raz-de-marée d'informations que nous recevons aujourd'hui peut nous rendre encore moins sensibles aux données, parce qu'un simple clic de souris nous a habitués à dénicher des preuves pour absolument tout ce que nous avons envie de croire. Et ce sont désormais nos désirs qui façonnent nos croyances. C'est dans ces motivations et dans ces sentiments qu'il nous faut puiser pour opérer un changement, que ce soit chez nous ou chez les autres.

Dans ce livre, je décrirai nos pratiques instinctives pour influencer les autres – ces habitudes auxquelles nous nous raccrochons quand nous tentons de changer les croyances et comportements des autres. Beaucoup de ces pratiques – faire peur à quelqu'un pour le pousser à agir, affirmer que l'autre a tort ou tenter de contrôler les gens – sont incompatibles avec la façon dont l'esprit fonctionne. Cet ouvrage s'attache à montrer que, pour parvenir à faire changer quelqu'un d'avis, il faut s'aligner sur les éléments de base qui gouvernent notre façon de penser. Chaque chapitre sera consacré à l'un de ces sept facteurs critiques : croyances préétablies, émotion, motivations, faculté d'action, curiosité, état, et autres personnes. J'y expliquerai comment chacun de ces facteurs peut entraver ou faciliter les tentatives d'influence.

La différence entre le fait de se familiariser avec ces facteurs et les ignorer, c'est que la première option vous permettra d'établir une évaluation critique de votre comportement, que vous soyez l'influenceur ou l'influencé. En général, je parlerai du point de vue de la personne cherchant à influencer mais, de temps à autre, je retournerai cette relation pour partager la perspective de la personne influencée. Que se passe-t-il dans votre cerveau quand vous écoutez l'opinion d'un autre ? En effet, si vous comprenez une facette de la situation, vous appréhenderez mieux son revers.

Il nous reste encore beaucoup de recherches à mener pour connaître pleinement les facteurs qui influencent notre esprit, mais la connaissance partielle que nous en avons déjà est extrêmement précieuse. Par exemple, en étudiant la façon dont le système de récompense du cerveau est connecté au système moteur, nous pouvons déterminer à quel moment les gens sont plus susceptibles d'être influencés par la carotte, et quand ils seront plus sensibles au bâton. Savoir comment le stress affecte le cerveau permet d'expliquer pourquoi les gens réagissent de façon exagérée aux nouvelles négatives suivant des attaques terroristes.

Tout au long de ce livre, nous effectuerons des allers et retours entre les couloirs du cerveau, où les neurones communiquent en permanence entre eux, et ceux de mon laboratoire, où j'enregistre les réactions physiologiques et comportementales des gens. Nous parcourrons également le monde extérieur : un hôpital sur la Côte est des États-Unis qui, en partant de chiffres très bas, est parvenu à persuader presque 90 % de son personnel de se désinfecter les mains ; une maison de retraite dans le Connecticut où on a amélioré la santé des résidents en augmentant leur sentiment de contrôle ; une adolescente qui déclenchait inconsciemment chez elle des centaines de symptômes psychosomatiques ; etc. Ma question sera toujours : *pourquoi* ? Pourquoi telle stratégie a-t-elle provoqué une réaction, mais telle autre, non ? Pourquoi réagissons-nous face à Pierre, mais pas devant Paul ? Si vous savez ce qui amène les gens à réagir comme ils le font, vous disposerez d'outils pour affronter les défis spécifiques rencontrés dans votre vie quotidienne.

1

Tenir compte des croyances préétablies

Faut-il voir pour croire ?

Thelma et Jeremiah sont mariés et heureux en couple. Ils sont d'accord sur presque tout, de la façon d'élever leurs enfants à celle de gérer leurs finances. Ils partagent les mêmes convictions politiques et religieuses, le même humour, les mêmes références culturelles, et ils vont jusqu'à partager le même métier : tous deux sont avocats. Ceci n'est pas surprenant. Les recherches n'en finissent pas de montrer que le meilleur facteur pour un mariage durable, ce n'est pas la passion ou l'amitié, mais la similarité. Contrairement aux croyances populaires, les opposés ne s'attirent pas et, quand cela arrive, ils ne restent pas ensemble[4].

Il existe cependant un sujet de discorde entre Thelma et Jeremiah. Cela n'a rien d'étonnant : si compatibles qu'ils soient, la plupart des couples peuvent se disputer pendant des années sur un point ou un autre : doivent-ils avoir des enfants et, si oui, combien ? Comment trouver l'équilibre entre vie privée et travail ? Doivent-ils adopter un lézard ou un cochon d'Inde ? Pour Thelma et Jeremiah, le conflit porte sur l'endroit où ils devraient vivre. Thelma est née et a grandi en France, et Jeremiah aux États-Unis. Tous deux sont convaincus que leur pays natal est le meilleur endroit pour élever des enfants.

Ils ne sont pas seuls dans ce cas. Des études montrent que, si on leur demande quel est le lieu idéal pour vivre, travailler, élever des enfants et prendre sa retraite, la plupart des gens répondent qu'il s'agit de leur terre natale. 13 % seulement des adultes dans le monde aimeraient quitter définitivement leur pays [5]. Manifestement, ce n'est pas ailleurs que l'herbe est plus verte, mais bel et bien là où vous vivez. Si les gens doivent migrer, ils préfèrent partir chez le voisin : au Royaume-Uni pour les Français, en Suisse pour les Autrichiens.

Malheureusement, dans le cas de Thelma et Jeremiah, la solution ne réside pas dans le compromis : tout comme avoir un demi-enfant ne résout pas les problèmes des couples qui hésitent à procréer, il est impossible à Thelma et Jeremiah de construire une maison à mi-chemin entre l'Europe et l'Amérique du Nord, au beau milieu de l'océan Atlantique. Par conséquent, la seule solution consiste pour chacun à convaincre l'autre de se rallier à son point de vue.

On pourrait penser que cette tâche est parfaitement adaptée à Thelma et Jeremiah : comme je l'ai dit, ils sont tous les deux avocats. Leur travail consiste à persuader un jury de se ranger à leur opinion. Ils ont décidé de résoudre leurs problèmes matrimoniaux en les abordant de façon professionnelle : chacun essaie de briser la partie adverse en lui présentant des faits et des chiffres étayant ses arguments. Jeremiah montre à Thelma des données suggérant que le coût de la vie est plus bas aux États-Unis, et Thelma fournit à Jeremiah des chiffres montrant que les avocats gagnent plus en France. Jeremiah envoie à Thelma un courriel contenant un article qui explique que le système éducatif est meilleur en Amérique, et Thelma en trouve un qui affirme que les enfants sont plus heureux en France. Chacun considère comme peu fiables les « preuves » fournies par l'autre, et campe sur ses positions. Au fil des années, ils s'accrochent de plus en plus à leurs convictions respectives.

L'approche choisie par Thelma et Jeremiah est celle qu'adoptent la plupart d'entre nous. Lors de disputes ou de débats, nous brandissons instinctivement des éléments prouvant que nous avons raison et l'autre tort. Nous présentons de façon claire nos arguments logiques et les étayons avec des faits qui nous semblent très convaincants. Pourtant, pensez à la dernière fois que vous vous êtes disputé avec votre conjoint ou que vous avez participé à un dîner qui s'est transformé en débat politique. Êtes-vous parvenu à bousculer les convictions des autres ? Ont-ils pris en compte vos arguments réfléchis, et étudié avec soin vos données ? Si vos souvenirs sont exacts, vous devrez sans doute reconnaître que, malheureusement, les faits et la logique ne sont pas les outils les plus efficaces pour modifier les opinions. En situation de conflit, l'instinct a souvent tort.

La faiblesse des données

Votre cerveau, comme celui de la plupart des gens, est programmé pour éprouver du plaisir face à l'information. Ainsi, l'ère du numérique constitue un festival pour l'esprit. L'ère de l'agriculture nous a donné un accès plus aisé à la nourriture, et l'ère industrielle a augmenté de façon spectaculaire notre qualité de vie, mais aucune période de l'histoire n'a fourni autant de stimulations à nos cerveaux que celle de l'information. C'est comme si, en définitive, le cerveau humain était parvenu à bâtir son propre parc d'attractions procurant des sensations fortes parfaitement adaptées... à lui-même.

Les chiffres sont éloquents : il existe 3 milliards d'utilisateurs Internet dans le monde ; chaque jour, nous produisons environ 2,5 milliards de gigabits de données, effectuons 4 milliards de recherches Google et regardons 10 milliards de vidéos YouTube. Au cours du bref laps de temps qu'il vous a fallu pour lire cette dernière phrase, 530 243 nouvelles recherches Google ont été faites et 1 184 390 vidéos YouTube ont été visionnées partout dans le monde[6].

On aurait pu croire que la révolution numérique se révélerait utile lorsqu'il s'agit de modifier les convictions des autres. Si les gens aiment l'information, le meilleur moyen d'influencer leurs croyances et leurs actes n'est-il pas de leur offrir des données ? Nous disposons de grandes quantités d'informations et d'ordinateurs puissants qui nous permettent d'effectuer des analyses afin d'accroître nos connaissances puis de partager les faits et chiffres qui en résultent. Cela semble simple, non ?

C'est le cas, en effet – du moins jusqu'à ce que vous tentiez de présenter vos données et vos conclusions, toutes établies avec le plus grand soin, à la personne que vous espérez influencer. À ce moment, vous vous apercevez très vite que, souvent, les données ne sont pas le meilleur outil quand il s'agit de faire changer quelqu'un d'avis.

Cette prise de conscience a porté un coup très dur à la scientifique que je suis. En tant que neuroscientifique cognitive, je travaille au carrefour de la psychologie et des neurosciences. Comme la plupart des scientifiques, j'adore les données. Certains collectionnent les cristaux, d'autres les éditions originales de livres, les timbres, les voitures anciennes ou les poupées de porcelaine. Moi, je collectionne les données. Mes ordinateurs contiennent des centaines de dossiers qui renferment eux-mêmes des milliers de fichiers dont chacun recèle d'interminables rangées de chiffres. Chaque nombre représente une observation : la réaction d'un sujet face à une prise de décision ou à une autre personne ; l'activité d'un cerveau humain ou la densité de ses fibres nerveuses. Pris de façon isolée, ces chiffres sont inutiles. Si j'aime ces données, c'est que ces alignements de chiffres peuvent être transformés en quelque chose de beau : des graphiques éloquents qui, de temps à autre, révèlent une nouvelle information passionnante sur ce qui fait avancer l'*homo sapiens*, c'est-à-dire vous et moi.

Imaginez donc mon désarroi quand j'ai appris que tous ces chiffres issus de nombreuses expériences et observations révélaient qu'en réalité, les gens ne sont pas motivés par les faits, les nombres ou les données. Non que les gens soient bêtes ou bornés : il s'avère que l'accessibilité à toutes ces données, ces outils analytiques et ces puissants ordinateurs n'existe que depuis quelques décennies, alors que les cerveaux que nous essayons d'influencer sont les produits d'une évolution de millions d'années. Alors certes, nous adorons l'information, mais notre cerveau évalue celle-ci et prend des décisions selon des biais très différents de ceux que la plupart d'entre nous pensent qu'il devrait utiliser. Le défaut d'une approche qui favorise information et logique, c'est qu'elle passe à côté de ce qui nous rend humain, vous et moi : nos motivations, nos peurs, nos espoirs et désirs. Comme nous le verrons, cela pose un sérieux problème : cela signifie que les données n'ont qu'une capacité limitée à modifier les opinions fortes des autres. Les croyances établies peuvent être extrêmement résistantes au changement, même lorsqu'on fournit des preuves scientifiques pour les discréditer.

Le pouvoir de la confirmation

Trois scientifiques, Charles Lord, Lee Ross et Mark Lepper, ont recruté 48 étudiants du premier cycle qui étaient soit partisans ardents de la peine de mort, soit profondément opposés à cette peine[7]. Ils leur ont présenté deux études scientifiques : l'une offrait des éléments prouvant l'efficacité de la peine capitale, l'autre montrait son inefficacité. En réalité, les deux études avaient été fabriquées de toutes pièces. Lord, Ross et Lepper les avaient eux-mêmes créées, mais les étudiants ignoraient ce fait. Ont-ils trouvé ces études convaincantes ? Eh bien, oui !

Mais uniquement quand ces éléments les renforçaient dans leur opinion d'origine. Les partisans de la peine de mort pensaient que l'étude démontrant l'efficacité de celle-ci était bien menée. Parallèlement, ils jugeaient l'autre étude mal exécutée et peu convaincante. Les opposants à la peine de mort affirmaient exactement le contraire. Par conséquent, les partisans de la peine capitale ont quitté le laboratoire plus déterminés que jamais, et les autres en s'y opposant encore plus fermement qu'avant. Plutôt que de permettre aux sujets de considérer les deux aspects de la situation, cet exercice a polarisé chaque participant.

L'information peut mener à la polarisation des opinions dans des domaines allant de l'avortement à l'homosexualité, en passant par l'assassinat de John F. Kennedy[8]. Avec mon collègue Cass Sunstein (administrateur de l'OIRA – le Bureau de l'information et de la régulation de la Maison-Blanche – durant le gouvernement Obama, et actuellement professeur de droit à Harvard), nous voulions savoir si ces attitudes s'appliquaient également dans le domaine du changement climatique[9]. Dans un premier temps, nous avons demandé à un groupe de volontaires de nous donner leur opinion sur le sujet. Par exemple : pensaient-ils qu'un changement de climat induit par l'homme était en train de se produire ? Soutenaient-ils l'accord de Paris visant à réduire les émissions de gaz à effet de serre ? Sur la base de leurs réponses, nous les avons divisés en deux groupes : ceux qui croyaient peu au changement climatique induit par l'homme, et ceux qui y croyaient fortement. Nous avons ensuite informé chaque sujet que les climatologues estimaient que la température globale moyenne allait monter d'environ 2 °C d'ici 2100, puis nous leur avons demandé leurs propres estimations.

C'est alors qu'a eu lieu le véritable test. On a informé la moitié des volontaires que d'éminents scientifiques avaient récemment réévalué ces données et conclu que la situation était beaucoup plus engageante qu'ils ne l'avaient d'abord prévu, évoquant une augmentation de la température comprise entre seulement 0,5 et 2 °C. L'autre moitié a été informée que la situation était bien pire qu'on ne l'avait pensé, avec une augmentation probable comprise entre 3 et 6 °C. Par la suite, on a demandé à tous les participants de fournir une nouvelle estimation personnelle.

Les sujets ont-ils modifié leurs estimations en fonction des évaluations des experts ? Là encore, nous avons observé qu'ils ne changeaient d'opinion que s'ils avaient reçu des informations correspondant à leur vision d'origine. Ceux qui croyaient peu au changement climatique induit par l'homme ont été influencés par la nouvelle réconfortante que la situation était moins grave qu'on ne le pensait (leurs estimations ont baissé d'environ 0,5 °C), mais les nouvelles plus alarmantes n'ont eu aucun effet sur leurs estimations. Quant à ceux qui croyaient fortement au changement climatique, on fait le constat inverse : ils ont été touchés d'apprendre que les scientifiques envisageaient une situation plus grave que prévu, mais peu influencés par l'annonce que les pronostics étaient moins pessimistes qu'on l'avait d'abord annoncé.

Lorsqu'on fournit de nouvelles données à quelqu'un, il accepte rapidement celles qui confirment ses idées préconçues (les croyances *préétablies*) mais évalue d'un œil critique les éléments contradictoires. Comme nous sommes souvent exposés à des informations et opinions qui vont à l'encontre de nos croyances préétablies, cette tendance génère une polarisation qui va s'accroître avec le temps, dans la mesure où les gens reçoivent de plus en plus d'informations[10].

En réalité, le fait de fournir à une personne des informations qui contredisent son opinion peut l'amener à brandir de nouveaux contre-arguments qui vont la conforter dans son point de vue original – c'est ce qu'on appelle « l'effet boomerang ». Thelma, par exemple, a trouvé de nombreuses failles dans l'article que lui a envoyé Jeremiah pour lui montrer que le système éducatif était meilleur aux États-Unis. « L'article a été écrit par un Américain, s'est-elle dit. Qu'est-ce qu'ils connaissent à l'éducation, de toute façon ? Les Américains enseignent la littérature "moderne" et l'histoire "nouvelle", sans se préoccuper des écrits anciens et des récits de l'Ancien Monde. »

Avez-vous remarqué ce qu'a fait Thelma? Non seulement elle a écarté les éléments qui ne lui convenaient pas, mais elle a trouvé de nouveaux arguments pour prouver que le système éducatif était meilleur en France – des arguments auxquels elle n'avait jamais pensé jusque-là. Par conséquent, sa conviction initiale s'en est trouvée renforcée. Être confrontée à des informations qui semblaient contredire son point de vue a mis Thelma mal à l'aise; elle a donc remédié à ce sentiment négatif en éliminant ces éléments de façon rationnelle et en renforçant ses propres positions. En épousant Jeremiah, Thelma est devenue une fervente avocate de la France; si elle s'était mariée avec François, son petit copain du lycée, je pense qu'elle aurait une image moins idéaliste de son pays natal.

Google est (toujours) de mon côté

Il n'existe aucune vérité sur laquelle nous nous accordons tous. Dans une lettre envoyée à Jean-Baptiste LeRoy en 1789, Benjamin Franklin a écrit cette phrase célèbre: «Rien n'est certain en ce monde, hormis la mort et les impôts.» Franklin a emprunté cette maxime à l'auteur anglais Daniel Defoe qui disait en 1726, dans son ouvrage *Histoire du Diable*: «On croit plus fermement à des choses aussi certaines que la mort et les impôts[11].»

Même si cette expression est communément utilisée, ni les impôts ni la mort ne sont des réalités sur lesquelles nous sommes tous d'accord. Certains pensent que la mort peut être dépassée, par exemple grâce à la cryogénisation. Et même si nous reconnaissons tous que la mort est inéluctable, il existe de nombreux points de vue sur ce qui nous attend dans l'au-delà. Quant aux impôts, nous ne pouvons ignorer les fraudeurs et les protestataires qui estiment que les taxes ne sont en rien une nécessité. Et si nous ne sommes pas tous d'accord sur la mort et les impôts, vous imaginez bien que nous sommes voués à nous opposer sur bien d'autres «vérités».

Décider que vivre en France est mieux qu'habiter aux États-Unis relève d'une question d'opinion. Affirmer que la peine de mort est moralement acceptable est tout aussi subjectif. Mais que se passe-t-il quand il s'agit de faits incontestables ? Prenez l'exemple du lieu de naissance de Barack Obama, une controverse née en 2008 : des courriels anonymes mettaient alors en doute le fait qu'Obama soit né aux États-Unis[12]. Si ce n'était pas le cas, il n'aurait pas été éligible en tant que président. Les « preuves » de cette allégation ont bientôt émergé sur Internet, et cette question a déclenché une telle tempête médiatique qu'Obama a décidé de prendre le problème à bras-le-corps en publiant son certificat de naissance. Pourtant, ce document valide, fourni par le président des États-Unis lui-même, n'a pas suffi à modifier l'opinion des gens. Des sondages ont montré qu'un pourcentage non négligeable d'Américains n'était toujours pas sûr que Barack Obama soit éligible aux fonctions présidentielles[13].

« Il existe un mécanisme, un réseau de désinformation qui, dans cette nouvelle ère des médias, est en perpétuel mouvement », a remarqué Obama en 2010. C'est ainsi qu'il a réagi en apprenant que, deux ans après les élections présidentielles, 20 % des Américains (un cinquième !) n'étaient toujours pas convaincus qu'il était bien né aux États-Unis[14]. Par « mécanisme » et « réseau », Obama faisait sans doute référence à la technologie qui stimulait la propagation de fausses informations.

Dans le monde actuel, la facilité avec laquelle nous trouvons des « données » et des « preuves » à même de discréditer n'importe quel point de vue – et, en même temps, découvrons de nouvelles informations pour étayer le nôtre – est sans précédent. Il faut moins d'une seconde pour dénicher des articles affirmant que les fraises sont mauvaises pour la santé (il semble que leur peau absorbe des produits chimiques néfastes) et que mettre du beurre dans le café est au contraire très sain – un régime connu sous le nom de *bulletproof coffee*, ou « café pare-balles». Apparemment, le *bulletproof coffee* «agit massivement sur les fonctions cognitives» et «vous fournira l'énergie dont vous avez besoin pendant six heures [...] en programmant votre corps à brûler des graisses toute la journée[15]». Il ne faut qu'une seconde de plus pour trouver autant d'articles assurant qu'en fait, les fraises sont bonnes pour la santé en raison des nutriments qu'elles contiennent, et que mettre du beurre dans son café est une très mauvaise idée. Apparemment, les graisses saturées sont saines, mais l'être humain n'est pas arrivé à ce stade de son évolution en en absorbant de telles quantités. Par la suite, on a constaté que le *bulletproof coffee* accroissait de façon spectaculaire le taux de cholestérol[16].

Paradoxalement, la richesse des informations disponibles nous rend plus résistants au changement, car il est très facile de trouver des éléments qui étayent notre point de vue. Cela se confirme même dans le cadre d'opinions extrêmes comme celle qui consiste à croire qu'une race est génétiquement supérieure à une autre. Nous lisons attentivement les blogs et les articles qui vont dans notre sens, et nous évitons de cliquer sur des liens qui défendent un point de vue différent.

Mais ce n'est qu'une partie du problème. Ce dont nous ne sommes pas conscients, c'est que des informations triées sur le volet nous sont fournies sans qu'on le sache. Nous oublions que, souvent, on nous présente des contenus filtrés pour correspondre à nos croyances préétablies. Voici comment ça marche: quand vous saisissez une requête dans Google ou un autre moteur de recherches, vous obtenez des résultats qui ont été personnalisés en fonction de vos précédentes recherches et de votre activité sur le Web[17]. En d'autres termes, si vous êtes démocrate et que vous cherchez les dernières statistiques sur les débats présidentiels, votre requête vous renverra certainement à de nouveaux articles et posts de démocrates qui pensent que le candidat démocrate s'en est sorti haut la main. Ces liens incluront des sites de presse et des blogs d'opinions que vous avez visités récemment et d'autres qui leur sont associés. Dans la mesure où les vingt premiers résultats affichés encensent tous la performance du candidat démocrate, vous restez sur l'impression qu'il (ou elle) a en effet accompli des prouesses. Tout le monde le pense. D'ailleurs, vos fils d'actualités sur Twitter et Facebook vous fournissent des preuves supplémentaires de la supériorité de votre candidat, ce qui vous rend de plus en plus confiant quant au résultat des élections.

Mais la réalité est tout autre : si vous êtes républicain, votre fil d'actualité sera très différent car vos comptes Twitter et Facebook seront probablement associés à ceux d'autres républicains. Vos recherches Google vous fourniront également des résultats différents, non seulement parce que Google utilise des algorithmes complexes pour connaître vos intérêts et préférences, mais aussi parce que les requêtes prennent en compte votre localisation géographique[18]. Google tient à vous donner exactement ce que vous cherchez et, pour lui, ce que vous cherchez ressemble à ce que veut votre voisine Riana, mais pas du tout à ce que souhaite Pinto qui habite de l'autre côté du globe. C'est une hypothèse raisonnable. Vous vous retrouvez donc avec des liens menant à des sites fréquemment visités par les utilisateurs de votre région. Par conséquent, comme les républicains sont plus susceptibles de vivre dans certains États, et les démocrates dans d'autres, quand vous saisissez « débat présidentiel », vous obtenez des liens vers des sites qui soutiennent votre candidat (du moins, si vous vivez dans un État où les habitants ont les mêmes convictions politiques que vous). Comme tout ceci se fait à votre insu, vos convictions politiques s'en trouvent renforcées, tout comme vos préférences culturelles et vos croyances scientifiques.

Ce processus peut nous affaiblir : comment décider objectivement de ce qui est vrai et de ce qui est juste si nous ne sommes pas confrontés à d'autres courants de pensée ? Il existe des gestes que vous pouvez faire afin de minimiser ce biais de confirmation induit par la technologie. Voici un conseil : si vous souhaitez limiter les résultats de recherches personnalisés en fonction de vos convictions, utilisez la « navigation anonyme » ou effacez les informations que votre moteur de recherches enregistre à votre sujet (comme la localisation), et désactivez le suivi de l'historique. Vous pouvez également mettre à jour les comptes que vous suivez sur les réseaux sociaux pour y inclure des intrus – des gens que vous respectez mais dont vous ne partagez pas les positions. Peut-être vous suivront-ils à leur tour.

Il existe un autre artifice grâce auquel vos opinions peuvent être confirmées à votre insu : la « boucle de rétroaction sociale ». Imaginez que vous avez découvert un nouveau produit fabuleux et que vous souhaitez partager cette trouvaille avec tous vos amis pour qu'ils puissent eux aussi en bénéficier. Disons que le produit en question est un nouveau routeur Wi-Fi que nous appellerons le « super-routeur ». Il permet des connexions rapides sur des distances très importantes. Vous en parlez à vos amis, à vos parents et sur Pinterest, Instagram et d'autres réseaux sociaux. Dans les deux mois qui suivent, il arrive quelque chose d'étrange : vos connaissances n'arrêtent pas de vous parler du super-routeur, en personne et en ligne. « Tu connais ce nouveau routeur Wi-Fi superpuissant ? Apparemment, ça peut changer ta façon de naviguer sur le Web. » Il ne s'agit même pas de personnes évoluant dans votre entourage immédiat – on dirait que tout le monde est au courant de l'existence de ce super-routeur. Mais ce que vous sous-estimez peut-être, c'est votre contribution probable à tout ce battage. Quand nous partageons avec un grand nombre de personnes une idée, un conseil ou une opinion, ceux-ci seront en partie partagés avec d'autres personnes, qui les partageront de nouveau avec d'autres. Comme les réseaux sociaux ont tendance à s'entrecroiser, ces opinions vont finir par vous revenir sans que vous ayez conscience que vous en êtes la source. Au contraire, vous en conclurez que beaucoup d'autres personnes se sont indépendamment fait la même opinion que vous, ce qui confortera votre point de vue initial.

Quand l'intelligence sert à déformer les informations

Chercher et interpréter des données de façon à renforcer nos croyances préétablies s'appelle un «biais de confirmation[19]». Il s'agit d'un des biais les plus solides qu'on trouve chez l'être humain. À présent que vous en êtes bien conscients, vous observerez sans doute des gens adopter ce mode de penser au quotidien: vous les surprendrez à écarter des arguments qui ne leur conviennent pas et à s'approprier ceux qui les arrangent. Mais vous constaterez également que les individus ne sont pas tous égaux face à cette tendance: certains sont plus résistants que d'autres. Qu'est-ce qui fait que certaines personnes intègrent les informations de façon équilibrée quand d'autres réfutent les éléments qui ne correspondent pas à leurs opinions existantes?

Si vous vous percevez comme quelqu'un de très analytique – qui possède une forte capacité à utiliser des données quantitatives et de bonnes facultés de raisonnement –, félicitations: les personnes dotées de qualités analytiques sont mieux à même de déformer les données à volonté que celles dont les facultés de raisonnement sont faibles[20]. Lors d'une étude, 1 111 Américains venus de tout le pays ont participé à une tâche en ligne. D'abord, on les a soumis à une batterie de tests classiques permettant de mesurer leurs aptitudes quantitatives et leur usage de la logique systématique. Ensuite, on leur a fourni deux lots de données. On leur a fait croire que le premier lot était issu d'une étude concernant un nouveau traitement contre l'urticaire. Les participants devaient décider, à l'aide des données, si ce traitement améliorait ou aggravait l'état des patients. Pour résoudre ce problème, ils devaient faire appel à leurs compétences quantitatives. De façon prévisible, les sujets qui avaient obtenu les meilleurs scores lors des tests mathématiques ont également effectué les meilleures analyses de données concernant le traitement anti-urticaire.

Le second lot de données contenait des statistiques de crimes dans différentes villes. Les volontaires ont été informés qu'une municipalité cherchait à décider s'il fallait promulguer une loi interdisant les simples citoyens de porter en public une arme dissimulée. Les élus locaux se demandaient si une telle loi serait susceptible de faire baisser le taux de criminalité en réduisant le nombre de personnes armées ou, au contraire, de l'augmenter en empêchant les citoyens honnêtes de se défendre en cas d'agression. Pour répondre à ces questions, les chercheurs avaient divisé les villes en deux groupes : celles qui avaient récemment interdit le port d'armes dissimulées, et celles qui continuaient de l'autoriser.

Les volontaires devaient examiner les données et déterminer si la nouvelle loi augmentait ou faisait baisser la criminalité.

En réalité, les données concernant le traitement contre l'urticaire et celles liées à la loi sur les armes étaient exactement les mêmes – on avait utilisé les mêmes chiffres. Pourtant, les participants ont mieux résolu le problème quand ces chiffres étaient présentés comme issus d'un traitement dermatologique. Pourquoi ?

Les participants se fichaient que le nouveau traitement anti-urticaire soit efficace ou non. Ils ont donc effectué leur tâche rationnellement, en utilisant leurs capacités mathématiques pour analyser soigneusement les données. En revanche, la plupart d'entre eux possédaient des avis passionnés quant au contrôle des armes à feu, passion qui interférait avec leur capacité à analyser les données de façon objective. Jusque-là, rien de nouveau : nous savons que la motivation altère nos facultés de raisonnement. En revanche, voici ce qui est fascinant : ce sont les gens doués pour les chiffres (les « analytiques ») qui ont eu le plus de mal à déterminer si l'interdiction du port d'arme réduisait effectivement la criminalité.

Ces résultats réfutent l'idée selon laquelle le raisonnement motivé serait un trait spécifique aux personnes plus rationnelles. Au contraire, plus vos facultés cognitives sont élevées, plus votre capacité à rationaliser et interpréter à volonté est grande, et plus vous aurez tendance à déformer les informations de façon créative pour les adapter à votre opinion. Paradoxalement, les gens se servent parfois de leur intelligence, non pour tirer des conclusions plus objectives, mais pour dénicher des failles dans les données qui ne les satisfont pas. Ainsi, lors des conflits, la meilleure approche ne consiste pas forcément à proposer instinctivement des faits et des chiffres qui étayent notre point de vue et contredisent celui de notre interlocuteur. Même si la personne en face de nous est très intelligente, il sera difficile de la faire changer d'avis avec des arguments contraires.

Pourquoi nous sommes ce que nous sommes

Tout ceci soulève une question : pourquoi notre cerveau a-t-il évolué de manière à rejeter des informations parfaitement valides lorsqu'elles ne correspondent pas à notre vision du monde ? Cela ressemble à de la mauvaise mécanique susceptible de mener à des erreurs de jugement. Alors pourquoi ce bug n'a-t-il pas été corrigé au cours de l'évolution humaine ? Existe-t-il une explication raisonnable à cette apparente aberration ? Ou même un avantage ?

Certains experts affirment que, si le cerveau humain a développé la capacité de raisonner, ce n'est pas pour découvrir la vérité mais pour nous permettre de persuader les autres que nous avons raison[21] : nous évaluons les éléments en présence d'une façon qui nous permettra d'imposer nos vues plus efficacement. Il semblerait que, plus nous sommes doués pour l'argumentation, plus nous avons de chances d'obtenir ce que nous voulons. Cette théorie explique les biais de confirmation et l'effet boomerang. Pourtant, je ne la trouve pas entièrement convaincante. L'idée que le cerveau humain a développé ses capacités de raisonnement dans le seul but de remporter une polémique me paraît simpliste. En outre, si nous possédons un biais de confirmation, alors personne n'est en mesure de persuader les autres quoi qu'il arrive. De fait, les individus les plus influents sont souvent les plus ouverts d'esprit.

Envisageons alors la possibilité suivante: interpréter l'information à la lumière de ce que nous pensons déjà savoir est souvent la bonne approche. *En général*, quand nous sommes confrontés à une information qui contredit ce que nous savons du monde, cette information se révèle fausse. Par exemple, si quelqu'un affirme qu'il a vu un éléphant jaune voler dans le ciel ou un poisson rouge marcher dans la rue, il est raisonnable de supposer que cette personne ment, ou qu'elle divague. Nous devons donc, de façon générale, évaluer les informations en relation avec ce que nous savons déjà.

Quatre facteurs entrent en jeu lorsque nous formons une nouvelle croyance: nos croyances préétablies, notre confiance dans celles-ci, les nouveaux éléments, et notre confiance dans ces éléments. Par exemple, imaginez qu'un enfant raconte à son père qu'il y a un éléphant dans le ciel. Le père croit fermement que les éléphants ne volent pas. En outre, il n'a guère confiance dans la crédibilité de son enfant, et il conclura donc que celui-ci a tort. À présent, imaginez la situation inverse: un très jeune enfant entend son père lui dire qu'un éléphant vole dans le ciel. L'enfant n'a pas encore formé de croyances solides sur le monde, et il ne sait donc pas très bien si les éléphants volent ou non. Par ailleurs, comme il tient les opinions de son père en haute estime, il en conclut que les éléphants savent voler.

Tout bien considéré, cette approche est raisonnable: la plupart du temps, nous devrions effectivement nous accrocher à ce que nous savons. Cependant, il existe un effet secondaire à ce processus: il est très difficile de modifier les croyances préétablies, même lorsqu'elles sont fausses.

Combien cela nous coûte-t-il ?

Nous avons déjà vu que notre tendance à ignorer les éléments qui ne correspondent pas à notre point de vue perturbe les relations personnelles, mais aussi politiques, ce qui est très alarmant en soi. Et dans la finance, alors ? Les gens interprètent-ils les informations de manière sélective lorsqu'ils prennent des décisions à caractère financier ? Avec mes collègues Andreas Kappes et Read Montague, nous avons mené une expérience pour tenter de répondre à cette question[22].

Millie est l'une des participantes à cette étude. C'est une étudiante en biologie de 21 ans à l'University College de Londres. Elle a des cheveux bruns et raides rassemblés en queue-de-cheval et des yeux pétillants derrière de grandes lunettes de style années 1970. Comme la plupart des étudiants, elle a besoin d'argent pour payer son loyer et, quand elle est tombée sur notre annonce réclamant des recrues payées pour une étude du département de psychologie, elle s'est empressée de s'inscrire. Lorsque Millie arrive au laboratoire, on la présente à son complice, Ewan, un autre participant. Elle le voit pour la première fois. Lors de brèves présentations, Millie apprend qu'Ewan est lui aussi étudiant en psychologie, et qu'il vient de passer un semestre au Japon.

Andreas, qui dirige l'expérience, explique à Millie et Ewan qu'ils vont jouer à un jeu impliquant d'évaluer des biens immobiliers. Plus ils seront performants, plus ils gagneront d'argent. Leurs connaissances à tous deux en matière immobilière se résument à louer une chambre dans un appartement de Londres. Pourtant, ils sont bien décidés à faire de leur mieux pour mener leur tâche à bien.

Andreas informe Millie et Ewan qu'ils vont être conduits dans deux pièces séparées. Chacun travaillera sur ordinateur, et on leur soumettra environ deux cents biens immobiliers différents. Pour chacun de ces biens, ils disposeront d'informations similaires à celles qu'on trouve sur un site immobilier classique : localisation, taille, etc. Il leur faudra ensuite indiquer si, selon eux, la propriété vaut plus ou moins d'un million de dollars, et combien ils sont prêts à parier que leur estimation est correcte.

Par exemple, une maison de 370 m² avec trois chambres et piscine – doit-on la vendre plus ou moins d'un million de dollars ? Millie pense qu'elle vaut plus, et elle est prête à parier 2 £ qu'elle a raison. Si c'est le cas, elle emportera ces 2 £ ; sinon, elle perdra la même somme. Une fois que Millie a entré son pari, elle a la possibilité de voir celui d'Ewan. Dans ce cas, il se trouve que celui-ci n'est pas d'accord avec elle : il pense que la maison vaut moins d'un million, et il est prêt à parier 3 £ là-dessus.

Selon les règles du jeu, Millie n'a pas le droit de changer son vote, mais elle peut modifier le montant de son pari, à la hausse ou à la baisse. Si elle pense qu'Ewan a raison, elle peut même l'annuler purement et simplement. Ainsi, elle n'aura rien gagné ni perdu.

Comme la plupart de nos participants, Millie ne fait rien. Lorsque Ewan n'est pas d'accord avec elle, elle l'ignore. Vu de l'extérieur, cela semble raisonnable : pourquoi Millie devrait-elle se ranger à l'opinion d'Ewan ? Il est étudiant en psycho, pas agent immobilier. Il ne sait sans doute pas mieux qu'elle ce qu'il fait. La décision de Millie paraît donc sensée. À une exception près : lorsque Ewan est *d'accord* avec elle, elle augmente le montant de son pari. En d'autres termes, quand Ewan prononce le même jugement que Millie, celle-ci l'estime assez fiable pour garantir un plus gros investissement. Pourtant, quand il n'est pas du même avis qu'elle, elle ne tient aucun compte de son opinion.

Millie n'est pas un cas à part. En moyenne, les participants à notre étude ont augmenté leur pari de façon significative en apprenant que leur partenaire était *d'accord* avec leur estimation immobilière mais, la plupart du temps, ils n'ont rien fait lorsque ce même partenaire émettait un jugement opposé au leur. Ainsi, l'esprit semble endosser facilement les opinions qui correspondent le mieux à celles qu'il a déjà adoptées.

Cette étude illustre un point important. D'une part, il est notoire que les gens sont très sensibles à l'influence sociale : nous suivons les tendances et imitons les autres – souvent de façon inconsciente (dans un prochain chapitre, j'évoquerai plus longuement notre tendance à l'apprentissage social). D'autre part, une fois que les gens ont pris une décision ou adopté un point de vue, il sera difficile de les convaincre d'en changer. Face à des décisions ou croyances préétablies, l'influence sociale n'est pas toujours efficace.

Les découvertes d'Andreas semblent contredire une hypothèse répandue en économie, à savoir que les investisseurs sont capables de tirer des enseignements d'une information nouvelle (comme l'opinion des autres), indépendamment de leurs décisions financières passées. Nous savons à présent que cette hypothèse est erronée : les gens accordent plus de crédit aux informations qui étayent leurs précédents investissements et moins à celles qui les contredisent.

Prenons l'exemple de cette étude menée par Camelia Kuhnen, neuroéconomiste à l'université de Caroline du Nord, et ses collègues[23]. Kuhnen a demandé à environ cinquante personnes d'établir une série de cent choix d'investissements entre une action risquée et une obligation sûre à rendement avéré. Après chaque choix, les performances réelles de l'action étaient révélées, et une autre option était proposée. Kuhnen et ses collègues ont découvert que si les sujets constataient un fort profit sur l'action qu'ils avaient sélectionnée, ils avaient tendance à penser que cette action était solide. En revanche, même s'ils constataient que l'action choisie offrait un dividende faible, ils préféraient ignorer cette information plutôt que de remettre en cause leur choix.

Tout comme les décisions immobilières interféraient avec la capacité de Millie à suivre les conseils d'Ewan lorsqu'il n'était pas d'accord avec elle, les investissements effectués précédemment interfèrent avec la capacité d'une personne à modifier ses attentes financières quand les nouvelles données ne correspondent pas aux décisions passées. Dans de nombreux domaines, les gens écartent les informations en désaccord avec leurs décisions passées – et cela peut avoir un coût financier.

Kuhnen et ses collègues ne se sont pas contentés d'observer des comportements : ils ont également enregistré l'activité cérébrale des sujets pour essayer de comprendre ce qui se passait dans leur tête. Ils ont découvert que, lorsque les participants recevaient des informations qui ne correspondaient pas aux décisions qu'ils avaient prises précédemment, leur cerveau « se figeait » (métaphoriquement)*. Par exemple, lorsqu'un participant choisissait une action puis constatait qu'elle procurait de faibles dividendes, les réactions cérébrales étaient réduites. Au contraire, quand de nouvelles données confirmaient les choix passés d'une personne, on observait une activité accrue dans des zones cérébrales étendues. Andreas et moi avons remarqué un schéma semblable dans notre étude : le cerveau d'une personne réagit fortement en apprenant que quelqu'un a effectué des choix similaires, et beaucoup moins face à des décisions dissemblables.

Ces résultats peuvent sembler étonnants, car lorsque les gens découvrent qu'ils se trompent peut-être, on observe la plupart du temps une forte réaction cérébrale, connue sous le nom de « signal d'erreur ». Pourtant, cette étude nous montre que, dans les cas où nous nous sommes déjà engagés dans une croyance ou une décision, nous sommes susceptibles d'ignorer les éléments prouvant que nous avons sans doute tort. Nous interprétons ces données comme peu fiables ; et si nous considérons comme tels ces nouveaux éléments, nous ne nous

* Je précise qu'il s'agit d'une métaphore : le cerveau ne « se fige » pas au sens propre du terme.

donnons généralement pas la peine de les examiner attentivement.

Est-il possible de changer des croyances, et comment ? De toute évidence, les opinions ne sont pas toujours immuables – elles évoluent bel et bien. Alors, comment induire ces changements ?

Modifier les anciennes croyances ou bâtir de nouvelles convictions ?

Imaginez le scénario suivant : vous êtes pédiatre à la clinique, au beau milieu d'une journée très chargée. Votre rendez-vous de 14 heures entre dans votre bureau avec son bébé pour un bilan de santé. Après avoir effectué les examens physiques et posé les questions d'usage concernant le développement moteur, linguistique et social de l'enfant, vous évoquez le sujet des vaccins. Le père se dit inquiet au sujet du ROR (rougeole, oreillons et rubéole) : il a entendu dire que ce vaccin augmentait le risque d'autisme.

Le nombre de parents refusant ce vaccin a augmenté depuis une étude, publiée en 1998 et aujourd'hui décriée, suggérant qu'il existe un lien entre le ROR et l'autisme[24]. Cette étude a été publiée par le docteur Andrew Wakefield et son équipe. À l'époque consultant honoraire à l'école de médecine du Royal Free Hospital de Londres, Wakefield affirmait que les vaccins contre la rougeole, les oreillons et la rubéole, s'ils étaient administrés en même temps, modifiaient le système immunitaire de l'enfant, ce qui permettait au virus de la rougeole de pénétrer dans l'intestin et à certaines protéines de s'en échapper pour atteindre le cerveau. Ces protéines pouvaient alors endommager les neurones et provoquer l'autisme[25]. Bien que cet article ait été publié dans le *Lancet*, une revue médicale prestigieuse, il a peu après été discrédité. Les recherches effectuées au cours des années suivantes ont conclu qu'il n'existait aucun lien entre le vaccin ROR et l'autisme[26].

La polémique déclenchée par les conclusions de Wakefield ne s'est pas apaisée pour autant. Malgré l'abondance de preuves scientifiques démontrant le contraire, de nombreuses personnes continuent de craindre les prétendus effets secondaires du ROR et refusent que leurs enfants soient vaccinés. Les cas de rougeole sont donc en augmentation : en 2014, 644 cas ont été déclarés aux États-Unis, soit trois fois plus qu'en 2013.

Mais revenons à notre clinique : vous, le médecin, êtes chargé de la tâche ardue qui consiste à convaincre un père de vacciner son enfant. Quelle approche devez-vous adopter ? Instinctivement, la plupart des gens soumettraient à ce père les éléments scientifiques prouvant que le ROR ne provoque pas l'autisme. Abattre les mythes liés à la vaccination est également l'approche choisie par le Centre de contrôle et de prévention des maladies, ce qui semble une stratégie raisonnable. Pourtant, les études montrent qu'elle ne fonctionne pas et ceci, parce que l'information fournie est évaluée par rapport à des croyances préétablies. Plus les nouvelles données sont éloignées des croyances établies d'une personne, moins celle-ci leur accordera de crédit. D'ailleurs, à force d'entendre parler des mythes liés au ROR – même si c'est pour les discréditer –, les gens finissent souvent par se rappeler les mythes en question plutôt que les éléments censés les saper.

Pour résoudre ce problème, un groupe de psychologues de l'UCLA et de l'université d'Illinois à Urbana-Champaign ont eu une idée : au lieu de s'attaquer à une croyance ancrée, ils allaient tenter d'implanter une toute nouvelle conviction[27]. Selon eux, la décision de faire vacciner ou non un enfant repose pour les parents sur deux facteurs : les effets secondaires néfastes du vaccin, et les résultats positifs liés à la vaccination. Les parents qui refusent de faire vacciner leurs enfants croient fortement aux éventuels effets secondaires – le risque prétendument accru

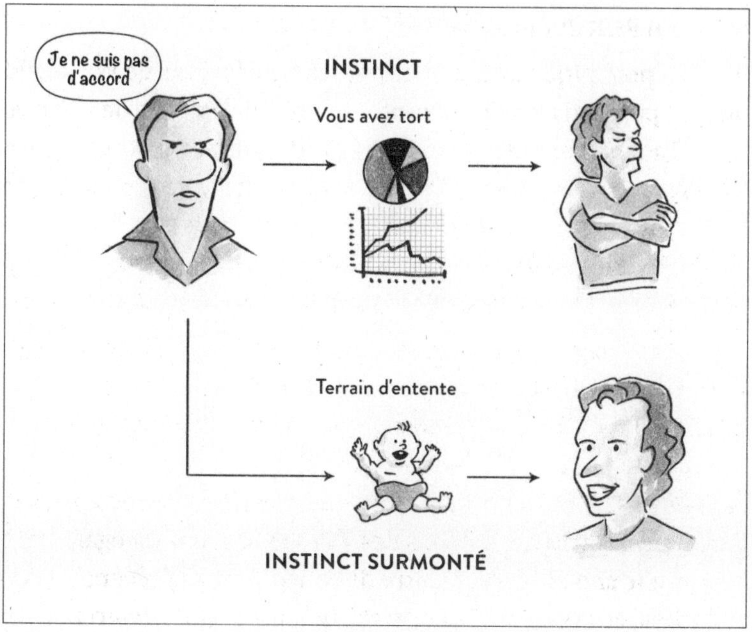

Figure 1. Croyances préétablies. Influencer les comportements en trouvant un terrain d'entente au lieu de tenter de prouver que l'autre a tort. *Instinctivement, nous essayons de modifier les convictions et les actes des autres en leur montrant des données prouvant que nous avons raison et eux tort. Cette méthode échoue fréquemment car, face à des faits qui contredisent leurs croyances préétablies, les gens ont tendance à brandir des contre-arguments ou à partir. Choisissez plutôt des arguments qui se basent sur un terrain d'entente. Par exemple, dire à des parents refusant de vacciner leur enfant qu'il est scientifiquement prouvé que les vaccins ne provoquent pas l'autisme ne modifie pas le comportement des parents. En revanche, leur expliquer que les vaccins protégeront leur enfant de maladies mortelles est plus efficace: cet argument ne contredit pas leurs croyances préétablies et reste compatible avec l'objectif commun qui est la santé de l'enfant.*

d'autisme. Tenter de modifier cette perception se solde par une résistance de leur part. Au lieu d'essayer de persuader les gens que le ROR ne provoque pas l'autisme, les chercheurs ont souligné le fait que ce vaccin protégeait de maladies potentiellement mortelles. En effet, les gens n'ont aucune raison de douter que le vaccin protégera leurs enfants de la rougeole, des oreillons et de la rubéole. Cette approche implique de trouver un terrain d'entente: pour le médecin comme pour les parents, la priorité est la santé de l'enfant. En se concentrant sur ce qu'ils ont en commun plutôt que sur leurs désaccords, ils ont pu opérer un changement.

Cette solution s'est révélée efficace. Souligner la capacité du ROR à protéger les enfants de maladies dévastatrices est plus efficace qu'essayer de dissiper les craintes des parents quant à d'éventuels effets secondaires. Lorsqu'une croyance établie est difficile à déraciner, en planter une nouvelle peut être la solution.

*

Revenons à Thelma et Jeremiah. Vous vous souvenez d'eux? Il s'agit de ce couple d'avocats qui n'arrivent pas à se mettre d'accord sur le pays où ils doivent s'installer. Jeremiah essaie de convaincre Thelma que les États-Unis sont préférables à la France, et Thelma rétorque: «Non! La France est mieux!» Tous deux s'efforcent de trouver des arguments raisonnables pour défendre leur choix – baguette *vs* pain de mie, Louvre *vs* Metropolitan Museum of Art – mais ils tournent en rond, chacun ignorant les arguments de la partie adverse. Le problème, c'est que pour accepter le point de vue de l'autre, chacun doit renoncer à ses propres convictions.

Mais que se passerait-il si Thelma présentait à Jeremiah un argument qui ne contredisait pas son point de vue existant? Par exemple, elle pourrait dire: «Les États-Unis sont effectivement un endroit parfait pour travailler et élever des enfants, mais je serais plus heureuse si nous habitions près de mes parents.» Ou bien elle pourrait montrer à Jeremiah des éléments qui vont dans son sens – peut-être une étude relevant que les deux meilleurs pays pour fonder une famille sont la France et les États-Unis. Comme ces données correspondent à ses convictions préétablies, Jeremiah leur prêterait attention. Ces nouvelles informations pourraient être un premier pas permettant à Thelma de le gagner à sa cause. En revanche, si elle affirmait que les États-Unis sont l'un des pires pays pour élever des enfants, Jeremiah ne l'écouterait même pas.

Qu'il s'agisse de contrôle des armes à feu, de football, de vaccinations ou de désaccords dans un couple, pour modifier une opinion, il nous faut d'abord envisager l'état d'esprit de la personne en face de nous. Quelles sont ses croyances préétablies? Et ses motivations? Quand nous sommes fortement motivés à croire que quelque chose est vrai, même les preuves les plus solides du contraire tomberont dans l'oreille d'un sourd. Thelma voulait rentrer en France; elle était donc fortement motivée à trouver n'importe quel article de presse ou de blog, n'importe quels chiffres prouvant la supériorité de son pays natal. Les partisans de la peine de mort étaient motivés à croire les données démontrant l'efficacité de celle-ci et à critiquer les statistiques prouvant le contraire. Les opposants d'Obama possédaient une forte motivation à croire qu'il n'était pas né en Amérique.

Les croyances fonctionnent rarement de manière autonome: elles sont entremêlées à tout un réseau de convictions et de pulsions. Prendre en compte le point de vue existant de son interlocuteur permet de clarifier la manière de présenter des arguments à même de le convaincre, lui plutôt que nous. Instinctivement, quand nous nous lançons dans une discussion, nous avons tendance à brandir des arguments expliquant pourquoi *nous* avons raison et l'autre tort, mais cette attitude est rarement la bonne: les études présentées dans ce chapitre nous enseignent que notre interlocuteur risque de se fermer ou de nous assaillir de contre-arguments. Pour faire changer quelqu'un d'avis, il nous faut donc identifier des motivations communes. Comme nous le verrons dans le prochain chapitre, une fois définis ces objectifs communs, nous devons en appeler à nos émotions pour aider à faire passer le message.

2

Jouer sur l'émotion

Comment on nous a fait marcher sur la Lune

Par une chaude journée de septembre 1962, le président John F. Kennedy se trouve dans le stade de football de la Rice University. Il est venu au Texas pour essayer de convaincre une foule de 35 000 personnes, ainsi que le reste des États-Unis, de soutenir un projet risqué qui va coûter presque 6 milliards de dollars au pays et peut très bien aboutir à un échec complet. Ce projet consiste à marcher sur la Lune – au sens propre du terme[28].

Si vous êtes né après le 21 juillet 1969, vous avez sans doute du mal à imaginer un monde dans lequel Neil Armstrong n'a pas posé le pied sur le seul satellite naturel de la Terre. Pourtant, si vous avez connu le début des années 1960, vous vous souvenez peut-être que la décision de transporter un être humain vivant sur la Lune, puis de le ramener sur Terre, n'a pas été facile à prendre.

Kennedy lui-même n'a pas été convaincu d'emblée de la nécessité de conquérir la Lune. Un an plus tôt, il a rejeté une demande de budget de la NASA pour un projet destiné à envoyer un homme sur la Lune dans dix ans. Pourtant, il a changé d'attitude lorsqu'il est devenu évident que les Soviétiques étaient en train de battre les Américains à plate couture dans la course à la conquête de l'espace. Non seulement ils ont été les premiers à lancer un satellite artificiel (le *Spoutnik*), mais aussi les premiers à envoyer un homme (Youri Gagarine) dans l'espace.

Les Américains ont donc beaucoup de retard à rattraper. La première tentative de lancement d'un satellite américain a été rebaptisée «projet Flopnik», car l'engin a explosé quelques secondes après le décollage, et en direct sur les chaînes de télé, pour ne rien arranger. Le premier homme envoyé dans l'espace par les Américains (Alan Shepard) en est revenu sain et sauf, mais cette expédition a eu lieu trois semaines après celle de Gagarine et, contrairement à ce dernier, Shepard ne s'est pas mis en orbite autour de la Terre. Les États-Unis sont humiliés et redoutent que le cosmos soit dominé par les Soviétiques[29].

Le Président sent qu'il est crucial que les Américains remportent le round suivant, et il a donc décidé que le gouvernement des États-Unis doit imposer ses vues sur le projet lunaire. Le fait que ni les Américains ni les Soviétiques ne disposent de la technologie nécessaire pour poser un homme sur la Lune est plutôt un avantage: cela signifie que les Américains auront peut-être le temps de rattraper leur retard sur l'URSS.

La première étape consiste à convaincre les citoyens de l'urgence à conquérir la Lune. Leur soutien est essentiel, non seulement parce qu'une proportion importante de l'argent des contribuables américains sera affectée à la réalisation de ce rêve, mais aussi parce que la collaboration de milliers de scientifiques, ingénieurs, techniciens et autres spécialistes de tout le pays va être nécessaire pour atteindre l'objectif fixé. Kennedy doit rallier le peuple à sa cause, et c'est exactement pour cette raison qu'il se trouve au Rice Stadium. Il monte sur le podium et, pendant 17 minutes et 40 secondes, il explique aux Américains pourquoi, selon lui, environ 4 % du budget de l'année en cours doivent être affectés à «la plus grande aventure dans laquelle l'homme s'est jamais engagé[30]».

Ses paroles ont un impact énorme. Quand Kennedy se tait, tous les lions, girafes et pingouins du zoo voisin, à Houston, entendent les acclamations de la foule. Ce discours fait les gros titres dans tout le pays et contribue à redorer le blason de la

NASA. Certains ont avancé que, sans ce discours, ou d'autres que Kennedy a prononcés devant le Congrès peu de temps auparavant, la Lune serait encore hors de portée[31].

Nous trouvons souvent normal qu'une seule personne puisse avoir un tel impact sur tant d'autres. Une idée livrée sous forme de discours, de chanson ou d'histoire peut influer sur les esprits et les actes de millions de personnes. Mais, si nous réfléchissons à ce phénomène, il s'agit d'un extraordinaire talent que les humains possèdent là: celui de transmettre une idée d'un esprit à l'autre.

Dans l'esprit de la foule

Pensez à la dernière fois que vous avez parlé en public. Peut-être s'agissait-il d'une conférence, d'une présentation de travail, ou d'un de ces embarrassants discours qu'on fait dans les mariages. Tous les regards étaient posés sur vous. Vous êtes-vous jamais demandé ce qui se passait dans la tête de ceux qui vous faisaient face? Personnellement, je trouve intéressant d'observer les expressions et les gestes des gens devant moi quand je parle. Depuis la scène, on voit tout. Le type qui tweete dans un coin de la pièce, la femme au premier rang qui reste bouche bée, une autre au fond qui prend frénétiquement des notes. Mais, de temps à autre, la foule s'unifie pour se transformer en une seule entité: les gens poussent la même exclamation, éclatent du même rire, applaudissent ensemble. Si vous vous trouvez dans ce genre de public, vous sentez cette réaction partagée dans votre propre corps.

En mars 2012, je me trouvais dans cette situation. J'étais au Terrace Theater de Long Beach, en Californie, pour intervenir lors d'une conférence TED. Ma présentation était programmée le dernier jour de la conférence, et j'ai donc passé la semaine à écouter les interventions des autres participants.

Susan Cain, auteur du livre *La force des discrets – le pouvoir des introvertis dans un monde trop bavard*[32], se trouvait alors sur scène. Tous les auditeurs étaient captivés. À ce moment précis, à Long Beach, il était clair que son discours allait avoir une influence majeure. Et de fait, au moment où j'écris, la conférence de Cain a été visionnée en ligne plus de treize millions de fois, et son message sur le pouvoir des introvertis est maintenant largement diffusé[33]. Le public n'en était pas conscient mais, cet après-midi-là, le sentiment de la foule dans cet auditorium en Californie était lié à un curieux phénomène physiologique précurseur du succès de Cain.

Je n'ai pas enregistré l'activité cérébrale des 1300 personnes qui assistaient en même temps que moi à cette conférence, ni celle des 35 000 personnes du Rice Stadium venues écouter JFK. Ce n'était pas possible à l'époque, et ça ne l'est toujours pas aujourd'hui. Pourtant, je peux avancer une hypothèse de ce que nous aurions pu observer si cela avait été le cas.

À l'université de Princeton, un groupe de chercheurs a enregistré à l'aide d'un IRM les schémas d'activité cérébrale d'individus en train d'écouter un discours politique[34]. Ils ont découvert que, quand les gens écoutaient des discours percutants, leurs cerveaux entraient « en résonance ». L'activité cérébrale de différents individus suivait le même schéma, enflant et s'apaisant au même moment et au même endroit du cerveau, comme si ces personnes étaient synchronisées.

Cette observation peut sembler banale : par définition, un discours percutant retient l'attention des auditeurs. Si chacun écoute attentivement le même monologue, les schémas cérébraux de tous les membres du public vont se ressembler. Si le discours est ennuyeux comme la pluie, chacun va se retirer dans son propre univers et cette synchronisation sera rompue. Mais l'histoire ne s'arrête pas là.

On a observé une synchronisation, non seulement dans les zones du cerveau rattachées au langage et à l'audition, mais aussi dans celles liées à la création d'associations, à la génération et au traitement des émotions, et à celles qui nous permettent de nous mettre à la place des autres et d'éprouver de l'empathie. Ces discours ne faisaient pas que captiver l'attention de l'auditoire, ce qui est déjà un exploit en soi, mais suscitaient la même réaction des auditeurs quelles que soient leur personnalité et leur expérience. Autrement dit, qu'il s'agisse du cerveau d'une femme libérale de 24 ans qui aimait lire du Shakespeare en mangeant des crêpes au citron, ou de celui d'un homme conservateur de 37 ans adepte de l'haltérophilie à la plage, ces discours déclenchaient dans leur cerveau respectif une activité qui, lors de l'examen IRM, donnait l'impression qu'ils fonctionnaient de la même manière.

JFK comme Susan Cain sont parvenus à captiver l'attention de *millions* de personnes, mais aussi à leur faire éprouver des émotions semblables aux leurs, à les rallier à leur point de vue et, ce faisant, à obtenir leur soutien. Mais quels éléments de leur discours respectif ont provoqué cette synchronisation (présumée) à grande échelle ?

L'émotion, ce chef d'orchestre

La première fois qu'on a tenté d'observer quand, comment et pourquoi les cerveaux se synchronisaient, c'était en 2004 à l'Institut des sciences Weizmann en Israël, à l'aide de westerns spaghetti[35]. Les sujets de cette étude devaient s'allonger dans une cabine d'IRM et visionner un classique du genre : *Le Bon, la Brute et le Truand*. Leur activité cérébrale était enregistrée tandis qu'ils suivaient les aventures de Clint Eastwood (le Bon), Lee Van Cleef (la Brute) et Eli Wallach (le Truand).

Quand les chercheurs du Weizmann, dirigés par les neuroscientifiques Uri Hasson et Rafi Malach, ont étudié le schéma d'activité cérébrale de tous les participants, ils ont découvert que le groupe était globalement synchronisé. Cependant, à certains moments du film, l'activité neurale était particulièrement semblable d'un individu à l'autre : lors de ces passages, c'est 30 % du cerveau des participants qui fonctionnait en phase avec celui des autres, rendant difficile la distinction entre une réaction cérébrale et une autre. Hasson et Malach ont noté l'instant exact où ces réactions apparaissaient, puis ils ont de nouveau visionné le film pour voir ce qui s'y passait durant ces épisodes de synchronisation massive.

Ils ont découvert que, lors de la première occurrence, l'intrigue connaissait un rebondissement surprenant. Dans la seconde, il se produisait une grosse explosion. Dans les troisième et quatrième occurrences, un coup de feu était tiré. Ensuite, il y avait encore un coup de feu, puis une explosion. Un schéma émergeait sous leurs yeux : les cerveaux montraient une forte tendance à l'« unification » pendant les passages du film les plus fortement chargés en émotion. Face à des événements qui provoquent suspense, surprise et euphorie, les cerveaux des individus se ressemblent beaucoup. L'émotion « prenait les commandes » d'une partie étendue du cerveau des participants, et ce de manière uniforme.

Si on y réfléchit, c'est parfaitement logique. Les réactions émotionnelles sont la façon qu'a le corps de dire : « Eh, il se passe quelque chose de très important ! » et il est essentiel d'y répondre de façon appropriée. Tellement essentiel que la plus grande partie de notre cerveau est programmée pour traiter la cause de l'émotion et générer une réaction. Quand il se produit un événement chargé en émotion, l'amygdale – la zone du cerveau qui joue un rôle essentiel dans la signalisation de l'excitation – est activée. Elle envoie alors un « signal d'alerte » au reste du cerveau, ce qui en modifie immédiatement l'activité courante. Peu importe que vous soyez une Danoise de petite taille ou un grand adolescent serbe : tous les cerveaux sont « préprogrammés » pour réagir de façon *à peu près* similaire aux stimuli déclenchant une émotion.

Imaginez qu'à cet instant, un inconnu fasse irruption chez vous armé d'un grand couteau : cela déclencherait une réaction immédiate dans votre amygdale. Celle-ci ferait appel à votre hippocampe pour intensifier votre souvenir de cet événement. Elle modifierait en outre l'activité de certaines régions de votre cortex, vous incitant à vous concentrer instinctivement sur le couteau, et rien d'autre. Le fonctionnement de votre hypothalamus (le centre hormonal du cerveau) et de votre tronc cérébral (la zone qui régule les fonctions corporelles comme la respiration) changerait aussi, et vous commenceriez à transpirer.

Certes, si vous êtes assis dans une salle de cinéma et que « la Brute » pointe son pistolet sur « le Bon », vous n'avez pas besoin de réagir : vous êtes en sécurité dans la salle obscure et cette arme ne constitue de menace ni pour vous, ni pour les autres. Mais le « centre émotionnel » de votre cerveau est programmé pour réagir vite, avant que la situation ait été pleinement évaluée. L'émotion étant une réaction basique, les personnes assises de chaque côté de vous sont en proie au même phénomène. Votre esprit à tous est captivé par les actions chargées d'émotions qui défilent sur l'écran. Et comme vous subissez tous la même expérience physiologique, vous êtes susceptibles de traiter le récit de la même manière. L'émotion provoque la synchronisation cérébrale en attirant automatiquement l'attention de chacun dans la même direction et en générant un état psychologique similaire qui pousse les gens à agir de la même façon et à considérer le monde d'une manière semblable[36].

Au Rice Stadium, Kennedy aurait pu se contenter de présenter froidement son projet lunaire. À la conférence TED, Susan Cain aurait simplement pu fournir des chiffres montrant que les introvertis sont essentiels à la progression de notre société. Pourtant, Kennedy a évoqué les dangers et les opportunités de l'exploration spatiale, et Cain a partagé avec humour son expérience de rat de bibliothèque dans un camp d'été rempli de pom-pom girls. Tous deux ont déclenché des émotions chez leur public et cette réaction a accru la synchronisation neurale entre les auditeurs, accroissant les similarités dans leur expérience et leur perception.

Ces discours ont eu un autre effet de poids : ils ont permis à l'esprit des auditeurs de « s'apparier » avec celui de Kennedy et de Cain.

L'appariement

Il existe une question que la plupart des gens adorent entendre et, même si on la leur a posée plus d'une fois auparavant, ils y répondent généralement avec enthousiasme.

Cette question est la suivante: « Comment avez-vous rencontré votre conjoint ? » Si votre interlocuteur n'est pas en plein divorce tragique, il va partager avec vous, et par le menu, les détails de cet instant crucial. Si vous écoutez attentivement, vous remarquerez que vos interlocuteurs affirment qu'ils « ont senti une connexion immédiate », qu'ils « finissaient les phrases de l'autre » ou sentaient « qu'ils s'étaient déjà rencontrés ». Les gens ont tendance à attribuer cette sensation à la « magie ». Ou alors à un algorithme particulièrement efficace d'Adopteunmec.com. Hasson, en revanche, l'impute à l'appariement des cerveaux. Le sentiment d'être « en phase » avec une autre personne se produit lorsqu'une compréhension totale émerge entre deux individus communicants et, selon Hasson, c'est la conséquence de la synchronisation[37]. « L'appariement n'est pas le résultat de la compréhension. Il s'agit de la base neurale sur laquelle nous nous comprenons », explique-t-il[38].

Ce phénomène d'appariement n'est pas réservé aux partenaires amoureux. Vous pouvez en faire l'expérience en écoutant parler un inconnu alors que vous êtes allongé dans une cabine de scanner. Lors d'une étude, l'activité cérébrale d'étudiants de Princeton a été observée par IRM alors qu'ils écoutaient l'enregistrement vocal d'une jeune femme – appelons-la Annabelle – qui racontait son bal de fin d'année au lycée[39]. L'activité cérébrale d'Annabelle a été enregistrée pendant qu'elle parlait, afin de pouvoir la comparer par la suite à celle des étudiants qui l'avaient écoutée. Voici ce qu'elle dit: «Je sais que tout le monde a vécu des histoires folles pendant un bal, mais attendez un peu d'entendre la mienne. Je venais d'entrer au lycée à Miami et la classe de seconde, c'était tout nouveau pour moi. Le lycée aussi, d'ailleurs. Et donc, nous sommes presque en décembre, je suis au lycée depuis environ trois mois et ce garçon, Charles, me demande de sortir avec lui. C'est un Anglais, il est en première, il est super mignon et un peu timide mais, en fait, ça ne me dérange pas. Alors je dis oui, je suis super excitée.» Avec humour, Annabelle continue de relater ses aventures dans les grandes largeurs. Il y a de l'amour, des conflits, du sang, de l'alcool et deux policiers – tous les ingrédients d'un best-seller.

L'un des volontaires de cette étude est un jeune homme que j'appellerai Ronald. D'après son activité neurale, il est manifeste que le cerveau de Ronald s'est rapidement synchronisé avec celui d'Annabelle pendant qu'il écoute son histoire. Cette correspondance des schémas cérébraux est visible sur un large réseau de zones neurales, et pas seulement dans celles dédiées au langage. C'est alors que quelque chose de curieux se produit: au bout d'un moment, le schéma d'activité neurale de Ronald se met à *précéder* celui d'Annabelle. Le cerveau de l'auditeur est maintenant en avance par rapport à celui de l'orateur, prédisant ce qu'il va entendre. Le cerveau de Ronald semble anticiper la suite des événements, ce qui lui permet de saisir encore mieux l'histoire d'Annabelle.

Si vous aviez entendu celle-ci, vous auriez remarqué qu'elle est riche en émotions: la jeune femme partage son monde affectif intérieur avec l'auditeur – son excitation, son angoisse, sa peur. L'émotion n'est nullement nécessaire pour la synchronisation, mais elle l'accentue. En partageant physiquement l'état émotionnel d'Annabelle, Ronald dispose d'un contexte qui l'aide à comprendre les objectifs et le comportement de la jeune femme. En se mettant à sa place, il peut prédire sa prochaine action. Lauri Nummenmaa, un neuroscientifique finlandais qui étudie la synchronisation cérébrale, écrit qu'il pourrait s'agir d'un des rôles de l'émotion dans la synchronisation neurale : promouvoir l'interaction et la compréhension sociales et, de ce fait, augmenter notre capacité à prédire les actions des autres[40].

On conseille souvent aux hommes politiques, aux artistes et à quiconque possède un message à transmettre, de recourir à l'émotion pour gagner le public. On considère cela comme une façon de susciter de l'intérêt – un récit ou un discours chargés d'émotion semblent plus stimulants et captivants. Nous savons que les films, romans et chansons qui provoquent l'émotion ont tendance à être plus populaires. Mais, d'après les recherches de Nummenmaa, cela ne s'arrête pas là. Grâce à l'émotion, l'état physiologique de l'auditeur est le même que celui de l'orateur, ce qui va aider l'auditeur à traiter l'information livrée par l'orateur selon le même point de vue que celui-ci. Voilà pourquoi déclencher des émotions peut permettre de communiquer vos idées et d'amener les autres à partager votre opinion, que vous soyez en train de converser avec un seul individu ou que vous vous adressiez à des milliers de personnes. En d'autres termes, si je me sens joyeuse et que vous êtes triste, il y a peu de chances que nous interprétions la même histoire de la même façon. En revanche, si je peux, au préalable, vous faire sentir aussi joyeux que moi, par exemple en vous racontant une blague, vous serez plus susceptible d'avoir la même interprétation que moi du message que je vais partager. La bonne nouvelle, c'est que l'émotion est extrêmement contagieuse.

Partager l'amour

J'adore regarder les Jeux olympiques. Je dois reconnaître, cependant, que ce ne sont pas les incroyables performances des athlètes qui me font apprécier ce spectacle – la possibilité de voir l'homme le plus rapide du monde ou le saut le plus long jamais exécuté. Non, si je suis profondément attirée par les JO, c'est en raison de l'émotion brute qui s'en dégage : la joie intense dans les yeux de la femme qui vient de franchir en premier la ligne d'arrivée, les larmes de joie qui coulent sur le visage du nageur qui monte sur le podium. Ce bonheur est contagieux. On ne peut pas s'empêcher de sourire en même temps que les vainqueurs. Même les plus réservés ont les larmes aux yeux lorsqu'ils voient pleurer les gagnants comme les perdants.

L'émotion est l'une des façons les plus efficaces d'affecter les autres. Partager des idées requiert généralement du temps et un effort cognitif. Partager des sentiments, en revanche, est facile et instantané. Nos émotions affectent rapidement, automatiquement et souvent inconsciemment les sentiments de notre entourage, et inversement[41]. Vos collègues, votre famille, vos amis et même des inconnus appréhenderont très vite votre état émotionnel en percevant des changements dans votre expression faciale, votre ton de voix, votre posture et votre langage. Même sans en être conscient, si vous êtes content, ils sont plus susceptibles de le devenir eux aussi ; si vous êtes stressé, ils auront tendance à l'être également.

Nos cerveaux sont faits pour transmettre rapidement des émotions parce que celles-ci contiennent souvent des informations importantes sur notre environnement. Par exemple, si je sens que vous avez peur, j'aurai tendance à éprouver moi aussi de la peur et, par conséquent, à regarder autour de moi pour repérer un éventuel danger. Ce mécanisme pourra me sauver car, si vous avez peur, il y a des chances pour qu'il y ait quelque chose dans les parages dont je devrais moi aussi avoir peur. Et si je perçois de l'excitation chez vous, je suis plus susceptible d'éprouver la même émotion, ce qui va m'amener à observer mon entourage en quête d'une récompense. C'est une bonne stratégie car, si vous êtes excité, il y a des chances pour qu'il se trouve quelque chose dans les environs qui soit susceptible de m'exciter moi aussi. Tout ceci se déroule très vite, avant même que nous ayons le temps de réfléchir à ce qui se passe.

Notre capacité à sentir le plaisir, le chagrin et le stress des autres est apparemment innée. Si vous avez des enfants, vous avez sans doute découvert avec stupéfaction à quel point ceux-ci, dès leur naissance, absorbaient vos divers états émotionnels. Prenez par exemple cette étude menée à San Francisco par la psychologue Wendy Mendes et son équipe[42]. Mendes a invité 69 mères et leur enfant d'un an dans son laboratoire. Son objectif était de provoquer du stress chez les mères puis d'observer les réactions de leurs bébés. Concentrons-nous sur deux de ces couples : Rachel et son fils Roni, et Susan et sa fille Sara.

Peu après l'arrivée de Rachel, Roni, Susan et Sara au laboratoire, un chercheur de l'équipe de Mendes fixe des capteurs à leur corps afin de mesurer leurs réactions cardiovasculaires. Ces enregistrements refléteront le niveau de stress des mères et des bébés. À cette étape de l'étude, tout le monde est joyeux et détendu. Les bébés sont emmenés dans une salle de jeux en compagnie d'un autre chercheur pendant qu'on demande aux mères d'effectuer une tâche : elles doivent prononcer un discours portant sur leurs forces et leurs faiblesses. Cependant, il existe une différence de taille entre la tâche de Rachel et celle de Susan : alors que Rachel doit s'exprimer face à un groupe de juges mécontents, Susan doit prononcer son discours devant... personne.

Si vous étiez une petite souris, vous verriez Susan parler gaiement toute seule pendant que Rachel s'adresse à une poignée d'examinateurs revêches. L'air agacé, ils secouent la tête, soupirent et soufflent. Comme on peut s'y attendre, à la fin de l'épreuve, les capteurs indiquent que Rachel transpire et que son rythme cardiaque s'est accéléré, alors que l'état physiologique de Susan est resté stable.

Les deux mères rejoignent ensuite leur enfant. Rachel est stressée et Susan, détendue. Le rythme cardiaque des bébés va-t-il se modifier par rapport à celui de leur mère ? Bien que les enfants n'aient pas assisté à l'exposé de leur mère respective, leur physiologie s'est rapidement modifiée, comme s'ils avaient eux-mêmes prononcé ces discours. Le rythme cardiaque du petit Roni augmente de six battements par minute quand on le réunit avec Rachel, alors que celui de la petite Sara baisse de 4 battements par minute après son retour dans les bras de Susan*. Même si les enfants ne sont pas conscients des émotions de leur mère, ils ressentent immédiatement ces émotions dans leur corps, et leur physiologie s'aligne sur celle de leur mère.

Ce transfert d'émotions a permis à Roni et Sara d'apprendre de leur mère le type d'environnement dans lequel elles se trouvaient : d'une part, un cadre dangereux qui exigeait la prudence et, de l'autre, un cadre accueillant qu'il fallait explorer. À vrai dire, ce n'est pas seulement la physiologie des bébés qui a changé lors de leur réunion : leur comportement en est également affecté. Après avoir retrouvé sa mère, Sara (et les autres bébés de mères qui ont vécu une expérience sans stress) communique gaiement avec les autres chercheurs de l'équipe, alors que Roni (et les autres bébés de mères qui ont vécu une expérience stressante) se détournent d'eux, évitant leur regard. Roni semble avoir appris qu'il doit se méfier des autres personnes du laboratoire alors que Sara a intégré l'idée qu'il faut leur faire confiance.

Les émotions – qui sont par essence des réactions corporelles à des événements externes ou des pensées intérieures – voyagent d'une personne à l'autre en transmettant des messages importants. L'étude de Mendes était centrée sur l'information entre mère et enfant mais, bien entendu, ces messages voyagent également dans l'autre sens. Quand un enfant pleure, ses parents vont aussitôt ressentir son chagrin et être poussés à l'apaiser en aidant l'enfant.

---

* Roni et Sara sont représentatifs d'autres bébés dans cette expérience ; c'est-à-dire que les statistiques fournies sont une moyenne des réactions des autres bébés.

Comment fonctionne le transfert émotionnel? Comment votre sourire me procure-t-il de la joie? Comment votre froncement de sourcils provoque-t-il de la colère dans mon esprit? Il existe deux vecteurs. Le premier, c'est l'imitation inconsciente. Vous avez peut-être entendu parler de gens qui imitent constamment les gestes, sons et expressions faciales des autres. Nous le faisons instinctivement: si vous levez légèrement les sourcils, il y a des chances pour que je fasse la même chose; si vous soupirez, je risque de vous imiter. À cause de ce mécanisme d'imitation, quand le corps de quelqu'un exprime du stress, nous sommes plus susceptibles de nous tendre et, par conséquent, d'éprouver nous-même du stress. Le second vecteur est une simple réaction aux stimuli émotionnels. Le processus est très simple: comme un visage apeuré indique souvent qu'il existe un danger, nous y réagissons par la peur – comme si quelqu'un brandissant une grosse hache se dirigeait vers nous.

L'amygdale d'Internet

Il s'avère que nous n'avons même pas besoin d'observer les gens pour que leurs émotions nous contaminent. Les messages sur les réseaux sociaux suffisent. Prenez cette expérience décriée lancée par Facebook[43]. En janvier 2012, Facebook a manipulé des fils d'information de plus d'un demi-million d'utilisateurs pour que certains d'entre eux y voient apparaître un grand nombre de messages positifs, alors que les autres y trouvaient des messages à caractère négatif. Les chercheurs de Facebook ont découvert que les utilisateurs qui voyaient plus de messages positifs (comme des images de gens en train de s'embrasser) postaient à leur tour davantage d'informations positives. En revanche, ceux qui voyaient plus de messages négatifs (comme des plaintes au sujet du service dans un restaurant) affichaient davantage de messages négatifs sur leur propre mur. Certes, nous ignorons comment les auteurs de ces statuts se sentaient, mais nous pouvons dire que les messages positifs et négatifs voyagent vite sur la Toile. Cette expérience n'a pas été du goût des utilisateurs de Facebook, furieux que l'entreprise les soumette à des expériences à leur insu.

Deux ans plus tard, un autre groupe de chercheurs a décidé de tenter la même expérience, cette fois sur Twitter[44]. Pour éviter les problèmes éthiques liés à l'expérience Facebook, ils se sont contentés d'observer les conversations des utilisateurs au lieu de les manipuler. Ce dispositif ne permet pas de tirer de conclusions quant aux causes et aux conséquences, mais les chercheurs ont découvert que, lorsqu'une personne postait un tweet exaltant, son fil de conversations antérieur comportait environ 4 % en plus de tweets positifs. Si une personne postait un message déprimant, son fil de conversation antérieur présentait 4 % en plus de tweets négatifs.

Si vous êtes un utilisateur acharné de Twitter, méfiez-vous : tweeter est sans doute l'une des activités les plus émotionnellement excitantes que vous pratiquez dans la journée. Oubliez l'exercice physique : les études montrent que tweeter augmente votre rythme cardiaque, vous fait transpirer et dilate vos pupilles – autant d'indicateurs d'un état d'excitation[45]. Par rapport à une simple exploration de la Toile, tweeter et retweeter augmentent de 75 % l'activité cérébrale liée à l'excitation émotionnelle. Le simple fait de lire votre fil de conversations augmente votre excitation émotionnelle de 65 %*. J'ai toujours soupçonné que Twitter était « l'amygdale d'Internet ». Il possède tous les ingrédients indispensables à ce rôle : les messages sont courts, rapides, et transférés massivement. Ces aspects instinctifs de Twitter font fréquemment appel à notre système émotionnel en contournant nos filtres pourtant nécessaires (ce que Daniel Kahneman appelle pensée rapide et lente[46]). Certes, cet outil peut servir à transmettre des informations importantes, mais

* Notez que ces études ont été financées par Twitter pour ses propres besoins et n'ont pas été validées par des spécialistes.

il encourage également les aspects les moins mesurés de notre nature.

Vous pensez peut-être à vos émotions comme faisant partie d'un processus intime qui se déroule en vous. Mais rappelez-vous que vos sentiments sont perceptibles et absorbés par les autres, qu'ils soient proches ou lointains. Les conséquences peuvent être importantes : non seulement vous affectez le bien-être d'autres personnes, mais vous affectez aussi leurs actions,

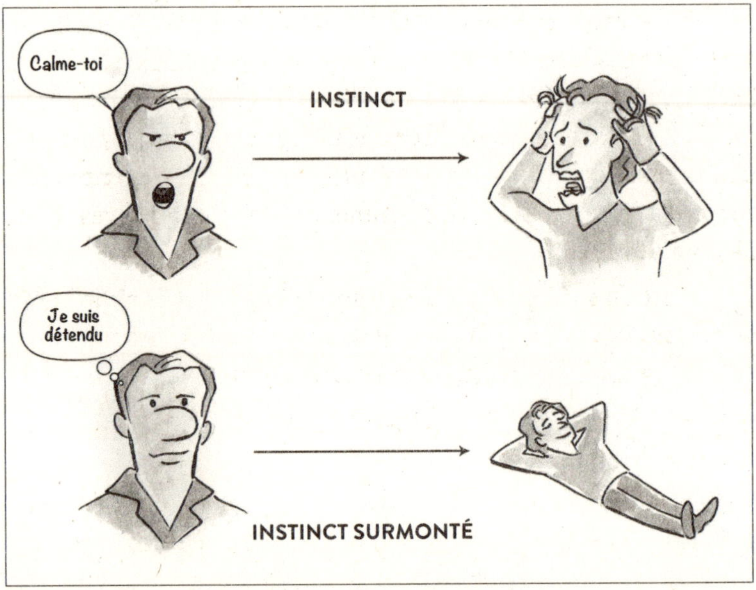

Figure 2. Émotion. *Vos émotions sont contagieuses, donc utilisez-les avec précaution. Notre intuition nous dit que nos émotions sont intimes. Elle a tort. Les autres absorbent vos sentiments instantanément, constamment, et inconsciemment, et cela influence leurs actions. Gardez à l'esprit que vous créez des émotions chez les autres rien qu'en les ressentant vous-même. Par exemple, quand une mère est stressée, l'enfant apprend à être moins confiant envers les gens qui l'entourent, et il devient moins sociable. Même si ce n'est pas toujours facile, les parents peuvent essayer de réguler leurs émotions avant d'interagir avec leur enfant.*

car l'humeur influe sur le comportement. Nous avons déjà vu comment les émotions d'une mère influencent rapidement le comportement de son bébé, mais cela peut aussi se produire entre deux adultes qui ne se connaissent pas.

Lors d'une étude, on a demandé à des groupes d'étudiants de réaliser une tâche tous ensemble[47]. À l'insu des étudiants, l'expérimentateur a inséré un complice dans chaque groupe – un étudiant en théâtre qui doit agir comme s'il était soit de bonne humeur, soit de mauvaise humeur. Comme prévu, les émotions de l'étudiant en théâtre ont rapidement affecté l'humeur des autres membres du groupe. Mais ça ne s'arrête pas là : l'humeur n'affecte pas seulement l'humeur, mais aussi le comportement. Les groupes dans lesquels le complice se comportait avec bonne humeur obtenaient de meilleurs résultats et les conflits y étaient moins nombreux. Les groupes où le complice se comportait comme s'il était de mauvaise humeur obtenaient des résultats bien plus mauvais.

Il est donc important de garder à l'esprit que le simple fait de ressentir nous-mêmes des sentiments modifie les émotions de notre entourage. De la même façon, les émotions des autres influent sur notre propre état – nous nous synchronisons en permanence les uns avec les autres.

Mon cerveau est-il comme le vôtre ?

La synchronisation a lieu plus facilement quand vous et votre partenaire avez un cerveau et un corps semblables. Il me semble que c'est pour cette raison que les vrais jumeaux ont souvent l'impression d'être reliés par une connexion métaphysique. Comme ils partagent exactement les mêmes gènes et de nombreuses expériences de vie, leur corps et leur cerveau sont physiquement semblables. Par conséquent, ils réagissent souvent à leur environnement de la même manière. Lorsqu'ils regardent un film ou écoutent quelqu'un parler, leur schéma cérébral est synchronisé. Il est donc aisé pour l'un de prédire comment l'autre se sent, ce qu'il pense et ce qu'il s'apprête à dire – un jumeau se sert simplement de ses propres intentions, sentiments et pensées comme intermédiaires.

Cependant, il n'est pas nécessaire d'être un vrai jumeau pour qu'une synchronisation notable se produise avec une autre personne. En effet, nous savons que notre cerveau est susceptible de s'aligner avec celui d'un parent très lointain – le singe. Imaginez que vous êtes installé dans votre salon à la fin de la journée, une bière à la main, en train de regarder votre film d'enfance préféré, *Le Livre de la jungle*. Assis à côté de vous sur le canapé, il y a votre ami humain, Lenny. Près de lui se trouve votre macaque à longue queue, George. Lenny comme George se remettent de longues journées passées au laboratoire, et ils sont contents de se détendre devant le dessin animé avec vous. À votre avis, quel degré de similarité votre schéma cérébral présente-t-il par rapport à celui de votre copain Lenny pendant le visionnage commun de ce film ? Et par rapport à celui de votre singe George ? Essayez de deviner : à quel moment la synchronisation de vos trois cerveaux sera-t-elle particulièrement forte, et quand va-t-elle se rompre ?

Même si cette étude précise n'a pas encore été menée, il en existe une autre, presque analogue[48]. Les mouvements oculaires d'humains et de singes ont été enregistrés pendant qu'ils regardaient des extraits de trois films dont on avait coupé le volume sonore : un documentaire de la BBC sur la vie des mammifères, *Les Lumières de la ville* de Charlie Chaplin et *Le Livre de la jungle*. Les schémas de mouvements oculaires ne sont pas les mêmes que les schémas neuraux, mais ils nous donnent une indication de ce que les spectateurs observent à tout instant. Quelles similarités présentent donc les mouvements oculaires d'un singe et ceux d'un humain lorsqu'ils regardent le même film ?

En moyenne, le schéma des mouvements oculaires humains recoupe celui des singes pendant 31 % du temps de visionnage: pendant un tiers du temps, vous et M. Macaque regardez le même point sur l'écran*. Les données ont montré que la synchronisation est particulièrement forte quand des humains ou des animaux apparaissent dans le film, et surtout lorsque leur visage et leurs yeux sont clairement visibles à l'écran – les humains comme les singes se concentrent sur ces traits. Grâce à l'étude des images cérébrales, nous savons que l'amygdale réagit fortement aux visages, et particulièrement aux yeux[49]. Il s'agit de stimuli essentiels qui déclenchent une réponse d'excitation, surtout lorsque ces visages affichent une expression émotionnelle. C'est sans doute pour cette raison que les spécialistes du marketing insèrent des visages dans les publicités et sur les sites: ils espèrent attirer l'attention (des humains).

Et votre ami Lenny? Si vous regardez un film et que Lenny regarde le même, le schéma de vos mouvements oculaires se recoupe en moyenne 65 % du temps. Imaginez un peu: si vous deviez visionner un film le lundi puis le regarder de nouveau le mardi, vos yeux suivraient le même schéma d'observation de l'écran à 70 % du temps. En d'autres termes, le taux de recoupement dans la manière dont *vous* visionnez le film à deux occasions différentes est similaire à la variation entre la façon dont vous et Lenny regardez le film. Ce que suggère cette étude, c'est que le cerveau de deux humains apparemment différents, et même celui de créatures non-humaines, réagit de manière relativement similaire, surtout face à des éléments qui déclenchent émotion ou excitation, et à des récits (comme les films).

Quand nous sommes dans un auditorium pour écouter un discours, dans un cinéma pour regarder un film, ou à la maison

---

* Les scientifiques se sont assurés que ces similarités ne proviennent pas d'un simple motif visuel comme des couleurs vives.

pour lire un livre, nous ne sommes pas conscients que la tempête neurale dans notre cerveau est semblable à celle d'autres personnes qui ont vu ce film, entendu ce discours ou lu ce livre. Cela ne signifie pas qu'il n'existe pas de différences individuelles – il serait grotesque d'affirmer cela. Nous avons tous des empreintes neurales différentes. Pourtant, une grande partie de nos comportements s'explique par des points communs, non par des différences. Quand je fais des expériences en laboratoire, je suis souvent stupéfaite de constater que les sujets réagissent de façon semblable aux questions et tâches que je leur soumets, surtout quand ces tâches comportent des facteurs émotionnels ou sociaux. Dans de nombreux cas, 80 % des réactions des gens correspondent à la réaction moyenne, et seulement 20 % à des différences individuelles. L'ouragan neural qui a lieu dans votre tête en ce moment même est remarquablement similaire à celui d'autres lecteurs qui lisent cette phrase exacte, même dans une langue différente.

Dans la vie, nous avons tendance à nous focaliser sur nos différences parce que ce sont elles qui comportent la plus grande quantité d'informations sur ce qui rend chaque personne unique. Nous oublions que, même si les gens paraissent parfois différents de nous, nos cerveaux sont organisés de façon très similaire et vont réagir de la même manière à la même stimulation.

Cette similarité de la mécanique de notre esprit n'est pas forcément facile à accepter parce que, de notre point de vue – à l'intérieur de notre crâne –, notre monde mental semble absolument unique. Il est difficile d'imaginer que les gens qui nous entourent partagent des schémas d'activité neurale très semblables et, par conséquent, des états mentaux, pensées et sentiments identiques. Comment cette personne qui n'est pas moi peut-elle me ressembler tellement ? Pourtant, nous partageons la même architecture de base du cerveau, qui génère souvent des réactions semblables face à des événements et stimuli similaires.

Partager les mêmes fonctions et structures cérébrales présente un avantage de taille : cela facilite la communication des idées, ce qui signifie que nous ne sommes pas seuls au monde. L'une des façons les plus efficaces de communiquer ses idées est de partager des sentiments. Les émotions sont particulièrement contagieuses : en exprimant nous-même des sentiments, nous façonnons l'état émotionnel des autres et ainsi, nous augmentons la probabilité qu'ils partageront notre point de vue. Mais cela fonctionne-t-il avec tous les types d'émotion ? Devez-vous provoquer le rire ou la peur ? L'espoir ou la crainte ? C'est ce que nous allons découvrir dans le prochain chapitre.

3

Motiver par le plaisir et non la peur

La peur doit-elle être le moteur de l'action ?

«Les employés doivent se laver les mains!» On trouve ce panneau dans les toilettes de la plupart des bars et restaurants. Vous êtes-vous jamais demandé si les employés en question obéissaient à cet ordre? Le Centre de contrôle et de prévention des maladies (CDC), oui. Pour le savoir, les inspecteurs sanitaires du CDC se sont rendus dans des centaines d'établissements de restauration à travers les États-Unis pour observer ouvertement leurs pratiques d'hygiène (avant de poursuivre, un conseil: asseyez-vous). Il s'avère que 62 % (!) des employés ne se lavent pas les mains. C'est un véritable problème. Chaque année, rien qu'aux États-Unis, 60 000 personnes sont hospitalisées après un repas au restaurant à cause d'une intoxication alimentaire qui aurait pu être évitée grâce à de meilleures pratiques d'hygiène[50].

J'aurais aimé pouvoir vous dire que ce problème est spécifique à la restauration – les employés sont peut-être distraits par le doux fumet du ragoût d'agneau. Malheureusement, il dépasse largement les cuisines des restaurants. Penchons-nous sur les hôpitaux. La désinfection en environnement médical joue un rôle important dans la prévention des maladies. On rappelle constamment au personnel médical la gravité de la situation et des panneaux sont placés à côté des distributeurs de gel désinfectant. Hélas, le taux de conformité du centre médical local n'est sans doute pas plus élevé qu'au fast-food du coin. En effet, dans les centres médicaux, le taux de personnes qui se lavent les mains est de 38,7 % , guère plus que les 38 % affichés par les restaurants[51]. Et il n'y a pas que le personnel médical et les cuisiniers qui oublient de se laver les mains : selon une étude de la Michigan State University, seulement 5 % de la population dans son ensemble se lave correctement les mains (c'est-à-dire avec de l'eau et du savon pendant au moins quinze secondes) après une visite aux toilettes publiques[52].

Mais alors, comment amener les gens à se laver les mains ? La réponse met en avant des éléments de motivation surprenants et nous ramène à l'organisation structurelle du cerveau humain.

Bravo !

En 2008, des chercheurs de l'État de New York se sont lancés dans un programme ambitieux[53]. Ils disposaient de 24 mois et de 50 000 dollars pour améliorer de manière significative la désinfection manuelle dans les hôpitaux. Ils ont choisi l'unité de soins intensifs (USI) comme étude de cas. Cette unité était déjà équipée de distributeurs de gel désinfectant faciles d'utilisation, de lavabos dans chaque pièce et de panneaux disposés un peu partout pour rappeler aux membres du personnel de se laver les mains. Pourtant, le taux de conformité était dangereusement bas.

Que pouvait-on faire? Les chercheurs se sont creusé le cerveau pendant des semaines, puis ils sont allés acheter 21 caméras de surveillance. Elles ont été installées dans l'USI, pointées en direction des distributeurs et des lavabos. L'idée consistait à transmettre les enregistrements en direct par Internet jusqu'en Inde où vingt contrôleurs observaient les gestes du personnel 24/24 heures afin de déterminer le taux de désinfection. Des détecteurs de mouvements placés sur les portes avertissaient les contrôleurs en Inde de l'arrivée d'un membre du personnel dans la chambre d'un patient, ainsi que de son départ. Il ne s'agissait pas d'une surveillance cachée, car tout le personnel était au courant de la présence de ces caméras. Pourtant, de façon choquante, seule une personne sur dix se lavait les mains, ce qui signifiait que la surveillance seule ne suffisait pas. Il fallait que les chercheurs trouvent une meilleure solution. Heureusement, ils en avaient une.

Ce qu'ils ont fait alors allait modifier presque instantanément le comportement du personnel. Les chercheurs ont placé dans chaque pièce un tableau électronique qui informait les employés en temps réel sur leurs performances. Chaque fois

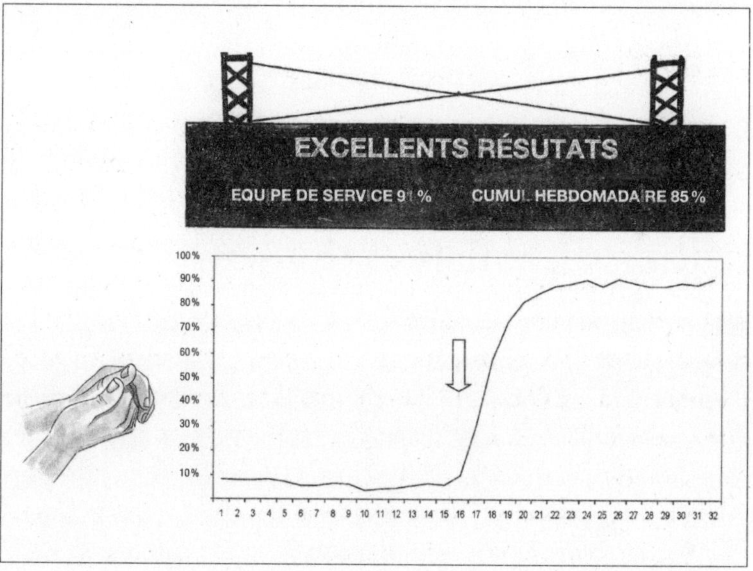

Figure 3. *Motivez les membres du personnel médical à se désinfecter les mains grâce à des retours positifs en temps réel plutôt qu'avec des menaces. Le taux de conformité dans une USI est passé de 10 à presque 90 % après l'installation du panneau électronique.*

qu'un médecin, une infirmière ou un autre employé se lavait les mains, les chiffres affichés sur le tableau augmentaient. Ces chiffres indiquaient les performances de l'équipe en service à ce moment-là, et le taux hebdomadaire de désinfection manuelle. Et qu'est-il arrivé ? Les performances ont explosé pour atteindre 90 % !

Ces résultats sont effarants. En fait, ils sont même tellement incroyables que la plupart des scientifiques les aborderaient avec suspicion. Aussi les chercheurs ont-ils entrepris de répliquer ces résultats dans un autre service de l'hôpital. Et en effet, ils y sont parvenus[54]. Dans ce second service, un membre du personnel sur trois se désinfectait les mains avant l'installation du tableau électronique, un taux plus proche de la moyenne nationale. Après l'installation du tableau et l'arrivée des retours en temps réel, la conformité a de nouveau augmenté pour atteindre 90 %.

Pourquoi ce système fonctionne-t-il si bien ? Pour résoudre ce mystère, penchons-nous sur ce qui a changé dans l'approche des chercheurs de New York : qu'ont-ils fait dans cette USI du nord-est des États-Unis que personne n'avait fait jusque-là ?

Anticiper plaisir et douleur

Jeremy Bentham, génie du XVIIIe siècle, commence l'un de ses ouvrages les plus influents par ce constat : « la nature a placé l'humanité sous l'égide de deux maîtres souverains, la *douleur* et le *plaisir*. C'est à eux seuls d'indiquer ce que nous *devons faire* autant que de déterminer ce que nous *ferons* [...] Ils nous gouvernent dans tout ce que nous faisons, dans tout ce que nous disons, dans tout ce que nous pensons[55]. »

Je prends la liberté de supposer que Bentham utilisait les termes « douleur » et « plaisir » dans leur sens large pour décrire les bonnes comme les mauvaises sensations. « Le plaisir », ou émotion positive, peut être obtenu grâce à une série de stimuli et d'expériences (récompenses matérielles, affection, reconnaissance, admiration, espoir) que nous recherchons en permanence. De la même façon, nous sommes motivés à éviter la douleur physique et émotionnelle : nous essayons d'échapper à la maladie et à la brutalité, d'éviter de perdre nos proches ou nos biens matériels. Et cette liste n'est pas exhaustive.

Il n'est donc guère surprenant, lorsque nous tentons de pousser les autres à agir, que nous leur offrions souvent une récompense (que vous pouvez considérer comme une « carotte » matérielle ou émotionnelle) ou les menacions d'une perte (un « bâton » matériel ou émotionnel). Promettre une promotion à un employé s'il fait des heures supplémentaires est une carotte. Tout comme dire à votre partenaire que vous l'aimez après qu'il a fait la vaisselle. Menacer votre enfant de le punir s'il ne fait pas ses devoirs est un bâton, tout comme dire à un patient que, s'il ne fait pas d'exercice physique, il risque de tomber malade.

L'idée du tableau électronique dans l'USI était géniale : au lieu de recourir à la menace – une approche classique dans ce genre de situation – les chercheurs ont opté pour une stratégie positive. Avertir les membres du personnel qu'en ne se lavant pas les mains, ils risquent de propager des maladies, c'est une stratégie de « bâton » commune. Mais les chercheurs offraient des « carottes » – une récompense immédiate sous forme de retours positifs*. Chaque fois qu'un membre du personnel se lavait les mains, les chiffres du tableau augmentaient, accompagnés de commentaires personnalisés comme « Excellents résultats ! ». Le fait d'anticiper la sensation de plaisir qui accompagne ces retours instantanés a poussé les employés à accomplir une tâche que, sinon, ils n'auraient pas effectuée aussi souvent (se désinfecter les mains) et, après un certain temps, c'est devenu

* Ce n'était pas le seul aspect génial de cette approche : le tableau électronique offrait également une indication des normes sociales – ce que faisaient les autres – en même temps qu'une compétition entre les équipes. L'importance de l'apprentissage social est évoquée au chapitre 7.

une habitude. Les études ont montré que les retours positifs immédiats ne doivent pas forcément être perpétués pour que les gens conservent le comportement souhaité. Même après le retrait de ces retours, ils continuent généralement à répéter la même action pendant une période importante, simplement parce qu'elle s'est implantée dans leur répertoire comportemental.

C'est surprenant. On aurait imaginé que le risque de propager des maladies, chez soi et chez les autres, serait un motivateur suffisant pour déclencher une action. Une telle logique nous pousse à utiliser la peur pour faire changer les autres d'attitude. Pourtant, les résultats ont été beaucoup plus efficaces en recourant à des retours positifs immédiats qu'à des avertissements ou à des menaces. Étrangement, cela correspond bien à ce que nous savons du cerveau : quand il s'agit de déclencher une action, la récompense immédiate peut être plus efficace que la punition future. Pour comprendre pourquoi, nous devons d'abord aborder la loi de l'approche et de l'évitement.

La loi de l'approche et de l'évitement

Imaginez que vous vous réveillez par un beau matin et découvrez que les lois physiques qui gouvernent le monde ont changé dans la nuit, sans préavis. Quand vous vous êtes couché la veille, rien n'indiquait ce qui allait se produire. Comme d'habitude, vous avez consulté vos journaux en ligne préférés, puis vous avez posé votre téléphone portable sur la table de chevet avant d'éteindre la lumière.

Quand vous vous levez huit heures plus tard et tendez la main pour prendre votre téléphone, quelque chose de bizarre se produit, un événement dont vous n'avez jamais fait l'expérience auparavant : à l'instant où vous approchez votre main de l'objet clignotant, il saute de la table. Vous vous levez pour essayer d'attraper l'engin bondissant mais, plus vous courez, plus vite il s'éloigne. Une fois sorti de la chambre, il roule dans le couloir et jusque dans la cuisine. « Tiens donc, pensez-vous, je me demande s'il s'agit d'un de ces étranges cas de piratage dont j'ai entendu parler. Peut-être que quelqu'un est entré dans mon téléphone et le contrôle maintenant à distance grâce à un aimant géant ! »

Vous songez qu'il vaut peut-être mieux vous éclaircir les idées avant d'enquêter davantage. Vous entrez donc dans la salle de bains pour vous laver le visage. Distrait, vous tournez par erreur le robinet d'eau chaude. Mais quand vous reculez pour éviter d'être brûlé, les gouttes d'eau se déplacent *vers* vous et atterrissent sur votre visage stupéfait. Et quand vous voulez attraper la serviette, celle-ci s'*éloigne de vous*.

Comme Alice de l'autre côté du miroir, on dirait que vous êtes entré dans un univers parallèle. Quelles lois ont été modifiées ? Pouvez-vous le déterminer ? Et dans ce cas, votre cerveau peut-il s'adapter à cet environnement où il n'a pas été programmé pour vivre ? Ou bien sommes-nous seulement faits pour interagir avec le monde physique que nos ancêtres ont colonisé ?

En 1986, le psychologue Wayne Hershberger a mené une expérience ingénieuse pour tenter de répondre à cette question précise. Il a construit un environnement physique dans lequel un principe que nous tenons pour acquis – la loi de l'approche et de l'évitement – était inversé[56]. Ce principe, qui guide notre comportement quotidien, est presque aussi élémentaire que la gravité. Il est même tellement rudimentaire que l'énoncer semble aussi évident qu'affirmer que le soleil se lève le matin et se couche le soir. Mais voici où je veux en venir.

La loi de l'approche et de l'évitement affirme que nous nous approchons des gens, objets et événements que nous pensons bons pour nous, et évitons ceux qui peuvent nous faire du mal. Autrement dit, nous exécutons des actions qui vont nous rapprocher d'une part de tarte à la cerise, d'un être cher ou d'une promotion, et nous nous écartons d'un allergène, d'une mauvaise fréquentation ou d'un projet voué à l'échec. Nous allons vers le plaisir et nous éloignons de la douleur.

Vous n'avez sans doute jamais réfléchi à cette règle élémentaire de comportement, mais vous devriez. Nous verrons en effet que, même si nous n'essayons pas de contempler un coucher de soleil à huit heures du matin et un lever de soleil à huit heures du soir, nous défions souvent inconsciemment les lois de l'approche et de l'évitement en essayant d'influencer les autres. Et même si les lois du comportement ne sont pas aussi déterministes que celles de la physique, tenter de s'y opposer nous donne un handicap quand nous voulons déclencher une action. Mais je brûle les étapes.

Revenons à Hershberger et à son expérience fascinante. Hershberger cherchait à savoir si nous étions dotés d'une tendance innée à aller vers le bon et à nous éloigner du mauvais. Le cerveau est-il littéralement programmé de façon à ce que la quête du plaisir soit liée à un mouvement vers l'avant ? Et dans ce cas, sommes-nous capables d'inverser cette association si besoin est ? En d'autres termes, il voulait savoir ce qui se produirait si, pour éviter les flammes, il fallait se rapprocher du feu. Il ne s'agit pas d'un casse-tête théorique : il existe des situations dans lesquelles, pour obtenir une chose, il faut s'en éloigner. Prenez l'exemple d'un amoureux que vous laissez partir afin qu'il prenne conscience que vous lui manquez et vous revienne en courant.

Pour étudier la loi de l'approche et de l'évitement, Hershberger a choisi les poulets. Il a rassemblé quarante minuscules poussins jaunes tout frais éclos. Un par un, les poussins ont été placés sur un tapis roulant où était posée une écuelle de nourriture. En la voyant, ils se sont tous mis à avancer : ils avaient beau venir de naître, ils savaient de façon innée qu'il est nécessaire de s'approcher de la nourriture pour l'obtenir. C'est alors qu'Hershberger leur a joué un tour à sa façon. Quand les poussins avançaient vers l'écuelle, Hershberger la déplaçait en sens inverse, deux fois plus vite. Plus le poussin trottinait rapidement vers la nourriture, plus elle leur échappait vite. Dans ce monde étrange et nouveau, l'approche n'était pas la manière adéquate d'obtenir ce qu'on voulait (voir figure ci-dessous).

Mais alors, comment allaient-ils obtenir ces graines? Quand les poussins s'éloignaient de la tasse, Hershberger la déplaçait deux fois plus vite vers eux. Par conséquent, pour pouvoir manger ces délicieuses graines, les poussins devaient apprendre une règle simple: éloigne-toi de ton objectif, et il te suivra. Bien que les poussins soient affamés et motivés à résoudre cette énigme, ils ne sont pas parvenus à dépasser l'instinct qui les poussait à s'approcher de la récompense. Le

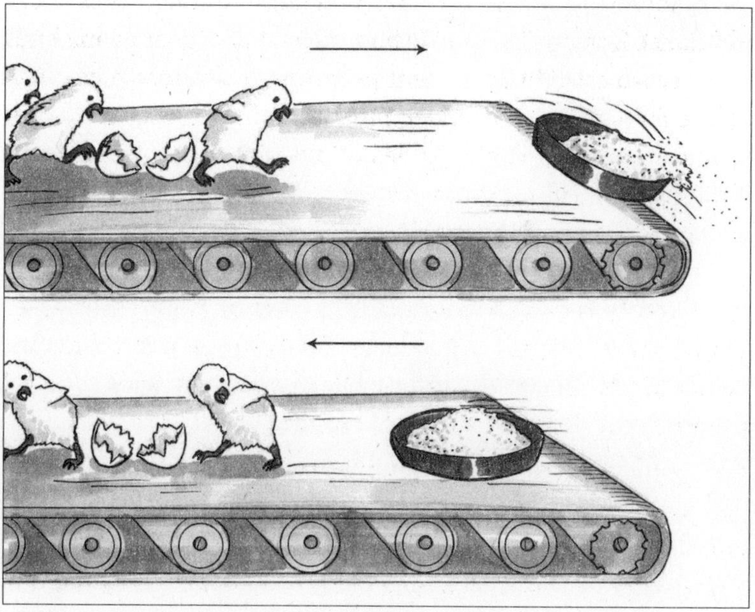

Figure 4. Le comportement d'approche est difficile à oublier. *Quand des poussins placés sur un tapis roulant avancent vers un plat de graines, celui-ci s'éloigne d'eux. Les poussins n'ont pas réussi à apprendre que pour obtenir ces graines, ils devaient s'en éloigner.*

problème, c'est que cette nouvelle règle défiait l'environnement que leur cerveau était programmé à gérer. Malgré toutes les tentatives offertes, ils ont été incapables de surmonter leur tendance à s'approcher du trophée, même si cela signifiait qu'ils pouvaient l'obtenir. Ils sont donc restés sur leur faim.

Cette étude était l'une des premières à montrer que les animaux sont nés avec un schéma comportemental d'approche et d'évitement. Mais que dire des humains ?

Go, no go

Les humains sont un peu comme des poussins. Nous possédons nous aussi un biais cognitif qui nous fait avancer vers les sources de plaisir et nous éloigner des sources de douleur parce qu'en général, ce comportement est efficace. Ce biais est profondément ancré. Notre cerveau est fait de telle sorte que non seulement l'espoir d'une récompense déclenche un mouvement vers ce qui peut engendrer cette récompense, mais il est en outre plus susceptible de déclencher une action tout court. La crainte d'une perte, en revanche, est plus susceptible de provoquer l'inaction. Cette asymétrie explique en partie pourquoi un retour positif a été plus efficace qu'une menace de maladie pour amener le personnel médical à se laver les mains (un comportement d'approche). Biologiquement, nous sommes programmés de telle sorte que l'espoir d'un retour positif nous motive à l'action.

Considérons à présent une expérience que mes collaborateurs et moi avons menée il y a quelques années à l'University College de Londres[57], alors dirigée par le neuroscientifique et psychiatre Marc Guitart-Masip, qui travaille désormais au Karolinska Institutet, en Suède. L'un des participants s'appelait Edvard – un Norvégien cultivé et tiré à quatre épingles. On l'a fait asseoir devant un ordinateur et on lui a demandé de poser les doigts sur la barre d'espace du clavier. Sa tâche était relativement simple : on allait lui présenter quatre images sur l'écran – disons une peinture de Klee, une autre de Picasso, une troisième de Kandinsky et une quatrième de Matisse*. Chaque fois qu'Edvard voyait le Klee, il était censé presser la barre d'espace aussi vite que possible afin de gagner un dollar. J'appellerai cette condition « agir pour être récompensé ». Comme prévu, Edvard appuyait sans hésiter sur la barre chaque fois que le Klee apparaissait à l'écran – tout comme le personnel médical de l'USI était prompt à se laver les mains en quittant la chambre d'un patient afin d'augmenter son score sur le tableau électronique. Mais Edvard serait-il aussi efficace à presser un bouton pour éviter une perte ?

On a alors demandé à Edvard d'appuyer sur la barre lorsque le Picasso apparaissait – pas pour gagner un dollar, cette fois, mais pour éviter d'en perdre un. J'appellerai cette situation « agir pour éviter le mal ». Elle revient à se laver les mains pour ne pas attraper d'infection ou, pour un étudiant en perte de vitesse, à faire un devoir supplémentaire pour ne pas être exclu du cours – autrement dit, une stratégie « no go » destinée à éviter une perte. Edvard est parvenu à intégrer cette règle, mais 30 % des participants à l'étude en ont été incapables.

Ce n'est pas tout : comme la plupart des autres sujets, Edvard mettait plus de temps à appuyer sur la barre pour éviter de perdre un dollar qu'il n'en mettait pour en gagner un. Il était aussi plus susceptible d'oublier d'appuyer, tout comme le personnel médical omettait souvent de se désinfecter les mains. Pourquoi ?

Le cerveau humain est fait pour associer l'action « vers l'avant » à la récompense, et non à l'évitement d'un dommage, parce qu'il s'agit souvent (mais pas toujours) de la réaction la plus efficace. La situation dans laquelle Edvard s'est retrouvé défie la loi de l'approche et de l'évitement. Lorsque nous

* En réalité, les stimuli utilisés étaient des images abstraites.

sommes confrontés à la possibilité d'obtenir un avantage, notre cerveau actionne une chaîne d'événements biologiques qui nous rendent plus susceptibles d'agir vite. C'est ce qu'on appelle la réponse « go » du cerveau, et elle implique des signaux qui proviennent d'une zone profonde nommée mésencéphale. Ces signaux remontent jusqu'au striatum, près du centre du cerveau, puis se déplacent vers les zones du cortex frontal qui contrôlent les réactions motrices.

En revanche, quand nous anticipons un dommage, notre instinct est de reculer. Le cerveau déclenche un effet de « no go ». Ces signaux proviennent eux aussi du mésencéphale et remontent jusqu'au striatum et au cortex frontal. Mais, contrairement aux signaux « go », ils *inhibent* la réaction. Par conséquent, nous sommes davantage susceptibles d'effectuer une action quand nous attendons une récompense plutôt qu'une sanction[58].

L'espoir de l'action

Si vous voulez que quelqu'un agisse rapidement, promettre une récompense qui déclenche l'anticipation du plaisir peut se révéler plus efficace que menacer d'une punition qui produit l'attente de la douleur. Qu'il s'agisse de motiver une équipe à travailler davantage ou un enfant à ranger sa chambre, souvenez-vous de la réaction « go ». Créer des anticipations positives chez les autres – l'annonce du meilleur employé de la semaine sur le site de l'entreprise ou la possibilité de retrouver un jouet perdu sous une pile de vêtements – peut déclencher plus efficacement l'action que la menace d'une baisse de salaire ou d'une privation de dessert.

Prenons par exemple une femme que j'ai rencontrée récemment – appelons-la Cherry. Cherry est venue me voir, après une conférence que j'ai donnée dans son entreprise, afin de partager avec moi son expérience. Depuis longtemps, elle essayait de persuader son mari de se rendre à la salle de sport. Contrairement à elle, il n'aimait pas beaucoup l'exercice physique. Pour tenter de le convaincre, elle lui a fait remarquer qu'il commençait à prendre du ventre. Cela n'a pas marché. Elle l'a averti des risques accrus de maladies cardiaques chez les personnes sédentaires – en vain. Alors, un soir que son mari rentrait de l'une de ses rares séances à la salle de sport, elle l'a complimenté sur sa musculature. Le lendemain, il y est retourné. Tant qu'elle lui montrait qu'elle le trouvait de plus en plus séduisant, il continuait de faire du sport. Un léger changement des retours de Cherry – passer des conséquences à long terme de l'absence d'exercice aux conséquences positives immédiates de la pratique du sport – a fait toute la différence.

Prenons un autre exemple : le cadre supérieur d'une entreprise prospère est venu me voir pour me confier sa propre expérience. Appelons-le Sam. Il y a quelques années, Sam a été confronté à un problème qui aurait pu lui faire perdre des millions de dollars. Un client a menacé de partir chez la concurrence si Sam ne baissait pas de 20 % le coût de son projet d'ici la fin du mois. La pression était forte, et Sam devait réunir son équipe pour trouver une solution. Il aurait pu tenter l'approche classique, ce qui aurait donné quelque chose comme : « Écoutez, les gars, nous avons un sérieux problème. Notre client menace de partir avec son argent si on ne trouve pas un moyen de baisser le budget de son projet de 20 %, et vite. Alors on se met tous au travail pour faire en sorte que ça n'arrive pas ». Pourtant, il a choisi une autre stratégie : « Bon, les gars, on a un vrai défi : il faut trouver un moyen de baisser le budget de notre client de 20 % pour pouvoir le garder et gagner des millions. J'ai écrit notre objectif en gros sur le tableau de la salle de repos. On mettra les résultats à jour en temps réel. On va y arriver ! ». Selon Sam, cette méthode a fait merveille. Les membres de l'équipe débordaient d'énergie. Ils suivaient leurs progrès sur le tableau, se réjouissaient de chaque avancée et, pour finir, ils ont dépassé leur objectif.

Voici encore un exemple, particulièrement pertinent dans notre ère numérique : le financement participatif, ou *crowdfunding*. Les sites de *crowdfunding* permettent à des individus de demander de l'argent à d'autres individus dans le cadre d'un projet ou d'une cause. En général, cet appel aux dons comporte une photo et un court paragraphe décrivant l'objectif de la quête. Considérons deux de ces demandes de financement : la première est accompagnée de la photo d'une jeune femme radieuse. Cette femme est tombée gravement malade et son état exige un traitement médical coûteux ; dans la seconde, la photo montre un homme étendu sur un lit d'hôpital, le corps bardé de tuyaux, le regard désespéré. Lui aussi est très malade, et le traitement est coûteux. À votre avis, lequel des deux est le plus susceptible de récolter de l'argent ?

Alexander Genevsky et Brian Knutson de l'université Stanford ont examiné 13 500 demandes de financement participatif[59]. Ils ont découvert que celles qui comportaient des photos suscitant des émotions positives, et en particulier des portraits de personnes souriantes, étaient plus susceptibles de recevoir des fonds que celles qui étaient accompagnées d'images négatives. C'est surprenant, car la plupart des appels à dons sont souvent accompagnés d'images rebutantes. La photo du patient sur son lit d'hôpital peut effectivement provoquer la compassion, mais l'angoisse qu'elle produit déclenche également un réflexe d'éloignement. En revanche, face à des images positives, nous éprouvons une « réaction d'approche » qui nous pousse à nous engager. L'image d'une personne saine et joyeuse permet d'envisager plus facilement la possibilité d'une guérison, ce qui nous motive à faire un don. Il nous est plus difficile d'imaginer cette guérison en voyant la photo d'une personne malade, ce qui aboutit souvent à une attitude passive.

Genevsky et Knutson voulaient savoir s'ils pouvaient prédire quelles demandes de *crowdfunding* seraient satisfaites et lesquelles seraient ignorées. Ils ont rassemblé une grande quantité de données, y compris le montant de la somme demandée et le nombre de mots utilisés pour décrire le projet; ils ont demandé à un groupe de personnes d'évaluer les sentiments que leur inspiraient ces demandes; ils ont également enregistré l'activité cérébrale de 28 sujets pendant qu'ils examinaient ces demandes. Les chercheurs ont découvert que la meilleure façon de prédire le succès d'un appel aux dons en ligne était d'observer la réaction du noyau accumbens. Il s'agit de la partie du cerveau qui gère les sentiments de plaisir et qu'on appelle parfois le «siège de la récompense» parce qu'il montre l'anticipation de récompenses imminentes. Si le noyau accumbens était très actif lorsque les sujets examinaient une demande de financement, celle-ci était susceptible d'être satisfaite en ligne. Observer l'activité du noyau accumbens chez un petit groupe de volontaires s'est révélé le meilleur moyen de prévoir la réaction de milliers d'autres personnes – un moyen bien plus efficace que de demander aux volontaires s'ils envisageaient de faire un don ou de leur faire évaluer le niveau de leur empathie. Parfois, on obtient une indication plus juste de ce qui se passe dans la tête d'une personne en examinant directement son cerveau plutôt qu'en lui demandant de réfléchir.

Dans la lumière des phares

Sam, Cherry et l'équipe de recherche à l'USI ont tous offert une récompense, matérielle ou non, au lieu d'un avertissement. Dans chacun de ces exemples, associer une demande d'action à un résultat positif plutôt qu'à une menace a permis de produire un changement. Mais que se passe-t-il quand l'objectif est d'amener quelqu'un à ne pas agir?

Pour le savoir, revenons à notre expérience. Quand un Kandinsky ou un Matisse apparaissait sur l'écran, Edvard était censé ne rien faire. S'il n'agissait pas après avoir vu un Kandinsky, il gagnait un dollar – un peu comme on félicite un élève de s'être tenu tranquille en classe. En revanche, ne rien faire en voyant un Matisse assurait Edvard de *ne pas perdre* un dollar. Cette situation équivaut à celle d'un élève qui doit se tenir tranquille en classe pour ne pas être puni. Là encore, Edvard a obtenu d'excellents résultats, mais ils étaient un peu meilleurs dans le cas où il devait éviter une perte que dans celui où il obtenait une récompense. En effet, lorsqu'on est confronté à la possibilité d'une perte, une réaction « no go » se déclenche dans le cerveau, inhibant le mouvement.

Autrement dit, lorsque l'objectif est d'amener quelqu'un à ne pas faire quelque chose – un enfant à ne pas manger un gâteau ou un employé à ne pas communiquer d'informations confidentielles à des tiers – il est plus efficace de l'avertir des conséquences néfastes que de lui promettre une récompense. De fait, une menace immédiate peut nous paralyser complètement.

Peut-être l'image du chevreuil figé dans la lumière des phares vous est-elle familière. Eh bien, quand nous avons peur, nous nous immobilisons, nous aussi. L'autre jour, je traversais une rue très passante à Boston. À force de partager ma vie entre les États-Unis et l'Angleterre, il m'arrive souvent de regarder du mauvais côté de la route avant de traverser. Cette confusion m'a valu des problèmes à plus d'une occasion. Cette fois, je traversais un grand axe et j'ai tourné la tête à gauche au lieu de la tourner à droite. Arrivée au milieu du passage piéton, j'ai vu arriver d'une direction inattendue un véhicule qui roulait à vive allure. Une alarme s'est déclenchée dans ma tête et la peur m'a submergée. En esprit, je me voyais déjà aplatie sous les roues de la voiture. Ma première réaction a été de m'arrêter net et, pendant une fraction de seconde, je me suis figée, là, au beau milieu de la route. L'instant d'après, j'ai repris mes esprits et j'ai pu m'échapper. Je suis parvenue saine et sauve de l'autre côté de la route, mais on imagine sans mal une situation où ces quelques millisecondes auraient changé le cours des choses.

Pourquoi l'évolution nous a-t-elle équipés d'une réaction de paralysie ? Pour répondre à cette question, il nous faut revenir à l'époque où notre objectif premier était d'échapper aux prédateurs. Pour éviter de se faire dévorer par un lion ou un tigre, nous avions trois options : (a) s'enfuir à toutes jambes, (b) faire face et se battre ou (c) rester parfaitement immobile. Pourquoi vouloir rester immobile ? Premièrement, si on ne bouge pas, on peut passer inaperçu. Les humains et les animaux sont très doués pour détecter le mouvement, même du coin de l'œil. Par conséquent, se figer en cas de menace peut nous sauver la vie. Deuxièmement, cela revient à faire le mort*. De nombreux prédateurs évitent de manger des animaux morts, car cela peut les rendre malades. De fait, les gardes forestiers dans les parcs nationaux des États-Unis conseillent aux campeurs de faire le mort s'ils sont attaqués par un ours brun. Faire le mort peut constituer une bonne stratégie pour sauver sa peau, ce qui explique en partie que nous ayons hérité d'une réaction de paralysie face à la peur, qui précède souvent la réaction de lutte ou de fuite[60].

Les survivants de catastrophes aériennes décrivent souvent des passagers submergés par la peur et le choc, et figés sur leur siège au lieu d'essayer de s'échapper. Ce comportement ressemble à celui des souris de laboratoire. Si vous entraînez une souris à associer un son spécifique à un choc électrique, vous observerez qu'elle se fige chaque fois qu'elle entend ce son, anticipant la douleur imminente. Parfois, cette réaction se produira même si la souris dispose d'une échappatoire. Cette paralysie est générée par l'amygdale, un petit noyau du cerveau associé à la gestion de l'émotion[61]. Cependant, si vous entraînez la souris à associer un son spécifique à l'arrivée d'un élément positif (par exemple, une jolie souris du sexe opposé), vous verrez la souris

* L'analyse de récents actes de terrorisme, comme les fusillades au Bataclan, à Paris, et dans un club d'Orlando, aux États-Unis, révèle que si certaines personnes ont survécu en faisant le mort, dans d'autres cas, le tireur s'est acharné sur des victimes qu'il pensait mortes, apparemment dans un accès de rage.

Figure 5. Motivations. Provoquez l'action en utilisant des stratégies positives au lieu d'user d'avertissements et de menaces. *Souvent, nous essayons instinctivement de modifier les actions d'une personne en l'alertant sur des dangers futurs. Cette stratégie échoue fréquemment, car la peur peut démotiver cette personne et l'amener à se figer plutôt qu'à agir. Nous pouvons surmonter notre instinct et recourir à la place à des stratégies positives pour modifier les comportements, par exemple offrir une récompense immédiate. L'anticipation de la récompense, même sous forme d'un simple retour positif ou d'un « j'aime » sur les réseaux sociaux, peut déclencher la réaction « go » du cerveau. Par exemple, le fait d'avertir les membres du personnel médical qu'ils devaient se laver les mains pour éviter la propagation des maladies n'a pas affecté leur comportement. En revanche, la hausse des scores chaque fois qu'ils se désinfectaient les mains a été efficace.*

parcourir son espace avec excitation – ce qui montre la relation entre l'attente d'une récompense et l'action*.

La peur et l'angoisse nous amènent souvent à reculer, à nous figer ou à abandonner plutôt qu'à agir. Je ne dis pas que c'est systématique mais, en y prêtant attention, vous verrez que c'est souvent le cas. Pourtant, ce n'est pas uniquement pour cette raison que la menace de la maladie n'a pas convaincu le personnel de l'USI de se laver les mains, ou que la crainte de l'obésité n'a pas suffi à persuader le mari de Cherry de se mettre au sport. Il existe une autre raison : l'*immédiateté*.

Je le veux maintenant !

Connaissez-vous le test du marshmallow ? Il existe peu d'études psychologiques assez célèbres pour être connues du grand public. Mais celle menée en 1988 par Walter Mischel, professeur de psychologie à l'université Columbia, en fait partie. Mischel

* Certains d'entre vous se demandent peut-être en quoi cela est lié au phénomène d'« aversion aux pertes ». L'aversion aux pertes est la tendance qu'ont les individus confrontés à un choix à décider d'éviter une perte plutôt que d'obtenir une récompense. En d'autres termes, quand on prend une décision (choisir d'investir dans une action, par exemple), on attache plus d'importance à ce qu'on risque de perdre qu'à ce qu'on peut gagner. Cependant, l'aversion aux pertes ne se traduit pas par davantage d'action face à une éventuelle perte que face à un éventuel gain. Les quelques études qui ont été interprétées dans ce sens peuvent généralement s'expliquer autrement. Par exemple, lors d'une de ces études, on a donné 4 000 dollars à un groupe de professeurs en leur disant que cet argent leur serait retiré si leurs élèves n'obtenaient pas de meilleurs résultats. Dans un autre groupe, on a promis aux professeurs 4 000 dollars si les notes de leurs étudiants augmentaient. Le premier groupe a obtenu de meilleurs résultats. On a dit de cette étude qu'elle montrait l'impact de la peur sur la motivation, mais on peut aussi y voir le reflet de l'impact de la récompense immédiate – 4 000 dollars en poche – par rapport à celui de la récompense future.

et ses collègues, qui étaient à l'époque à l'université Stanford, ont publié un article dans le *Journal of Personality and Social Psychology* sous le titre suivant: «La nature des compétences adolescentes prédite par la gratification différée à l'âge préscolaire[62].» Cette étude est décrite comme la démonstration de l'importance du self-control dans la réussite (en fait, Mischel a par la suite écrit un livre intitulé *Le Test du marshmallow – Quels sont les ressorts de la volonté?*[63]). Pourtant, cette interprétation populaire ne dit peut-être pas tout. Je pense que le test du marshmallow va plus loin qu'on ne le pense. Mais d'abord, permettez-moi de vous rappeler brièvement l'expérience originale avant de vous présenter une nouvelle leçon à en tirer.

À la fin des années 1960, Mischel a contacté les administrateurs de l'école maternelle de Bing à l'université Stanford pour leur demander si les jeunes élèves accepteraient de participer à une expérience. Ils ont accepté. Les enfants, âgés de quatre à six ans, ont été emmenés un par un dans une salle où on les a fait asseoir devant une table. Au centre de la table se trouvait une délicieuse friandise, gâteau ou marshmallow. Prenons par exemple le jeune Peter. Peter est un enfant volubile. Comme nombre de ses camarades, il affectionne les véhicules – trains, tracteurs, avions, voitures. Il aime aussi beaucoup les sucreries, et en particulier les marshmallows. Quand Peter entre dans la pièce, son attention est aussitôt attirée par le bonbon rose et moelleux qui l'attend sur la table. Le testeur informe Peter qu'il doit le laisser une seconde pour aller voir un autre enfant, Allen. Pendant son absence, Peter pourra manger le marshmallow s'il le souhaite. Cependant, s'il attend le retour du testeur, il recevra non pas un, mais deux marshmallows!

Peter est donc livré à lui-même. Que va-t-il faire? Beaucoup d'enfants attendent le retour du testeur avec le second marshmallow; alors, seulement, ils mangent les deux bonbons. Mais ce n'est pas facile pour eux. Les enfants adoptent différentes stratégies pour se distraire de la récompense. Certains coincent leurs mains sous leurs petites fesses pour les empêcher de filer vers la friandise. D'autres se changent les idées en se récitant des comptines. Pourquoi les enfants ont-ils tant de mal à ne pas manger le marshmallow ?

Rappelez-vous l'expérience « go/no go ». Nous savons désormais que le cerveau déclenche une réaction d'action dans l'anticipation d'une gratification. Peter, cependant, doit rester dans une réaction d'inaction pour obtenir une récompense. Tout comme Edvard qui, afin de recevoir un dollar, devait éviter d'appuyer sur une touche d'ordinateur quand on lui montrait un Kandinsky, Peter devait se garder d'agir pour recevoir un deuxième marshmallow. Ce n'est pas facile, surtout pour un enfant de quatre ans dont le cerveau n'a pas encore pleinement développé les circuits lui permettant de surmonter ses instincts. En outre, pour le cerveau, un marshmallow tout de suite vaut davantage qu'un éventuel second marshmallow dans le futur. La partie du cerveau qui signale la récompense – le noyau accumbens – produit un signal plus fort face à une gratification accessible sur le moment que devant une récompense à venir[64]. « Maintenant » vaut souvent davantage que « tout à l'heure ». L'étude de Mischel montre que, malgré les efforts requis, beaucoup d'enfants parviennent à surmonter leur instinct et à attendre les deux marshmallows futurs.

Je soupçonne fortement des millions de parents d'avoir placé leur enfant devant une friandise en leur en promettant davantage s'ils résistaient pendant un quart d'heure à la tentation. Et cette conviction se base sur ce que Mischel a découvert par la suite, quand il a contacté les parents de ces jeunes enfants devenus adolescents. Il leur a posé une série de questions : quels étaient les résultats des enfants à l'école, comment se comportaient-ils socialement et psychologiquement ? Les enfants qui étaient parvenus à différer la gratification une décennie plus tôt – ceux qui avaient attendu le second marshmallow – rencontraient plus de réussite dans presque tous les domaines que la moyenne des adolescents. Mischel en a conclu que les enfants qui avaient attendu le second marshmallow possédaient une plus grande capacité de self-control et que cela leur a permis d'exceller dans de nombreux domaines[65]. Il ne s'agit cependant que d'une explication possible. Il existe une autre interprétation permettant d'expliquer pourquoi certains enfants ont retardé la gratification alors que d'autres ne l'ont pas fait : les attentes des enfants vis-à-vis de l'avenir.

L'avenir est incertain

Vous vous souvenez de Peter, le petit garçon bavard et amateur de trains ? Eh bien, Peter n'a pas attendu le second marshmallow. Peu après le départ du testeur, il a attrapé la friandise rose pour la fourrer dans sa bouche. « Aucun self-control », vous direz-vous. Peut-être. Mais voilà ce que je pense, moi : peut-être Peter n'était-il pas convaincu que le testeur allait revenir avec un second marshmallow. Ce n'est pas une hypothèse déraisonnable : le testeur pouvait oublier ou mentir. Et un scénario encore pire traverse l'esprit de Peter : s'il attend trop longtemps, on ne le laissera peut-être même pas manger le bonbon qui se trouve devant lui. Là encore, cette possibilité n'est pas à exclure. Le testeur va peut-être se retrouver à court de marshmallows et Peter va devoir partager le sien avec Allen, l'autre petit garçon. À quoi bon se morfondre pendant un quart d'heure ? conclut-il. De fait, mieux vaut manger un marshmallow bien réel qu'attendre deux marshmallows hypothétiques. Peter ne manque pas forcément de self-control : peut-être est-il simplement moins confiant ou moins optimiste. Ces deux raisons peuvent expliquer que Peter ait fait ce choix et la façon dont il a évolué en grandissant. Il est prouvé que sociabilité et optimisme affectent de façon significative le déroulement de notre vie : en moyenne, les personnes plus sociables et optimistes réussissent mieux[66].

Cette interprétation supplémentaire du test du marshmallow a été corroborée par une étude menée à l'université de

Rochester. Là, les chercheurs ont entrepris de modifier l'opinion des enfants sur la confiance qu'ils portaient au testeur avant de les soumettre au test du marshmallow[67]. Voici comment ils ont procédé : ils ont fait entrer dans une salle de dessin des enfants âgés de quatre à six ans et leur ont donné du matériel pour qu'ils créent leur propre tasse. Les enfants pouvaient ainsi décorer un ruban de papier blanc qui serait ensuite glissé dans une tasse spéciale. On leur a également fourni des crayons de couleur usagés glissés dans une boîte difficile à ouvrir, tout en leur disant que, s'ils attendaient un peu, le testeur allait revenir avec une boîte de crayons neufs. Quelques minutes plus tard, le testeur est revenu. Il s'est excusé auprès du premier groupe en annonçant qu'il s'était trompé : il n'y avait pas d'autres crayons. Il s'agissait du groupe soumis à un environnement « faillible ». Le second groupe d'enfants, en revanche, s'est vu confier une boîte de crayons tout neufs. Il s'agissait du groupe soumis à un environnement « fiable ». Ensuite, les enfants des deux groupes se sont prêtés au test du marshmallow.

Les chercheurs avaient prévu que les enfants n'ayant pas reçu les crayons promis, mettant en doute la parole du testeur, ne se donneraient la peine d'attendre le second marshmallow. C'est d'ailleurs ce qui s'est produit. Les enfants soumis à l'environnement « faillible » ont attendu en moyenne trois minutes et deux secondes avant d'avaler le bonbon. Ceux soumis à l'environnement « fiable » ont attendu en moyenne douze minutes et deux secondes. Autrement dit, plus l'avenir nous paraît incertain, moins nous sommes susceptibles de renoncer à une gratification immédiate en faveur d'une récompense future.

Plaisir immédiat et douleur future

Tout ceci est très intéressant, mais quel rapport avec notre problème originel, qui est de déclencher l'action chez les autres ? Malheureusement, quand on essaie de modifier le comportement d'une personne en la mettant en garde contre la propagation des germes, une perte d'argent, un gain de poids, un échec scolaire ou le réchauffement climatique, la difficulté est la suivante : il s'agit chaque fois de bâtons futurs *incertains*. Si les membres de l'USI ne se lavent pas les mains, ils ne risquent pas de tomber malades immédiatement, mais quelques jours plus tard. Si Sam et son équipe ne parviennent pas à diminuer le budget du client, ils ne perdront pas des millions tout de suite, mais dans un mois. Ces menaces se situent toutes dans l'avenir, parfois lointain. Et l'avenir, nous le savons tous, est incertain. Peut-être que les membres de l'USI iront très bien même sans se laver les mains. Peut-être que l'équipe de Sam ne fera rien mais que le client décidera de rester quand même. Le problème, c'est ce « peut-être ». Il est difficile de forcer des gens à œuvrer pour quelque chose qui n'arrivera pas forcément. Il est très facile d'ignorer des bâtons futurs et de nous convaincre que tout ira bien même en conservant nos mauvaises habitudes. Voilà pourquoi la menace d'une catastrophe future est parfois moins efficace qu'une récompense mineure, mais immédiate et certaine. Même si la menace est immédiate et certaine (comme une punition effective ou un retour négatif), elle peut cependant se révéler moins efficace que la promesse d'une récompense immédiate et certaine à cause du circuit « go » qui lie dans le cerveau plaisir et action.

Prenons l'exemple de Discovery, la plus grosse compagnie d'assurance santé d'Afrique du Sud. Au lieu de mettre en garde contre des maladies futures, Discovery a lancé un programme qui attribuait aux clients des points chaque fois qu'ils achetaient des fruits et légumes dans un supermarché, pratiquaient une activité physique sport ou faisaient un bilan de santé. Ces clients pouvaient utiliser ces points pour certains achats. Ce programme s'est révélé très efficace, les gens se mettant à adopter un comportement plus sain, ce qui limita les hospitalisations.

Pourtant, un mystère subsiste : si menaces et avertissements possèdent un impact limité, pourquoi y recourons-nous si souvent pour essayer de faire changer quelqu'un d'avis ? Malgré tout ce que je sais, il m'arrive souvent de dire à mes étudiants que s'ils ne travaillent pas davantage, ils n'arriveront pas à décrocher un emploi correct ; ou d'avertir ma fille que si elle n'enfile pas son manteau, elle va attraper froid. Ce que je devrais faire, c'est expliquer à mes étudiants que, s'ils travaillent plus dur, ils rendront d'excellents devoirs et finiront par obtenir un emploi fabuleux ; et à ma fille que si elle met son manteau, elle se sentira bien au chaud et pourra se rendre à la fête d'anniversaire de sa copine.

De toute évidence, il n'est pas si simple d'opérer un tel recadrage ; en effet, notre cerveau appuie automatiquement sur la touche « avance rapide ». Quand je remarque qu'un de mes étudiants ne travaille pas assez, mon cerveau se projette aussitôt dans le futur et voit l'étudiant passer à côté de tous ses objectifs. Quand je vois ma fille sortir de la maison vêtue d'un simple tee-shirt en plein mois de décembre, mon cerveau l'imagine avec le nez qui coule et une toux pénible (notons que nous nous représentons plus facilement les conséquences négatives pour les autres que pour nous-même, mais ceci fera l'objet d'une autre discussion). Voilà pourquoi notre réaction immédiate est la mise en garde : notre cerveau a visualisé une catastrophe, et nous partageons avec les autres nos sombres prévisions. Cependant, il s'agit essentiellement d'une mauvaise approche. Nous devrions surmonter consciemment cet instinct et, à la place, mettre l'accent sur ce qu'il faut faire pour arranger les choses. Par exemple, dire : « Mets un manteau et tu resteras en bonne santé » et « Travaille dur et tu trouveras du travail ». Il existe un autre avantage à cette approche : alors que les menaces et mises en garde (par exemple, « les employés doivent se laver les mains ») limitent le sentiment de contrôle des individus, souligner ce qu'il est nécessaire de faire pour obtenir une récompense accroît ce sentiment. Dans le chapitre suivant, nous explorerons le rôle surprenant du contrôle dans l'influence de l'esprit.

4

Renforcer la faculté d'action

Obtenir le pouvoir en lâchant prise

Imaginez un monde où la peur serait rationnelle – un monde où les gens crieraient de toutes leurs forces à la vue d'une cigarette ; où la phobie des graisses et la peur de la viande rouge seraient banales ; où la panique vous saisirait chaque fois que vous monteriez dans un véhicule. Ces peurs seraient justifiées : le tabac, l'obésité et les accidents de la route figurent parmi les cinq principales causes de décès – pathologies cardiaques, cancer, maladies chroniques des voies respiratoires inférieures, accidents et AVC[68]. Pourtant, dans la liste des phobies les plus répandues que je vais vous présenter ici, vous ne trouverez aucune de ces peurs[69].

La majorité des gens ne s'émeut pas de choses qui pourraient bel et bien les tuer. En revanche, la peur la plus répandue est l'arachnophobie – la peur des araignées. Et ce, en dépit du fait que « vous avez plus de chances d'être attaqué par un requin, d'en réchapper, puis d'être tué par la chute d'un cocotier* » que de mourir d'une morsure d'araignée. Environ six personnes décèdent chaque année d'une morsure d'araignée aux États-

* Du moins, selon les termes pleins d'humour d'un intervenant nommé Scrap-Lord lors d'une discussion en ligne dans un forum évoquant ce sujet (http://forum.deviantart.com/devart/general/2226526).

Unis, une nation qui compte 319 millions d'habitants[70]. Nous craignons des choses qui ne peuvent pas nous faire de mal – araignées, serpents et altitude. Certaines personnes souffrent d'attaques de panique dans les grands espaces, devant un chien, ou face à un éclair. De fait, la seule phobie justifiée dans la liste des dix peurs les plus répandues, c'est la mysophobie ou peur des germes, qui arrive en 8e position. Deux rangs plus bas, vous trouverez une peur particulièrement fascinante : la trypophobie ou peur des trous. Le nombre de personnes qui souffrent de cette phobie dépasse apparemment celui des cancérophobes puisque la peur du cancer n'arrive qu'en 11e position sur la liste, juste avant la phobie de la mort.

Les dix principales causes de décès

- Maladies cardiaques
- Cancer
- Maladies chroniques des voies respiratoires inférieures
- Accidents (blessures involontaires)
- AVC (maladies cérébrovasculaires)
- Maladie d'Alzheimer
- Diabète
- Grippe et pneumonie
- Néphrite, syndrome néphrotique et néphrose
- Blessures auto infligées (suicide)

Les douze phobies les plus répandues

- Arachnophobie : peur des araignées
- Ophiophobie : peur des serpents
- Acrophobie : peur des hauteurs
- Agoraphobie : peur des espaces ouverts ou encombrés
- Cynophobie : peur des chiens
- Astraphobie : peur du tonnerre ou des éclairs

- Claustrophobie : peur des petits espaces (ascenseurs, pièces exiguës ou autres espaces clos)
- Mysophobie : peur des germes
- Aérophobie : peur de voler
- Trypophobie : peur des tous
- Carcinophobie : peur du cancer
- Thanatophobie : peur de la mort

La peur à l'épreuve des faits

Nous trouvons peut-être ces phobies ridicules mais, pour les gens qui en souffrent, elles peuvent être dévastatrices. Par exemple, les personnes atteintes d'agoraphobie ont peur de quitter leur maison ce qui, bien entendu, affecte sérieusement leur qualité de vie. Les individus souffrant de claustrophobie peuvent refuser de passer un IRM, même si cette procédure est essentielle pour diagnostiquer un problème médical, parce qu'ils sont mal à l'aise dans l'espace réduit du scanner. Quant à l'aérophobie, la peur de voler, elle peut nuire à la carrière et aux relations des personnes qu'elle affecte.

Prenez par exemple le réalisateur Joseph McGinty, connu sous le nom de « McG ». McG avait réalisé *Charlie et ses drôles de dames* et, après le succès de ce film, il a été contacté par Warner Brothers pour tourner un nouveau Superman en Australie. Un millier d'employés attendaient McG sur place. Les lumières et les caméras étaient prêtes, et il était temps de lancer l'action. McG avait passé un an à travailler sur ce film avant le tournage. Quelque 20 millions de dollars avaient déjà été investis dans le projet. Pourtant, le jour où McG était censé embarquer, depuis la Californie, dans un jet privé pour rallier Sidney, il s'est retrouvé paralysé par la peur et il a été incapable de monter dans l'avion[71].

Son équipe a tout essayé pour le convaincre d'embarquer. Avec des statistiques, tout d'abord : il avait plus de chances de se faire tuer en rentrant chez lui en voiture que pendant le vol pour Sidney. De fait, seules 1 000 personnes trouvent la mort chaque année en avion (il y a environ 1 possibilité sur 11 millions d'être tué dans une catastrophe aérienne) alors que les accidents de la route font 1,24 million de victimes (1 possibilité sur 5 000 d'être tué dans un accident de voiture[72]). McG connaissait ces chiffres, mais ils ne l'ont apaisé en rien. C'est dans sa voiture qu'il se sentait en sécurité, pas dans un avion. La peur est une émotion, et ses émotions n'étaient pas jugulées par les faits.

La plupart des gens pensent que l'aérophobie est la peur de s'écraser. Cette peur est accentuée par le battage médiatique autour de chaque accident aérien. Le réalisme des images à la télé nous amène à juger les avions plus dangereux qu'ils ne le sont. Mais cela ne s'arrête pas là, sinon, les compagnies aériennes pourraient tout simplement fournir aux passagers des données qui modifieraient leurs perceptions. Or, nous savons que répéter aux gens que l'avion est plus sûr que la voiture ne contribue guère à soulager leur angoisse.

S'il ne s'agit pas d'un mauvais calcul de risques, pourquoi sommes-nous si nombreux à craindre les 747 ? Certains cherchent la réponse dans l'évolution : contrairement aux oiseaux, les êtres humains n'ont pas d'ailes et ne sont pas faits pour voler. Si nos ancêtres se retrouvaient suspendus dans le ciel, c'était généralement parce qu'ils étaient sur le point de rejoindre leur créateur. C'est ainsi, dit-on, que nos ancêtres terre à terre nous ont légué la peur de voler. Au premier abord, cette théorie est séduisante : nos peurs modernes des araignées, serpents, hauteurs, grands espaces, etc. sont peut-être des séquelles d'une époque où tous ces éléments étaient réellement dangereux. Dans les espaces ouverts, par exemple, on ne peut pas se mettre à l'abri des prédateurs. Ainsi, les personnes qui craignaient, et donc évitaient, les espaces ouverts, étaient plus susceptibles de survivre. Cependant, ce type d'explications ne reflète pas toute la complexité des peurs humaines car souvent, ce que nous semblons craindre n'est pas ce qui nous fait réellement peur.

Le retrait du contrôle

« En réalité, c'était un problème de contrôle : chaque fois que je sors de ma zone de confort, j'ai l'impression que je vais mourir », a dit McG pour expliquer son refus d'embarquer dans le jet à destination de l'Australie[73]. Quand on monte dans un avion, on confie son destin, au moins pour quelques heures, au pilote et à l'équipage. On ne peut pas décider de quitter l'avion si les pleurs d'un enfant ou les coups de coude du voisin nous tapent sur les nerfs. En réalité, le seul choix disponible, c'est biscuits ou cacahuètes. En outre, nous ne disposons que d'informations très limitées : ces secousses sont-elles dues à de simples turbulences, ou s'agit-il d'un problème plus sérieux ? Le pilote est-il fatigué ou en forme ? Allons-nous arriver à l'heure ? Cette absence de contrôle est une sensation perturbante.

La plupart des gens deviennent stressés et anxieux quand on leur retire leur capacité à contrôler leur environnement. Voilà pourquoi beaucoup préfèrent prendre place au volant de leur voiture plutôt que sur le siège d'un avion, et c'est aussi pour cette raison que nous sommes tendus quand nous sommes bloqués dans un embouteillage, incapables de bouger. Cette limitation du contrôle explique également que certaines personnes n'aiment pas être invitées chez d'autres. C'est aussi pour cela que la contrainte physique est perturbante psychologiquement pour les humains comme pour les animaux. Même les bébés préfèrent exercer leur capacité limitée pour contrôler leur entourage : une fois qu'ils ont appris à tenir tout seuls leur biberon, ils expriment de la détresse si on leur retire ce privilège. Quand ces bébés deviennent de jeunes enfants, ils exigent de tout faire eux-mêmes : appuyer sur le bouton de l'ascenseur, enfiler leurs chaussures... S'opposer à leur capacité d'exercer ce contrôle peut créer des conflits. Certes, les adultes se jettent rarement par terre en hurlant lorsqu'on leur retire leur liberté mais, quand leur faculté d'action est restreinte, ils se sentent mal à l'aise.

Bien sûr, cette peur de perdre le contrôle n'explique pas toutes nos phobies et angoisses. Pourtant, toutes choses égales par ailleurs, nous craignons l'incontrôlable davantage que le contrôlable. Les animaux sauvages, les éclairs, les petits espaces qui restreignent nos mouvements – tout ceci peut provoquer plus d'anxiété que des situations que nous *percevons* comme étant sous notre contrôle, comme faire du vélo, posséder une arme à feu ou prendre des médicaments, alors que ces activités sont en réalité plus dangereuses. Essayer de reprendre le contrôle peut également induire des problèmes psychologiques, dont des troubles alimentaires (lorsqu'on essaie de contrôler ce qui rentre dans son corps), des addictions (qui peuvent être une tentative de réguler son humeur), voire le suicide (la décision de mettre un terme à sa vie peut être considérée comme une tentative de contrôler ce qui est typiquement hors de contrôle).

Donner du pouvoir pour influencer

Contrôle et influence sont étroitement liés. Lorsque vous modifiez les opinions ou les actions d'une personne, vous exercez dans une certaine mesure un contrôle sur elle. Quand vous êtes influencé par quelqu'un, vous lui donnez un contrôle sur vous-même. Voilà pourquoi il est fondamental, pour comprendre l'influence, d'appréhender la relation délicate que les êtres humains entretiennent avec le contrôle. Cela vous permettra de mieux prédire à quel moment les autres vont résister à l'influence, et à quel moment ils l'accepteront.

Nous allons voir que, pour affecter une personne, il nous faut surmonter notre propre instinct de contrôle et évaluer les besoins de l'autre en termes de faculté d'action. En effet, quand une personne sent qu'on lui enlève sa faculté d'action, elle résiste. En revanche, si elle sent que cette faculté est amplifiée, elle se laisse aller à cette sensation et la trouve gratifiante.

Il existe un exemple parfait de ce principe avec... les impôts. Payer des impôts rend les gens mécontents, purement et simplement. Même si vous convenez de bon cœur qu'il faut le faire, je suis presque sûre que vous n'éprouvez aucun plaisir à offrir 30, 20 ou même 10 % de vos revenus au gouvernement. D'ailleurs, certains décident de se soustraire entièrement à cette épreuve : aux États-Unis, le montant annuel de la fraude fiscale se monte à 458 milliards de dollars[74]. Et ce chiffre n'inclut même pas ce qui part dans les paradis fiscaux. Alors imaginez que vous êtes un agent du fisc et que vous avez pour tâche de réduire ce montant de manière drastique. Parmi les outils conventionnels destinés à convaincre les contribuables de payer leurs impôts figurent l'augmentation des amendes, des contrôles fiscaux plus fréquents et l'accent mis sur l'importance des impôts pour le pays. Ces outils sont certes utiles, mais leur efficacité reste faible. Que faire d'autre ?

Peut-être pourriez-vous rendre le paiement des impôts plus agréable ? Cette idée peut vous sembler radicale. En premier lieu, posons-nous cette question : pourquoi les impôts sont-ils si exécrables ? Certes, ils nous font perdre une part importante de nos revenus, mais ce n'est pas la seule explication. Vous n'éprouveriez sans doute pas la même réticence à faire don de 30 % de vos revenus à une association humanitaire de votre choix, non ? Si nous rechignons à payer des impôts, c'est parce que nous n'avons pas le choix. Contrairement aux dons caritatifs, pour lesquels nous décidons combien et quand payer, les impôts échappent à notre contrôle : personne ne nous demande si nous consentons à payer, et nous ne savons pas très bien où va notre argent.

Serions-nous plus enclins à payer nos impôts si nous avions le sentiment d'avoir retrouvé notre faculté d'action dans ce domaine ? Pour tenter de répondre à cette question, trois chercheurs ont mené une expérience[75]. Ils ont fait venir des étudiants dans un laboratoire de l'université de Harvard et leur ont demandé d'évaluer des photographies d'intérieur de diverses maisons. En échange de leur temps, on leur donnait 10 $, mais il leur fallait payer une « taxe de laboratoire » de 3 $. La consigne était de déposer ces 3 $ dans une enveloppe et de remettre celle-ci au testeur avant leur départ. Les étudiants n'étaient guère enthousiastes : seule la moitié d'entre eux s'est pliée à la règle ; l'autre moitié a soit laissé l'enveloppe vide, soit donné un montant moindre.

Dans un autre groupe de participants, les règles ont été modifiées : on a dit aux étudiants qu'ils pouvaient conseiller le responsable de laboratoire sur la manière de répartir les taxes récoltées. Ils pouvaient par exemple suggérer de les dépenser en boissons et en-cas pour les futurs participants. De façon étonnante, le simple fait de donner la parole aux étudiants a fait passer le paiement effectif de la taxe de 50 à 70 % ! C'est spectaculaire. Imaginez ce que cette augmentation signifierait pour votre pays s'il était transposé à l'échelle nationale !

Pour s'assurer que ces résultats n'étaient pas spécifiques à l'élite de Harvard, les chercheurs ont fait appel en ligne à un panel plus large de citoyens. Cette fois, les participants avaient la possibilité de s'informer sur la répartition des recettes fiscales aux États-Unis. Certains pouvaient également exprimer leurs préférences sur la manière dont ils souhaitaient que leurs impôts soient affectés – quel pourcentage ils souhaitaient voir alloué à l'éducation, à la sécurité, à la santé, etc. ? Enfin, on a proposé à chacun d'entre eux une niche fiscale douteuse pour pouvoir diminuer leur impôt de 10 % – allaient-ils y recourir ?

Parmi ceux qui n'ont pas eu la possibilité d'exprimer leurs préférences sur la répartition de leur impôt, 2 sur 3 (environ 66 %) ont affirmé qu'ils recourraient à cette niche fiscale. Ce chiffre est tombé à 44 % (à peine la moitié) parmi ceux qui ont pu exprimer leurs préférences. L'étude a aussi révélé qu'il ne suffisait pas de fournir au contribuable des informations sur la façon dont son argent est utilisé. Ce qui a fait la différence, c'est le sentiment d'avoir voix au chapitre – la faculté d'action.

En conclusion – et de façon un peu étrange –, pour influencer une action, il faut donner aux individus un sentiment de contrôle. Éliminez le sentiment de faculté d'action, et vous récolterez colère, frustration et résistance. Augmentez le sentiment d'influence d'une personne sur son entourage, et vous accroîtrez sa motivation et son obéissance. Dans les expériences que je décris, on ne donnait pas réellement le contrôle aux participants : on leur demandait seulement d'indiquer leurs préférences quant à l'allocation de leurs impôts. Pourtant, cela a suffi à modifier leurs actions. Donner un choix à quelqu'un, même hypothétique, suffit à accroître son sentiment de contrôle – et le contrôle motive les individus.

Choisir de choisir

Pourquoi aimons-nous le contrôle ? La réponse est simple : souvent, les choix que nous opérons nous-mêmes correspondent davantage à nos préférences et besoins que ceux qu'on nous a imposés. Nous en déduisons donc que les environnements sur lesquels nous pouvons exercer notre contrôle sont plus gratifiants. Une façon d'exercer son contrôle consiste à faire un choix[76]. Par exemple, si *vous* choisissez quel film regarder, vous êtes (en moyenne) plus susceptible de sélectionner un film que vous apprécierez que si je fais ce choix à votre place. Comme nos propres choix sont souvent suivis de meilleurs résultats, l'association entre choix et récompense s'est à ce point ancrée dans notre esprit que le choix lui-même est devenu gratifiant : nous le recherchons et l'apprécions. Dans une étude menée à l'université Rutgers, le neuroscientifique Mauricio Delgado et son équipe ont découvert qu'informer les participants qu'on allait leur donner la possibilité de faire un choix leur donnait un sentiment de bien-être et activait le centre de la récompense dans leur cerveau, le noyau accumbens[77]. Nous percevons la possibilité de choisir comme une récompense en soi et, par conséquent, lorsqu'on nous donne le choix, nous choisissons de choisir[78].

Les humains ne sont pas les seuls à aimer choisir : les animaux aussi préfèrent avoir le choix. De fait, ils choisissent de choisir même cela ne change pas le résultat. Si des rats doivent trancher entre deux chemins menant à leur nourriture, l'un en ligne droite, et l'autre requérant de choisir entre la droite et la gauche, ils optent pour le second[79]. Les pigeons font la même chose[80]. Donnez deux options à un pigeon : la première sous forme d'un bouton à piqueter qui déclenche l'écoulement de graines ; la seconde consiste en *deux* boutons entre lesquels il faut choisir pour obtenir la même quantité de graines. Chaque fois, l'oiseau va choisir l'option à deux boutons. Les pigeons apprennent rapidement que les graines sont les mêmes, mais ils préfèrent celles qu'ils obtiennent en opérant un choix.

Chez l'humain comme chez les pigeons et les rats, ce désir de faculté d'action, de contrôle et de choix s'étend à des situations dans lesquelles le fait d'opérer un choix n'améliore pas forcément le résultat final. Prenez par exemple cette expérience de Delgado : il n'a pas donné à ses volontaires le choix entre une glace à la banane et une autre à la pistache, ce qui aurait fait appel aux préférences personnelles de chacun, mais entre deux formes sur un écran d'ordinateur, par exemple une ellipse violette ou une étoile rose. Chaque forme donnait au participant 50 % de chances de gagner de l'argent. Comme il n'y avait aucun moyen de savoir quelle forme était la meilleure, peu importait que les participants choisissent eux-mêmes ou qu'un logiciel s'en charge à leur place. Néanmoins, les résultats de Delgado montrent que, même quand opérer un choix ne comporte aucun avantage apparent, nous préférons prendre le contrôle et décider par nous-mêmes. Cette préférence est profondément ancrée dans nos gènes.

À la réflexion, un système qui vous « récompense » intérieurement pour des choses que vous avez obtenues vous-mêmes plutôt que simplement reçues est logique dans une perspective d'adaptation. Si vous apprenez qu'une action déclenche l'obtention de nourriture, d'argent ou de prestige, vous choisirez sans doute de répéter cette action dans le futur pour en recevoir davantage. En revanche, si quelqu'un vous donne simplement de la nourriture, de l'argent ou du prestige sans que vous y soyez pour rien, vous ne pouvez pas envisager que cette personne sera assez gentille pour vous offrir tout cela à l'avenir. Par conséquent, quand vous recevez 1 000 $ sans avoir rien fait, vous avez 1 000 $, mais vous ignorez comment obtenir de l'argent à l'avenir. Au contraire, si vous gagnez 1 000 $, par exemple en vendant un meuble, non seulement vous êtes plus riche de 1 000 $, mais vous disposez d'un précédent sur une manière de gagner de l'argent. Les choses pour lesquelles vous agissez *devraient* être codées comme préférables dans votre cerveau : leur prix provient à la fois de leur valeur intrinsèque *et* de l'information qu'elles recèlent sur des gains futurs. Le fait d'être biologiquement poussé à préférer les choses qu'on a obtenues en agissant – les choses sur lesquelles on exerce un contrôle – compte parmi les facultés d'adaptation de l'être humain.

Les gens aiment choisir, alors ils choisissent de choisir[81]. Toutefois, prendre certaines décisions est parfois si complexe et éprouvant que nous préférons nous abstenir. Par exemple, lorsque vous donnez trop d'options aux gens, ils sont dépassés et ne choisissent rien. Ce cas de figure est illustré par la célèbre expérience de la confiture de Sheena Iyengar et Mark Lepper[82]. Ces deux chercheurs ont découvert que les gens sont plus susceptibles d'acheter de la confiture haut de gamme quand ils doivent choisir entre six options que quand on leur en offre plus de vingt. C'est bien d'avoir le choix, mais si vous donnez trop d'options aux gens, ils sont submergés et quittent le magasin les mains vides.

Que faire, alors, quand vous avez beaucoup d'options à proposer? Une solution consiste à établir un arbre de choix. Prenons l'exemple de la confiture: au lieu de simplement disposer les vingt types de confitures côte à côte, le magasin peut les répartir en fonction des parfums – fraise, abricot, myrtille, orange, framboise. À présent, l'acheteur n'a plus qu'à choisir un parfum parmi les cinq. Une fois ce choix établi – abricot, par exemple –, il peut effectuer un second choix entre quatre marques différentes. De cette façon, les gens peuvent faire un choix, mais le processus est simplifié.

Le prix du choix

Le problème surgit lorsque notre désir de contrôle donne lieu à des résultats négatifs. Prenez Theo*, par exemple. Theo est un barman d'un certain âge qui travaille dans un restaurant de Los Angeles. Chaque soir, à la fin de son service, Theo rassemble les pièces et les billets qu'il a reçus en pourboires et cache le trésor amassé sous son matelas. Au fil des années, il a accumulé une somme d'argent importante sous son lit, au point que le tintement des pièces le réveille la nuit. Theo est conscient qu'en cachant son argent dans sa chambre plutôt qu'en le déposant sur un compte d'épargne ou d'investissement, il perd les intérêts qu'il pourrait lui rapporter. Pourtant, du point de vue de Theo, cette perte vaut bien la tranquillité d'esprit qu'il éprouve en sentant qu'il exerce un contrôle absolu sur ses fonds.

C'est pour des raisons similaires que beaucoup de gens gardent plus d'argent sur des comptes courants qu'il n'est financièrement raisonnable de le faire. Lors d'un sondage réalisé par un grand établissement bancaire, deux personnes sur cinq ont déclaré qu'avoir de l'argent «disponible» (sur un compte-chèques, par exemple) leur donnait un sentiment de sécurité.

* Les informations permettant d'identifier Theo ont été modifiées.

La même proportion de personnes sondées ont affirmé qu'elles préféraient les comptes courants car elles n'aimaient pas le risque et/ou voulaient garder leurs options ouvertes. Investir peut être une cause d'anxiété, mais la peur du risque n'explique pas tout. Le fait que le sort d'un investissement ne soit pas entre les mains d'une personne, mais entre celles d'entreprises et des secteurs dans lesquelles celles-ci investissent met les gens mal à l'aise. Quand ils décident d'investir, ils préfèrent le faire « sous leur matelas », pour ainsi dire – 84 % des personnes interrogées déclarent favoriser l'investissement national, même si ce sondage a été effectué dans une partie du monde où les investissements nationaux n'étaient pas forcément la solution optimale.

Certes, cette préférence nationale peut être motivée par des considérations patriotiques ou par le fait que les gens disposent de plus d'informations sur leur propre économie que sur celle d'autres pays, mais elle est également induite par le sentiment illusoire que *notre économie* est davantage sous contrôle que celle des autres. Plus l'argent est proche, plus les gens se sentent en sécurité. Si vous voulez que quelqu'un investisse dans votre entreprise, il peut être sage de lui donner l'impression que son investissement restera proche – soit physiquement (c'est-à-dire à l'emplacement géographique de votre société), soit psychologiquement (si votre entreprise œuvre dans un secteur familier à cette personne).

Les choix financiers sont beaucoup plus affectifs qu'on ne l'imagine généralement. Souvent, les raisons complexes qui président à ces décisions sont masquées. Pensez à Theo, le barman qui conserve ses pourboires sous son matelas. Theo gardait littéralement son argent sous la main, non seulement parce qu'il rechignait à le confier à d'autres, mais aussi parce qu'il essayait de préserver ses économies de... lui-même. Quand on l'a interrogé au sujet de ses pratiques financières, Theo a reconnu qu'il gardait son argent en espèces sous son matelas pour refréner ses pulsions d'achat. Il ne se promenait pas avec les lourdes pièces dans son petit portefeuille, et il n'avait pas non plus de carte bancaire; ainsi, s'il repérait une paire de chaussures ou des lunettes de soleil qui lui plaisaient, il était incapable de les acheter sur le moment. Il devait rentrer chez lui, compter ses pièces et retourner au magasin. Ce système lui donnait largement le temps de réfléchir à son achat, le protégeant ainsi des pulsions. Dans l'absolu, le «Theo du présent» essayait de contrôler le «Theo du futur». Quand il s'agissait d'argent, Theo avait davantage confiance en lui qu'en les autres, mais il se faisait plus confiance aujourd'hui, dans un environnement relativement maîtrisé, que demain, où tout pouvait arriver.

De nos jours, la plupart des gens ne gardent pas des pièces et des billets sous leur matelas, ni des diamants dans leur soutien-gorge – une pratique apparemment populaire après la Seconde Guerre mondiale. Pourtant, le besoin de contrôler personnellement nos finances demeure très fort. L'une des façons de maintenir ce contrôle est le *stock picking*, ou «sélection de titres». Prenons l'exemple de Manshu, l'auteur du blog financier *OneMint*[83]. Manshu est un *stock picker* autodidacte, c'est-à-dire qu'au lieu de faire appel à un conseiller financier pour investir en son nom ou placer son argent dans un fonds indiciel, il effectue ses propres recherches et sélectionne les entreprises dont il veut acheter les actions.

«J'aime sélectionner des titres», explique-t-il, «parce que je préfère être capable de gérer mes propres actions et savoir exactement où mon argent est investi. Je suis mal à l'aise à l'idée d'acheter des fonds communs ou des FNB (fonds négociés en bourse) parce que je n'ai aucun contrôle sur ce que le gestionnaire de fonds peut faire et quels titres il va acheter à un moment donné. C'est comme si mon investissement m'échappait [...]. Je m'inquiète de ce que peut faire le gestionnaire[84].»

Dans la mesure où Manshu anime un blog financier, je soupçonne qu'il est au courant des études qui indiquent qu'en moyenne, quand les investisseurs choisissent fréquemment leurs titres, ils perdent de l'argent. De fait, ceux qui sélectionnent eux-mêmes leurs propres actions obtiennent les pires résultats du marché. Mais, même si vous laissez un professionnel faire le travail à votre place, votre portefeuille va probablement être moins performant qu'un fonds indiciel ou des FNB[85]. Fort de cette connaissance, Manshu préfère pourtant choisir ses titres lui-même. Pourquoi ?

On pourrait penser que Manshu est présomptueux. Certes, la présomption est une explication classique du fait que les gens préfèrent opérer eux-mêmes leurs choix. Ils ont beau connaître les faits et les chiffres, ils croient qu'*eux* peuvent faire mieux que les autres. Cette confiance excessive en soi joue effectivement un rôle important[86]. Remarquons, cependant, que Manshu ne défend pas son attitude en affirmant qu'il pense gagner davantage d'argent en choisissant ses titres lui-même. Il la justifie plutôt en termes émotionnels : sélectionner ses propres investissements lui donne un sentiment de contrôle alors que laisser quelqu'un d'autre choisir à sa place l'inquiète. Le *stock picking* lui permet de diminuer son anxiété et d'accroître son sentiment de maîtrise, que cette stratégie fasse ou non enfler son compte en banque. Il veut sentir que c'est lui qui influe sur ses finances, pas quelqu'un d'autre.

Si le lâcher-prise avait un coût psychologique, les gens renonceraient-ils volontairement à gagner de l'argent pour garder le contrôle ? Mon collègue Cass Sunstein (déjà cité plus tôt), mon étudiant Sebastian Bobadilla-Suarez et moi-même avons mené une expérience pour le savoir[87]. Nous avons demandé à des volontaires de se prêter à un jeu dans lequel on leur demandait de choisir entre deux formes sur un écran, dont l'une seulement leur rapporterait de l'argent. À chaque essai, deux nouvelles formes apparaissaient. Nous avons laissé les participants s'entraîner un moment pour qu'ils évaluent leurs capacités à choisir la bonne forme. À leur insu, nous avons formaté le jeu pour que leur probabilité de sélectionner la « forme gagnante » soit exactement de 50 % – ils réussissaient la moitié du temps et échouaient l'autre moitié. Après cet entraînement, nous leur avons demandé d'estimer leurs performances. Dans l'ensemble, les participants surestimaient légèrement leurs capacités, affirmant qu'ils pensaient avoir un taux de réussite supérieur aux probabilités. Pourtant, il existait de grandes différences individuelles : certains étaient largement présomptueux et croyaient choisir la forme correcte dans 80 % des cas ; d'autres se sous-estimaient, avançant un chiffre de seulement 20 %.

Maintenant que les volontaires avaient une idée de leurs performances estimées, nous leur avons donné la possibilité d'employer un expert pour les aider à choisir les meilleures formes. Chaque expert disposait d'une probabilité différente de choisir la forme correcte et facturait une petite commission s'il parvenait à aider le participant à faire le bon choix. Par exemple, certains experts choisissaient la bonne forme dans 90 % des cas et facturaient 10 centimes, d'autres dans 75 % des cas et facturaient 5 centimes, etc. Taux de réussite et commissions étaient parfaitement visibles pour les participants et, dans l'absolu, en faisant quelques calculs, chacun pouvait définir s'il était rentable pour lui d'« engager » l'expert. Ils disposaient de toutes les informations nécessaires pour opérer les meilleurs choix. Qu'allaient-ils faire ?

Remplacez « sélection de formes » par « sélection de titres », et vous verrez que ce jeu se rapproche des prises de décision dans le monde de la finance. Choisissez par vous-même et, en moyenne, vous ne ferez pas mieux que le hasard. Recourez à des FCB ou des fonds indiciels, et vous dépasserez légèrement les performances du hasard pour un faible coût. Même si nos participants décidaient parfois d'employer un expert en « sélection de formes », ils ne le faisaient pas aussi souvent qu'ils l'auraient dû. Nous avons conçu le jeu de telle sorte que, pour gagner le plus d'argent possible, les volontaires auraient dû déléguer leur décision à un expert la moitié du temps. Or, ils ne l'ont fait que dans un tiers des cas environ. Ils ont choisi de choisir, ce qui les a fait perdre. Même si on prend en compte la présomption des participants, ceux-ci ont décidé de choisir plus souvent qu'ils ne l'auraient dû.

Le plus intéressant, c'est que ces participants savaient ce qu'ils faisaient. Quand on leur demandait s'ils savaient déléguer – autrement dit, pensaient-ils qu'ils faisaient appel à un expert à bon escient –, ils répondaient de façon étonnamment juste. Ceux qui déléguaient moins qu'ils ne l'auraient dû le savaient; ceux qui déléguaient de façon optimale en étaient également conscients. Apparemment, les volontaires savaient qu'ils perdaient de l'argent en maintenant leur contrôle, mais ils le faisaient quand même pour obtenir un bénéfice psychologique. Leur analyse coût-bénéfice ne se réduisait pas à compter chaque centime gagné ou perdu, mais consistait plutôt en un calcul qui prenait en compte le bénéfice émotionnel.

Certes, confronter d'une part les coûts et bénéfices du choix et, d'autre part, ceux de la délégation, peut parfois déclencher chez nous le comportement inverse. En effet, choisir peut nous procurer une petite bouffée de plaisir, mais nous comprenons que, dans certaines situations, laisser un expert décider à notre place apporte un bénéfice supérieur au plaisir que nous éprouvons à disposer de notre faculté d'action, parce que le résultat sera sans doute bien meilleur. Il existe également d'autres raisons de déléguer: nous manquons de temps pour prendre une décision, l'effort peut être trop lourd, ou nous ne voulons pas prendre la responsabilité des conséquences. Par exemple, on peut préférer laisser son conjoint prendre une décision concernant l'avenir de la famille, ou un collègue décider pour l'équipe afin de ne pas avoir de regrets si les résultats se révèlent décevants. Néanmoins, dans tous ces cas, les gens veulent pouvoir choisir de déléguer plutôt que de se voir imposer une décision. Par conséquent, mieux vaut leur donner le choix. Par exemple, je demande souvent à ma fille de trois ans: « Tu veux que je choisisse ta tenue, ou tu préfères le faire toi-même ? »

Parfois, elle veut choisir seule, d'autres fois, elle veut que je le fasse à sa place. Exercer le pouvoir de délégation maintient la faculté d'action.

Contrôle, santé et bien-être

Les gens qui se sentent aux commandes de leur vie sont plus heureux et en meilleure santé[88]. Si on considère ce fait, nous constatons que les sujets de notre étude, tout comme Manshu et Theo, ont peut-être agi «rationnellement»: en gardant le contrôle, ils accroissaient leur bien-être. Par exemple, toutes choses égales par ailleurs, les malades du cancer qui ont une meilleure perception du contrôle survivent plus longtemps. De même, on a remarqué une corrélation entre une bonne perception du contrôle et une diminution des risques de maladies cardio-vasculaires[89]. Ce n'est pas surprenant: le sentiment de contrôle réduit la peur, l'anxiété et le stress, qui ont un effet négatif sur le corps.

Mais alors, pouvons-nous modifier le sentiment de contrôle des individus pour accroître leur bien-être? C'est ce que Judith Rodin, de l'université Yale, et Ellen Langer, de l'université Harvard, ont cherché à savoir dans une étude classique menée dans les années soixante-dix[90]. Rodin et Langer se sont penchées sur un groupe spécifique de personnes qui avaient subi une perte de contrôle importante. C'est un groupe intéressant parce que, avec un peu de chance, nous en ferons tous partie un jour: les personnes âgées. En vieillissant, nous subissons un déclin constant de notre capacité à contrôler notre vie et notre environnement. Pour certains, ce déclin commence par la retraite et une perte de la faculté d'action que nous retirons généralement de notre vie professionnelle. Il continue ensuite par une détérioration de la santé physique. Cette diminution de la faculté d'action est plus prononcée chez les personnes qui partent en maison de retraite. Soudain, on prend à votre place les décisions que vous avez prises pendant toute votre vie d'adulte : votre emploi du temps quotidien, le contenu et l'heure de vos repas, vos loisirs, etc. Des tâches que vous effectuiez seul auparavant – conduire, faire les courses, cuisiner – sont toutes faites par d'autres. C'est comme se retrouver dans un avion pendant le reste de sa vie : le pilote est plein de bonnes intentions, mais ce n'est pas vous qui êtes aux commandes.

C'est là qu'interviennent Rodin et Langer. Leur idée consiste à remettre les seniors aux commandes de l'avion. Si on donne aux résidents d'une maison de retraite davantage de choix, de responsabilités, et un sentiment accru de faculté d'action, seront-ils plus heureux et en meilleure santé ? Autrement dit, Rodin et Langer peuvent-elles influer sur la vie des seniors en accroissant leur sentiment de contrôle ? Les deux chercheuses ont contacté une maison de retraite du Connecticut et demandé aux directeurs s'ils acceptaient de participer à cette expérience. Ils ont dit oui.

L'établissement accueille des résidents sur quatre étages. Rodin et Langer, au hasard, en ont choisi un pour être « l'étage de la faculté d'action » et un autre pour être celui de la « non-faculté d'action ». Les résidents du premier étage ont été rassemblés par le personnel, qui leur a demandé d'être davantage responsables d'eux-mêmes, ajoutant qu'ils devaient s'assurer d'avoir tout ce dont ils avaient besoin et qu'ils devaient décider seuls de leur emploi du temps. En outre, chaque résident de ce groupe a reçu un cadeau : une plante verte en pot à mettre dans leur chambre, et qui est sous leur seule responsabilité. Pour les résidents de l'autre étage, le discours est un peu différent : on leur a dit que le personnel allait être aux petits soins pour eux, et qu'ils n'auraient pas besoin de lever le petit doigt. Eux aussi ont reçu des plantes vertes mais on leur a dit que le personnel les arroserait. Il n'y a guère de différences entre le quotidien des résidents de ces deux groupes : les personnes de l'étage « non-faculté d'action » peuvent, si elles le désirent, arroser leur plante et prendre autant de décisions la concernant que leurs homologues de l'étage « faculté d'action ». Cependant, elles n'ont pas la même perception de leur faculté d'action. Par conséquent, leurs actions sont différentes : elles sont moins susceptibles de prendre le contrôle.

Trois semaines plus tard, quand Rodin et Langer font le point sur la situation, elles découvrent que les individus encouragés à prendre plus de responsabilités sur leur environnement sont plus heureux et participent à davantage d'activités. Leur vivacité intellectuelle a augmenté et, dix-huit mois plus tard, ils sont en meilleure santé que les résidents de l'autre étage.

Figure 6. Faculté d'action. Accroissez le sentiment de contrôle des individus. *Quand on essaie d'influencer quelqu'un, notre instinct est de lui donner des ordres. Cette approche échoue souvent car, quand les gens sentent que leur indépendance est limitée, ils deviennent anxieux, démotivés, et sont prêts à riposter. En revanche, accroître leur sentiment de faculté d'action les rend plus heureux, en meilleure santé, plus productifs et plus conciliants. Par exemple, permettre aux gens de donner des conseils sur l'allocation de leurs impôts a augmenté la probabilité qu'ils paieraient intégralement ceux-ci. Pour produire un impact, nous avons souvent besoin de surmonter notre instinct de contrôle et d'offrir un choix à notre interlocuteur.*

Ce qui me frappe dans cette étude, et je ne suis pas la seule, c'est la simplicité de l'intervention. Le simple fait de donner quelques responsabilités à une personne et de lui rappeler qu'elle dispose d'un choix a accru son bien-être. Cette leçon est extrêmement précieuse pour notre vie domestique et professionnelle. Si vous êtes parent, vous pouvez donner davantage de responsabilités à vos enfants. Au travail, on peut accroître l'implication des employés dans les processus de décision pour augmenter leur motivation et leur satisfaction. Si vous entretenez une relation de couple, assurez-vous que vous permettez à votre partenaire d'avoir son mot à dire dans la façon dont vous menez votre vie de couple. Ce qui est intéressant, c'est que le *sentiment* de contrôle peut être réduit à cela : une *perception*. Mieux vaut *guider* les gens vers une solution tout en maintenant leur sentiment de faculté d'action, que leur donner des ordres.

Rappelez-vous, au début du chapitre 3, cette intervention dans un hôpital de la Côte est afin d'amener le personnel à se laver les mains. L'une des raisons de son succès, c'est qu'au lieu de recourir à une approche classique – un ordre : « Les employés doivent se laver les mains » –, l'hôpital a mis en place un tableau électronique qui affichait un retour positif chaque fois qu'un membre du personnel médical se lavait les mains. Au lieu de limiter le sentiment de faculté d'action des employés en leur donnant un ordre, la direction l'a accru en leur faisant comprendre qu'ils étaient responsables de leurs progrès. Accroître la perception du contrôle est une façon rentable d'améliorer la vie privée et professionnelle des individus.

Vous rappelez-vous avoir eu le contrôle ?

Il y a quelques années, j'ai lu un article de Michael Norton de la Harvard Business School. Michael y décrivait une série d'études menées avec ses collègues, illustrant un phénomène qu'il appelait «l'effet Ikea[91]». L'effet Ikea se rapporte à l'observation suivante: les gens attachent plus de valeur aux choses qu'ils créent qu'à celles créées par d'autres. Par exemple, si vous assemblez vous-même une étagère Ikea, vous aurez tendance à penser qu'elle est mieux qu'une étagère strictement semblable montée par quelqu'un d'autre et ce, même si votre meuble est de travers. Qu'il s'agisse d'une écharpe tricotée main, d'une cabane dans un arbre ou de lasagnes au fromage, si vous les avez faites vous-même, vous leur accordez plus de valeur.

De mon point de vue, il s'agit là d'un exemple où la *valeur* du contrôle – dans ce cas, sous la forme d'une manipulation des objets qui nous entourent – se reflète sur les objets que nous créons, leur donnant ainsi meilleure apparence. Cependant, je me suis demandé s'il fallait réellement créer un objet pour le priser, ou s'il suffisait de *croire* qu'on l'avait créé pour qu'il revête un lustre particulier. J'ai donc contacté Michael Norton et, avec mon étudiant Raphael Koster et notre collègue Ray Dolan, nous avons cherché à savoir si la perception du contrôle suffit à récolter les bénéfices de la faculté d'action[92].

Un incident vécu récemment me poussait à penser que cela pouvait être le cas. Il y a quelques années, mes parents ont quitté ma maison d'enfance pour emménager en ville. Alors que je triais les objets accumulés au cours des décennies, je suis tombée sur un ensemble de toiles que j'avais peintes quand j'étais adolescente. L'une d'entre elles, un paysage à l'huile, m'a particulièrement plu, et je l'ai emportée pour l'accrocher chez moi, sur un mur de ma chambre. J'étais très impressionnée d'avoir eu le talent, étant jeune, de créer quelque chose d'aussi joli. Cette peinture me rendait heureuse. Et puis, un jour, alors que j'examinais cette œuvre d'art avec une admiration éhontée, j'ai remarqué une signature dans le coin de la toile. À peine visible, elle m'avait échappé jusque-là. À ma grande surprise, un autre nom que le mien était imprimé sur ma magnifique création. En l'espace de quelques secondes, ma perception de cette toile a changé. Tout à coup, les coups de pinceau me semblaient grossiers, les couleurs exagérées et le sujet trop kitsch. Inutile de préciser que cette toile a quitté mon mur pour être rapidement remplacée par une photo de mes enfants. Eux, au moins, j'étais sûre de les avoir faits moi-même.

Bien entendu, je ne sous-entends pas que nous sommes incapables d'apprécier les créations des autres. Inutile d'écrire soi-même un roman, de diriger une symphonie ou de cuisiner un repas gastronomique pour apprécier ces choses. Et nous n'apprécions pas toujours nos propres œuvres plus que celles des autres. Cependant, je me demandais si le fait de *croire* qu'on avait fabriqué un objet conférait à celui-ci une aura particulière, qu'on en soit réellement l'auteur ou pas.

J'ai imaginé une expérience pour mettre cette théorie à l'épreuve. Elle consistait à dessiner des chaussures Converse. D'abord, j'ai invité des volontaires dans mon laboratoire et leur ai demandé d'évaluer 80 modèles de Converse sur un écran d'ordinateur. Chaque chaussure était légèrement différente en termes de couleur et de motifs. Ensuite, pour chaque volontaire, j'ai divisé les chaussures en deux groupes : « création » et « observation ». Pour chacune des quarante chaussures « création », chaque volontaire devait se connecter sur le site de Converse et utiliser l'application en ligne* pour recréer exactement le même modèle. Notez cependant que le motif et les couleurs des chaussures de cette expérience étaient prédéterminés : le volontaire ne créait pas son modèle préféré, il *recréait* simplement un modèle que nous avions déjà fait. Pour les quarante chaussures « observation », les mêmes volontaires devaient visionner une vidéo montrant la création de l'objet. Ils devaient donc rester passifs devant l'écran au lieu de cliquer sur la souris. Deux heures plus tard, une fois leur tâche achevée, les volontaires ont dû évaluer de nouveau toutes les chaussures.

---

* Le site Converse disposait à l'époque d'une application permettant de créer ses propres modèles.

Comme dans mon histoire de peinture, les volontaires préféraient les chaussures qu'ils pensaient avoir créées à celles qu'ils se souvenaient avoir simplement « observées ». Se souvenir de 80 chaussures différentes, ça fait beaucoup, et il arrivait régulièrement qu'un volontaire se souvienne d'avoir créé une chaussure qu'il avait seulement « observée » ou d'avoir « observé » une chaussure qu'il avait en fait créée. Le souvenir de la création, qu'elle ait été avérée ou non, suffisait à leur faire apprécier davantage ces objets. Quand la mémoire faisait défaut, les bénéfices de la création étaient perdus : si quelqu'un créait une jolie chaussure à rayures bleues et lacets verts mais pensait plus tard qu'il en avait simplement « observé » la conception, il ne lui attachait pas de valeur.

Tout cela signifie qu'il ne suffit peut-être pas de donner aux gens le choix et la responsabilité – ils ont aussi besoin qu'on leur rappelle qu'ils ont exercé leur contrôle. Si Margaret, une vieille dame résidant à l'étage « faculté d'action » de sa maison de retraite dans le Connecticut, avait oublié qu'elle avait arrosé sa plante, on conseillait au personnel de le lui rappeler, pour qu'elle bénéficie de l'exercice de sa faculté d'action. En d'autres termes, l'important, c'est la perception, pas la réalité objective. Pour que les gens apprécient davantage un objet, il faut leur faire sentir qu'ils ont participé d'une façon ou d'une autre à son élaboration.

*

Nous nous représentons souvent le cerveau comme un organe dont la fonction suprême est de penser, comme une sorte de quartier général de l'imagination, de la réflexion, des idées. Certes, il remplit bel et bien ces fonctions, mais ce n'est pas l'essentiel de son rôle. Le cerveau a évolué pour contrôler notre corps de sorte que celui-ci puisse manipuler ce qui nous entoure[93]. Si notre cerveau avait un slogan, ce serait « Contrôlez votre environnement ». Notre biologie pousse chaque individu à être un agent causal : nous sommes récompensés intérieurement par un sentiment de satisfaction quand nous avons le contrôle, et punis par un sentiment d'angoisse dans le cas contraire. En général, ce système fonctionne bien: contrôler notre environnement nous permet de prospérer et de survivre. Pourtant, cet intense désir de contrôle a un prix: la difficulté à y renoncer quand c'est nécessaire.

Parfois, nous devrions simplement nous détendre et profiter du voyage. Nous devrions être ravis que ce soit le pilote qui maîtrise l'avion, et pas nous. Si nous avions pris les commandes de l'appareil, nous serions sans doute morts. Mieux vaut laisser le médecin, qui a des années de formation et d'expérience, prendre les décisions médicales pour nous. Il est recommandé de garder son argent à la banque, pas sous son matelas, et d'éviter de choisir nous-mêmes nos actions en bourse. Mais rien n'est plus terrifiant que d'abandonner le contrôle à un autre être humain.

Voilà pourquoi de nombreux cadres d'entreprise éprouvent le besoin de gérer chaque membre de leur équipe même si, en agissant ainsi, ils nuisent à la productivité et au moral des troupes. Pour produire un impact, il nous faut souvent surmonter notre instinct de contrôle et proposer un choix.

Il est difficile de lâcher prise, mais l'ouverture d'esprit peut aider. Comprendre pourquoi nous sommes ce que nous sommes et prendre conscience de ce besoin profond de décider peut nous aider à passer le volant de temps à autre. Ainsi, nous comprenons que renoncer au contrôle ou à sa perception, même un peu, est une façon simple mais extrêmement efficace d'accroître le bien-être et la motivation des autres[94]. De façon ironique, renoncer au contrôle est un puissant outil d'influence. Par exemple, un parent peut demander à un enfant difficile de préparer sa propre salade afin d'augmenter les probabilités de lui faire manger des légumes. On peut donner à des étudiants la possibilité d'établir leur propre programme de cours afin d'accroître leur intérêt pour leurs études. Des clients peuvent être encouragés à faire des choix pour augmenter leur satisfaction. Des employés peuvent aider à élaborer des règlements pour l'entreprise afin de développer leur propre motivation. Promouvoir l'autocréation est une excellente manière d'aider les autres à être plus heureux, en meilleure santé et plus prospères. Offrir le contrôle, ou même la perception du contrôle, est véritablement le meilleur moyen d'amener les gens à agir.

5

Tirer parti de la curiosité

Ce que les gens veulent vraiment savoir

La prochaine fois que vous vous retrouverez dans un avion sur le point de décoller, regardez autour de vous pendant les démonstrations de sécurité : combien de personnes prêtent attention à ces instructions qui pourraient leur sauver la vie ? Combien de passagers sont en train de traquer sur Facebook les dernières publications cruciales de leurs amis ? On pourrait croire que ces passagers constituent un public captif : ils sont littéralement coincés sur leur siège et ils n'ont nulle part où aller. Pourtant, un simple coup d'œil vous confirmera que la plupart des gens préfèrent se distraire plutôt que d'écouter l'équipage.

Vous me répondrez peut-être que nous connaissons tous la procédure par cœur : ceinture, masque à oxygène, gilet gonflable, sortie de secours – on a compris. Mais le fait est que les dispositifs de sécurité diffèrent en fonction du modèle de l'avion. D'ailleurs, même si vous avez pris exactement le même appareil la dernière fois, vous devriez écouter attentivement, car la répétition des procédures de sécurité juste avant le décollage réactive les séquences nécessaires dans votre cerveau ; ainsi, vous aurez plus de chance d'exécuter automatiquement les bons gestes en cas de besoin. En situation d'urgence, il est essentiel de réagir vite.

Le personnel de bord s'inquiète avec raison du fait que la plupart des passagers ne sauraient pas instinctivement identifier la sortie de secours la plus proche, se rappeler où est leur gilet de sauvetage ou la façon de le gonfler en toute sécurité. Ils sont confrontés à un problème délicat : s'assurer que les informations essentielles sont transférées de l'équipage aux passagers, qui n'ont pas envie de leur prêter attention.

La difficulté réside dans le fait que pour ces passagers, le message de l'équipage ne semble ni nouveau, ni utile. En outre, les gens n'ont pas envie de penser aux atterrissages d'urgence, aux incendies ou au manque d'oxygène juste avant de décoller. Consulter la météo ou regarder une énième photo de bébé sur Facebook offrent à leur esprit des données plus agréables. Pendant des années, les compagnies aériennes ont tenté de trouver une solution. Comment amener les gens à être attentifs à ces informations essentielles mais désagréables ? Comment captiver les passagers et influencer leurs actions ? Soudain, ils ont trouvé : inutile que le message en question soit chargé de menace. Les gens veulent du soleil ? Qu'on leur en donne !

Les vidéos de démonstrations de sécurité sont désormais très variées : on y trouve des mannequins qui font du *breakdance* en maillot de bain, des personnages de dessins animés et des spectacles comiques. Beaucoup mettent l'accent sur des destinations enchanteresses. Et les gens les regardent parce qu'elles remplissent au moins une des conditions pour attirer l'attention : elles comportent des émotions positives. D'ailleurs, certaines sont tellement populaires qu'on les regarde même à la maison. L'une des vidéos de consignes de sécurité de la compagnie Virgin America incluant musique et danse a été visionnée 5,8 millions de fois sur YouTube, partagée 430 000 fois sur Facebook et tweetée 17 000 fois en seulement douze jours[95].

Cette leçon est essentielle : que ce soit au travail ou à la maison, si nous avons quelque chose d'important à communiquer, nous pensons instinctivement que notre interlocuteur veut savoir ce que c'est. Cet instinct est erroné : si les gens n'ont pas envie de prêter attention à des informations qui peuvent leur sauver la vie, il est peu probable qu'ils voudront entendre ce que vous avez à leur dire. Il faut repenser les raisons qui font que les gens sont disposés à écouter, puis reformuler notre message en conséquence, car être entendu est de loin le principal ingrédient de l'influence. Mais alors, que veulent savoir les gens ?

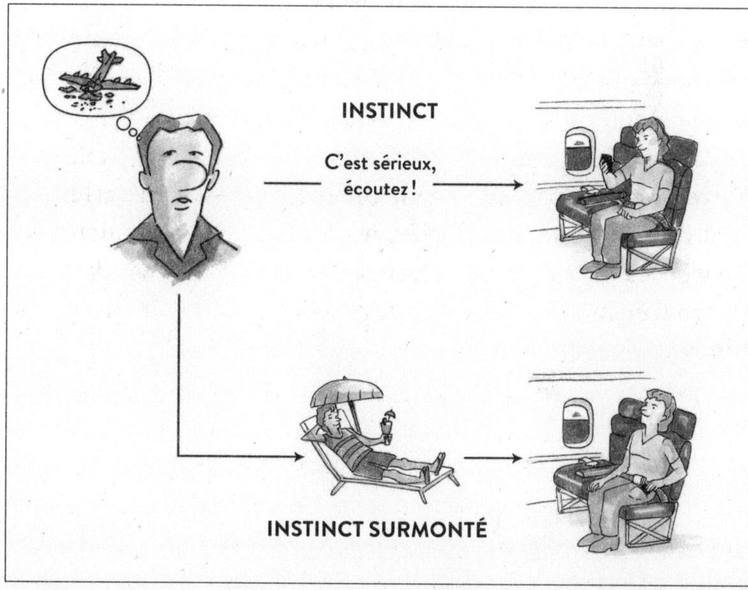

Figure 7. La curiosité. Reformulez votre message pour souligner la possibilité de progrès plutôt que les aspects négatifs. *Intuitivement, nous pensons que si nous avons un message important à transmettre, les autres voudront l'entendre. Cet instinct est erroné. En particulier, si cette information est liée à un message négatif, la plupart des gens vont tout faire pour l'éviter – comme dans le cas des démonstrations de sécurité en avion. Reformulez votre message pour que les informations fournies suscitent des émotions positives (comme l'ont fait les compagnies aériennes), mettent l'accent sur le vide informationnel que vous comblez et sur la manière dont cette connaissance pourra être utilisée à des fins positives.*

Combler le vide

En 2005, Kate, banquière d'investissement dans une grosse société de Manhattan, a décidé de postuler en école de commerce pour obtenir un MBA. Son premier choix était Harvard. Elle a investi beaucoup de temps et d'efforts dans sa candidature, étudiant jour et nuit pour le Graduate Management Admission Test (GMAT*), se donnant beaucoup de mal pour rédiger sa lettre de motivation et s'assurer que ses références étaient impressionnantes**. Avant la date butoir, elle a soumis sa candidature en ligne sur le site Internet dédié – www.ApplyYourself.com. Puis elle a commencé à attendre fébrilement la lettre de décision censée arriver le 30 mars.

Quelques semaines avant cette date, elle a reçu un e-mail d'un ami. Il semblait anodin mais allait avoir un effet majeur sur sa vie. Le titre en était : « Regardez ça – plus besoin d'attendre ! » Ce message contenait un lien vers une discussion sur le forum de Business Online, un site fréquemment visité par les étudiants en école de commerce.

Kate a cliqué sur ce lien qui l'a menée à un message d'un utilisateur nommé « Brookbond ». Apparemment, ce Brookbond avait découvert que la Harvard Business School avait déjà établi un verdict concernant de nombreux candidats. Ces décisions se trouvaient sur ApplyYourself, un site que Harvard et d'autres grandes écoles utilisaient pour optimiser la procédure de candidature. Avec un minimum de compétences techniques, n'importe quel candidat pouvait visionner ses résultats avec un peu d'avance. Brookbond mentionnait dans son message

---

* Test standardisé en anglais permettant de mesurer des compétences pour l'étude du management afin de poursuivre des études internationales de Maîtrise en administration des affaires (MBA).

** Merci à Ethan Bromberg-Martin qui a attiré mon attention sur cette histoire au cours d'une conversation. Kate est un prototype fictif des 119 étudiants impliqués dans cet événement qui a eu lieu en 2005.

des instructions à cet effet. Kate n'avait qu'à se connecter sur ApplyYourself avec ses propres identifiant et mot de passe, comme elle l'avait souvent fait auparavant. Une fois connectée, elle devait construire une URL spécifique dont Brookbond avait fourni les détails. Ensuite, elle verrait s'afficher soit une lettre de refus, soit un écran vide. Celui-ci indiquerait qu'elle était acceptée à Harvard.

Machinalement, Kate a ouvert un nouvel onglet et, d'une main tremblante, a tapé l'adresse du site. Le cœur battant, elle s'est connectée et a construit l'URL en suivant précisément les instructions de Brookbond. En retenant son souffle, elle a appuyé sur «entrée». Après ce qui lui a paru une éternité, le navigateur a rafraîchi la page et puis... Rien. Une page vide! C'était la plus belle page blanche qu'elle ait jamais vue. Kate était aux anges: elle était acceptée à la Harvard Business School!

Sauf que ce n'était pas le cas. Vers minuit, des responsables du service d'admission de Harvard allaient recevoir un appel d'un des candidats les alertant de la défaillance du système. Aussitôt, une équipe d'expert a été désignée pour résoudre ce problème et, vers 9 heures le lendemain matin, le bug a été corrigé. Peu après, Harvard allait annoncer le recalage des 119 candidats qui avaient tenté d'avoir un aperçu de leurs résultats. Pour Harvard, il s'agissait d'un manquement à l'éthique[96].

Je ne sais pas ce que vous en pensez mais moi, je m'identifie facilement à Kate. Je me souviens clairement, il y a des années de ça, d'avoir attendu avec angoisse les résultats de mon admission en troisième cycle. Pendant des mois, j'étais sur les dents et, au cours des semaines précédant les résultats, je pouvais à peine fermer l'œil. Heureusement, à l'époque, je n'ai pas rencontré l'équivalent de «Brookbond». Dans ce cas, j'espère que la jeune femme que j'étais alors n'aurait pas pris la même décision que Kate. Pourtant, je suis certaine d'une chose: j'aurais eu une envie folle de savoir tout de suite. Mais pourquoi cette envie? Qu'est-ce qui explique cette impulsion?

Pour moi, connaître cette décision plus tôt n'aurait pas entraîné un bénéfice concret : je n'aurai pas pu la changer de toute façon ; il n'y avait pas d'autres offres auxquelles je devais répondre ; il était trop tard pour poser ma candidature ailleurs ; je pouvais garder mon travail si je n'arrivais pas à intégrer un troisième cycle ; j'habitais dans la ville où étaient situées les écoles auxquelles j'avais postulé. En résumé, obtenir cette information à l'avance ne m'aurait procuré aucun avantage tangible. Pourtant, j'avais vraiment envie de savoir. Si j'avais pu payer légalement pour cette information, je l'aurais fait.

Le désir de savoir est humain. Entrez dans la pharmacie la plus proche, et vous trouverez sur les étagères des objets populaires qui permettent aux clients d'avoir un aperçu de leur avenir pour seulement dix dollars. Ces petits objets permettent à certaines personnes de savoir ce que recèle leur avenir avant qu'il ne devienne réalité. Pour quelques dollars de plus, vous pouvez même acheter des produits haut de gamme qui vous fourniront la même information 24 heures plus tôt[97].

Si vous disposez de deux chromosomes X, vous avez peut-être deviné à quoi je fais référence : un test de grossesse. Certes, il y a des avantages pratiques à savoir que vous ou votre partenaire êtes enceinte avant que tout le monde s'en rende compte, mais il serait difficile de justifier de manière « rationnelle » une dépense supplémentaire pour obtenir le résultat de ce test un jour plus tôt[98]. Pourtant, des millions de personnes le font partout dans le monde, en partie pour apaiser un désagréable sentiment d'incertitude. Même si elles ne peuvent utiliser cette information à leur avantage, elles ont le désir de combler les vides de leurs connaissances. Ces vides informatifs mettent les gens mal à l'aise ; combler ces vides est au contraire satisfaisant. Voilà pourquoi les tests de grossesse précoces sont aussi populaires, et pourquoi Kate a succombé à sa curiosité.

Si vous disposez d'informations qui comblent des vides existants dans les connaissances des individus, rappelez-leur ces vides. L'e-mail reçu par Kate, par exemple, avec son titre « Regardez ça – plus besoin d'attendre ! » a eu cet effet. Il a concentré son attention sur le fait qu'elle ne savait pas si elle allait entrer à Harvard l'automne suivant. Ou bien pensez à des « pièges à clics » sur Internet, comme « Vous ne le saviez pas, mais ces dix célébrités sont des passionnées du jardinage ! » ou « Vous l'ignoriez, mais ces trois hommes politiques se sont fait refaire le nez ! ». Ces messages créent dans l'esprit des gens des failles de connaissances dont ils ignoraient l'existence jusque-là. Je ne me suis jamais demandé quelles vedettes aimaient le jardinage, ni quel politicien avait autrefois le nez tordu mais, maintenant que ce vide informatif a été souligné, j'ai très envie de le combler. Une fois qu'on nous a dit ce que nous ne savons pas, nous voulons savoir. Comme nous allons le découvrir, ce besoin remonte à très loin dans l'évolution.

L'information est-elle comme le sexe et la tarte aux prunes ?

Lors d'une expérience créative, les neuroscientifiques Ethan Bromberg-Martin et Okihide Hikosaka ont montré que les singes préfèrent eux aussi être au parfum[99]. Ces animaux poilus ne postulaient pas à Harvard, certes, et ils n'étaient pas non plus curieux d'obtenir des informations concernant leur système reproducteur. Ce qui les intéressait, c'est de savoir s'ils allaient recevoir 0,88 millilitre d'eau (une grosse récompense) ou seulement 0,04 millilitre d'eau (une petite récompense).

Voilà comment se déroulait l'expérience : à chaque essai, le singe allait recevoir soit une grosse récompense, soit une petite. En bougeant les yeux en direction d'un des deux symboles affichés sur l'écran (disons une étoile bleue ou un carré rose) quelques secondes avant que l'eau ne lui arrive, le singe pouvait indiquer s'il désirait une information anticipée. Tous les singes étaient entraînés depuis des semaines pour s'assurer qu'ils comprenaient la signification de chaque symbole. S'ils choisissaient de recevoir une information anticipée, un troisième symbole apparaissait sur l'écran (un cercle rouge, par exemple), indiquant quel type de récompense ils allaient obtenir. Enfin, l'eau était versée directement dans leur bouche.

Quand toutes les données ont été réunies, nos deux chercheurs ont été stupéfaits de constater que, non seulement les singes voulaient des informations anticipées, mais qu'ils étaient également prêts à « payer » pour cela. Ces singes étaient disposés à renoncer à quelques gouttes du précieux liquide afin de savoir à l'avance s'ils allaient recevoir une petite ou une grosse récompense. À maintes reprises, les singes bougeaient les yeux pour indiquer qu'ils voulaient savoir. Il semble que, tout comme Kate, ils auraient suivi les instructions procurées par « Brookbond » et se seraient connectés sur ApplyYourself.com pour avoir leurs résultats à l'avance. Ainsi, la préférence pour l'information n'est pas spécifiquement humaine. En termes d'évolution, c'est un désir ancien. Mais qu'est-ce qui préside à cette envie, biologiquement parlant ?

Bromberg-Martin a enregistré l'activité neurale des singes pour trouver la réponse à cette question. Il a inséré de minces fils (appelés micro-électrodes) sous le cuir chevelu des singes et les a enfoncés profondément dans leur cerveau. Les extrémités étaient placées près des neurones qu'il voulait étudier. Quand les neurones s'activent, ils génèrent un signal qui circule comme un courant, entrant et sortant des cellules. Les micro-électrodes peuvent capter les changements de voltage. Bromberg-Martin a observé que le cerveau des singes traitait l'information comme si c'était une récompense en elle-même. Ces neurones, appelés « neurones dopaminergiques », s'activaient en réaction à l'information comme ils l'auraient fait face à de l'eau ou de la nourriture.

Les neurones dopaminergiques sont des cellules cérébrales qui libèrent le neurotransmetteur dopamine. Ces neurones envoient des signaux depuis le mésencéphale vers de nombreuses autres régions du cerveau, dont le striatum, qui traite la récompense, et d'autres zones à l'avant, essentielles dans la planification. La dopamine est libérée lorsque nous attendons une récompense et recevons une gratification inattendue. Il s'avère que la dopamine afflue également quand nous attendons des informations ou en recevons de manière inattendue. Dans le cerveau, la « monnaie » de récompenses tangibles, comme le sexe et la tarte aux prunes, ressemble beaucoup à la « monnaie » de la connaissance pure. De fait, Bromberg-Martin a été stupéfait de voir que les neurones s'activaient à un rythme similaire face à l'attente de l'information et face à l'apport de 0,17 millilitre d'eau. En d'autres termes, les neurones étaient aussi excités par une information précoce que par des gouttes d'H2O, lesquelles sont nécessaires à notre survie.

Ces découvertes expliquent peut-être en partie notre obsession de Google et Twitter : nous sommes poussés à chercher des informations par le même principe neural que celui qui nous incite à chercher eau, nourriture et sexe. Pourtant, une question demeure : pourquoi ? Pourquoi le cerveau humain code-t-il la connaissance de la même façon que tous ces éléments indispensables à la survie ?

Dans de nombreux cas, l'information est effectivement nécessaire à la survie : la connaissance anticipée peut nous aider à prendre de meilleures décisions. Dans la nature, si le singe sait qu'il est sur le point d'obtenir une grosse banane, il peut décider de rester dans les parages mais, s'il sait que la banane va être petite, il peut choisir d'aller voir ailleurs. Certes, dans l'expérience de Bromberg-Martin, les singes ne pouvaient se servir des informations de façon utile : ils étaient bloqués sur leur chaise et n'avaient nulle part où aller. Mais leur cerveau réagissait quand même en fonction de la « règle universelle » affirmant que l'information vaut mieux que l'ignorance, et qu'elle est presque aussi importante que l'H2O.

Le facteur bien-être

Les singes de Bromberg-Martin avaient une autre raison de vouloir savoir à l'avance s'ils allaient recevoir une petite ou une grosse récompense. Savoir que l'eau allait arriver leur procurait une sensation de bien-être et ils recherchaient donc cette sensation. Ce que l'on sait affecte non seulement ce qu'on décide de *faire*, mais aussi la façon dont on se *sent*. En effet, ce que l'on croit a un effet profond sur notre niveau de bonheur.

Imaginez Oscar et Albert. Albert est en prison. Sa cellule est petite, humide et froide. Les murs sont nus, et il reste éveillé jusque tard dans la nuit sur une couchette de bois inconfortable. On pourrait s'attendre à ce qu'Albert soit malheureux mais, en fait, il est euphorique. Albert sait que demain, il sera libéré de prison et pourra rentrer chez lui. Ses proches vont lui préparer un bon rosbif pour le dîner, qu'ils dégusteront tous ensemble dans leur maison douillette. Il a hâte d'y être.

Oscar, en revanche, mange un bon rosbif en famille, dans sa maison douillette. On pourrait s'attendre à ce qu'il soit sur un petit nuage mais il a le cœur lourd. Il est malheureux parce qu'il sait que demain, il ira en prison. On va le mettre dans une petite cellule froide et humide, aux murs nus, et il dormira sur une couchette inconfortable.

Si vous observez Albert et Oscar sans savoir ce qui se passe dans leur tête, vous pensez sans doute qu'Oscar, au chaud et le ventre plein, est plus heureux qu'Albert qui a froid et faim. Pourtant, ce dernier a l'esprit joyeux. Pour lui, la connaissance, c'est le bonheur, la perspective de quitter l'obscurité qui l'entoure. Même si la situation d'Oscar est actuellement bien meilleure que celle d'Albert, ce qui se passe dans sa tête est bien pire. Savoir qu'il va être incarcéré le lendemain affecte gravement son bien-être. Si Oscar ignorait ce qui l'attend, il se sentirait bien, mais comme il le sait, cette connaissance le dévaste.

Il est donc important de se rappeler que les gens sont non seulement motivés à gagner des récompenses et à éviter la douleur, mais aussi à *croire* qu'ils vont gagner des récompenses et éviter la douleur. En effet, les croyances peuvent rendre les gens aussi heureux ou tristes que les événements eux-mêmes. L'expérience nous ayant enseigné que la connaissance peut aussi bien nous dévaster que nous rendre heureux, nous avons appris que l'information affecte nos sentiments et que nous pouvons utiliser cette information pour réguler nos émotions. Par conséquent, les gens essaient de s'emplir l'esprit avec des connaissances qui forment des croyances agréables et d'éviter les informations qui provoquent des pensées négatives. C'est l'une des raisons pour lesquelles les nouvelles démonstrations de sécurité étaient bien plus efficaces pour retenir l'attention des passagers.

Lors d'une expérience, Filip Gesiarz et moi avons invité des volontaires à jouer à un jeu de loterie. Chaque fois, on leur présentait deux portes virtuelles – une bleue et une rouge. Derrière chaque porte, un prix en argent les attendait. Certains prix étaient relativement élevés, et d'autres étaient faibles. La porte rouge était toujours plus gratifiante que la bleue : il y avait plus d'argent derrière. Un logiciel choisissait l'une des portes au hasard pour le participant, et on lui donnait ce qui se trouvait derrière. Avant que le logiciel fasse le choix, nous autorisions les participants à jeter un coup d'œil derrière une porte. Voudraient-ils voir ce qu'il y avait derrière la porte rouge (gros prix) ou la bleue (petit prix) ? À de nombreuses reprises, les gens préféraient ouvrir la porte rouge plutôt que la bleue. Ils voulaient connaître l'option la plus favorable, pas la pire.

Cela signifie-t-il que l'information n'a pas toujours la même valeur ? Peut-être notre cerveau code-t-il la valeur de l'information de manière différente selon que nous nous attendons à ce qu'elle nous rende heureux ou triste. Pour répondre à cette question, Caroline Charpentier et moi nous sommes associées à Ethan Bromberg-Martin. Cette fois, au lieu d'enregistrer l'activité neurale dans le cerveau d'un singe, nous avons enregistré l'activité d'un cerveau humain à l'aide d'un scanner.

Imaginez que vous participez à notre expérience. Vous faites la connaissance de Caroline, la chercheuse française, qui vous explique que vous allez vous allonger dans un scanner cérébral en forme de tube pendant que vous jouez à un jeu de loterie. Ce jeu sera divisé en deux parties. La première consistera essentiellement à gagner : chaque fois que vous jouerez, soit vous gagnerez un dollar, soit vous ne gagnerez rien du tout. « Pas mal », pensez-vous. Dans la deuxième partie, tout est basé sur la perte : soit vous perdrez un dollar, soit vous ne perdrez rien. Pas génial, je sais, mais vous n'avez pas le choix : si vous voulez participer à l'expérience, il faut jouer le jeu. Et chaque fois que vous jouez, Caroline vous demandera si vous voulez connaître le résultat de la partie ou ne rien savoir. À la fin de l'expérience, nous vous paierons le total de ce que vous avez amassé pendant l'ensemble des jeux, sans tenir compte des cas où vous avez souhaité connaître les résultats ni de ceux où vous avez préféré les ignorer. Voyez cela comme une machine à sous : vous êtes assis devant, fermez les yeux et actionnez le levier ; les rouleaux tournent un moment puis finissent par s'arrêter. Ouvrez-vous les yeux ? Voulez-vous savoir ?

Tout comme Kate et les singes de Bromberg-Martin, les volontaires de notre expérience voulaient savoir. Mais ils faisaient la démarche plus souvent dans le cas de gains potentiels que de pertes potentielles. En d'autres termes, les gens avaient davantage tendance à ouvrir les yeux devant la machine à sous lorsqu'ils avaient quelque chose à gagner que lorsqu'ils ne pouvaient que perdre. En outre, plus les chances de gagner étaient élevées, plus ils souhaitaient connaître le résultat ; plus ils étaient susceptibles de perdre, moins ils voulaient savoir. Autrement dit, les gens veulent ouvrir les enveloppes porteuses de bonnes nouvelles et jeter celles qui en annoncent de mauvaises.

Et le cerveau, dans tout ça? Rappelez-vous ces neurones que Bromberg-Martin a vus s'activer dans le cerveau des singes en réaction à des informations anticipées sur les récompenses en eau? Nous avons découvert des éléments qui suggèrent une activité accrue des neurones dans la même région du cerveau humain quand le sujet attend des informations sur un gain. En revanche, cette activité diminue quand il attend des informations sur une perte. En outre, chaque fois que nos participants savent que cette information arrive – qu'elle concerne les gains ou les pertes –, une autre zone du cerveau, le cortex orbitofrontal, s'active. Apparemment, dans notre cerveau, il existe deux types de réactions à l'information: une catégorie de neurones évalue la connaissance en tant que telle, et l'autre la connaissance susceptible de nous procurer un sentiment de bien-être.

Toutes les informations ne sont pas comparables au sexe ou à la tarte aux prunes: ce que les gens s'attendent à trouver derrière la porte a son importance. Ils préfèrent connaître les informations qui, selon eux, vont leur procurer un sentiment de bien-être, et ils recherchent donc les bonnes nouvelles plutôt que les mauvaises. Transmettre un message de façon positive – comme les compagnies aériennes ont fini par le faire en présentant les consignes de sécurité via des vidéos musicales – signifie que les individus écouteront davantage et, par conséquent, qu'ils seront plus susceptibles d'être influencés. Quand les gens soupçonnent qu'ils vont recevoir de mauvaises nouvelles, ils peuvent *éviter* le message, même si l'ignorance peut leur nuire.

La tête dans le sable

Imaginez que vous avez 50 % de chances de contracter une maladie mortelle. Parmi ses symptômes dévastateurs figurent de terribles changements de personnalité et le déclin de vos capacités physiques et cognitives. Cela se traduira d'abord par des mouvements désordonnés, puis votre élocution deviendra incompréhensible, votre sommeil sera perturbé et vous aurez tendance à souffrir d'anxiété et de dépression. Cette maladie n'est pas contagieuse, mais il n'existe aucun remède et d'ici vingt ans, vous serez mort. À tout moment, vous pouvez vous soumettre à un simple test qui vous révélera si vous êtes porteur du gène affreux qui provoque la maladie. Dans ce cas, la probabilité que vous développiez cette affection sera de 100 %. La décision est la suivante : subir le test ou continuer à vivre en espérant que tout ira bien.

Pour certaines personnes, cette décision ne se limite pas à une spéculation intellectuelle. Il s'agit d'individus dont un parent est porteur d'une mutation du gène *IT15*, qui provoque la maladie de Huntington, une affection neurodégénérative héréditaire. Ses symptômes apparaissent généralement à l'âge mûr et altèrent les fonctions cognitives et motrices, déclenchant de graves problèmes comportementaux, mentaux et physiques. Les tests de dépistage génétiques permettent aujourd'hui aux personnes à risque de savoir à tout moment s'ils sont porteurs du gène défectueux[100].

La décision de subir ce test n'est pas aisée. Quand on demande à des porteurs potentiels de la maladie s'ils ont l'intention de s'y soumettre, entre 45 et 70 % répondent par l'affirmative. Pourtant, la plupart d'entre eux ne donnent pas suite à leur déclaration. En fait, une étude a montré que, lorsqu'elles sont démarchées par les centres de test, seules 10 à 20 % des personnes à risque choisissent de s'inscrire au dépistage[101].

Un comportement similaire a été observé chez les personnes à risque dans le cadre du HIV : beaucoup d'entre elles évitent le dépistage du virus alors même qu'il est gratuit[102]. Un exemple encore plus frappant provient d'une étude portant sur 396 femmes ayant donné leur sang et dont les analyses ont révélé la présence de gènes les prédisposant au cancer du sein[103]. Souhaitaient-elles connaître les résultats du test ? 169 d'entre elles ont préféré ne pas savoir. Voilà qui est sidérant ! Contrairement aux personnes susceptibles de développer la maladie de Huntington, les femmes présentant des prédispositions au cancer du sein peuvent prendre des mesures préventives pour réduire les risques de contracter la maladie. Malgré cela, 42 % des personnes dépistées ont choisi de ne pas recevoir l'information qui pouvait leur sauver la vie.

Ceci peut sembler surprenant, mais envisagez les choses sous cet angle : si savoir offrait l'avantage d'amoindrir un désagréable sentiment d'incertitude, ne pas savoir permettait de continuer de croire ce qu'on avait envie de croire. Tant que nous ignorons les résultats des tests, nous pouvons continuer de croire que nous sommes en bonne santé et remplir notre esprit de pensées positives. En nous soumettant au test, nous savons que, lorsque nous recevrons les résultats, nous ne pourrons pas faire comme on ne les avait jamais reçus. Cette connaissance se grave à jamais dans notre cerveau. Si le diagnostic est alarmant, notre vie va changer d'un coup. Ainsi, l'ignorance peut parfois nous rendre plus heureux, même si elle nous fait courir le risque d'un dénouement tragique.

Additionner les chiffres

Métaphoriquement parlant, on peut considérer la décision de savoir ou non comme un exercice de calcul mental. Imaginez que vous avez dans la tête une puissante calculatrice dotée d'un grand écran. Quand vous avez besoin de choisir entre l'ignorance et la vérité, elle s'allume et évalue les différentes options. D'abord, votre calculatrice mentale détermine les bénéfices tangibles de la vérité – savoir modifiera-t-il vos actions d'une façon qui améliorera votre avenir ? En entrant des valeurs larges, vous serez plus à même de chercher des réponses concrètes. Disons par exemple que vous pensez à chercher sur Google des traces d'un ancien amour. Comment allez-vous utiliser cette information ? Peut-être envisagez-vous de contacter cette personne pour renouer des liens. Dans ce cas, la valeur de l'information va augmenter. Cependant, si connaître la vérité n'a pas d'influence sur vos actions, la valeur assignée tombera à zéro.

Ensuite, votre calculatrice mentale va entrer des valeurs déterminant l'influence de l'incertitude de vos émotions. Dans de nombreux cas, l'incertitude est vécue de façon négative, et ce sont donc des valeurs négatives qui seront insérées. Plus vous souffrirez de ne pas savoir, plus vous serez motivé à sortir de l'incertitude et à découvrir la vérité. Pourtant, l'ignorance peut aussi avoir un effet positif, car elle vous permet d'imaginer le meilleur. Pendant les mois précédant la décision de Harvard, Kate s'est représentée avec enthousiasme les expériences fantastiques qu'elle aurait dans cette école, les gens qu'elle allait rencontrer et les cours qu'elle allait suivre. Elle fantasmait sur ce que serait sa vie avec un MBA décroché à Harvard, sur toutes les portes qui allaient s'ouvrir devant elle grâce à ce diplôme. Créer ces scénarios dans sa tête la rendait heureuse et, tant que sa candidature n'avait pas été refusée, elle pouvait se repasser ces images dans sa tête tant qu'elle voulait.

Le dernier calcul à effectuer est lié à la valeur émotionnelle de l'information elle-même. Prendre conscience de quelque chose que nous ignorions auparavant nous rend certes plus instruits, mais cela change également ce que nous ressentons. C'est particulièrement vrai concernant les informations qui nous éclairent sur nous-mêmes. Savoir qu'elle avait été acceptée à Harvard donnait un sentiment de bien-être à Kate. En apprenant qu'elle avait été recalée pour avoir voulu connaître les résultats avant l'heure, elle s'est au contraire sentie très mal. Découvrir qu'on est porteur d'un gène mortel provoque un sentiment négatif. Lire le rapport élogieux qu'a écrit votre chef sur votre travail vous rend fier. Apprendre que la valeur de votre maison a baissé vous rend anxieux. Les informations modifient la façon dont vous vous sentez.

Et donc, *toutes choses égales par ailleurs*, nous recherchons des informations qui, selon nous, vont nous procurer des émotions positives. Nous sommes capables de nous donner beaucoup de mal pour apprendre les bonnes nouvelles et éviter les mauvaises.

L'un des exemples les plus frappants de cette tendance est illustré dans une étude dirigée par Niklas Karlsson, expert en gestion de l'information commerciale en Suède, George Loewenstein, économiste réputé de Carnegie Mellon, et Duane Seppi, professeur d'économie financière à Carnegie Mellon[104]. Ce trio souhaitait savoir ce qui incite les gens à consulter leurs actions alors qu'ils n'ont pas l'intention d'effectuer une transaction. Essayez de deviner: pourquoi ces actionnaires jettent-ils un coup d'œil sur la valeur de leurs actifs? Si on part du principe qu'ils n'ont pas l'intention d'acheter ou de vendre, à quel moment pensez-vous qu'ils sont les plus susceptibles de se connecter sur leur compte?

À présent, observez le schéma page suivante. La ligne noire montre l'évolution de la valeur du S & P500 sur un peu plus de deux ans, de janvier 2006 à avril 2008. Le S&P500 est un indice boursier basé sur 500 grandes sociétés cotées au NASDAQ et/ou au NYSE. Comme une vague, cette ligne prend de l'ampleur, montant lentement puis baissant d'un coup, montant et baissant de nouveau. La ligne grise* représente le nombre de connexions des actionnaires sur leur compte pour vérifier la valeur de leurs actifs. Pas pour acheter ou vendre, juste pour regarder. On note immédiatement que les deux lignes montent et descendent ensemble, comme deux amoureux se tenant la main lors d'une promenade sur les collines. Quand le marché est haussier, les gens se connectent tout le temps. Quand il est baissier, ils évitent de consulter leurs fonds. Pourquoi?

* Si vous connaissez bien le S&P500, vous remarquerez que ce graphique ne montre pas les valeurs brutes, mais des chiffres adaptés à tous les facteurs de confusion évidents, dont la volonté d'effectuer une transaction et le volume du marché.

Après avoir pris statistiquement en compte différents facteurs et explications possibles, l'équipe a tiré une conclusion : la décision d'un actionnaire de rassembler des informations sur la valeur de ses actifs est gouvernée par son désir de se sentir bien. Si le marché est en hausse, les gens supposent que leurs propres actions vont suivre la tendance, et ils se connectent sur leur compte pour prendre une grande bouffée de bonnes nouvelles. Quand le marché chute, ils préfèrent s'enfoncer la tête dans le sable. Ils savent qu'ils sont peut-être en train de perdre de l'argent et, si cette hypothèse est confirmée, ils se sentiront mal. S'ils restent ignorants, ils peuvent continuer d'espérer que leur portefeuille tient bon malgré tout. Ainsi, toutes choses égales par ailleurs, les gens tendent à ignorer les

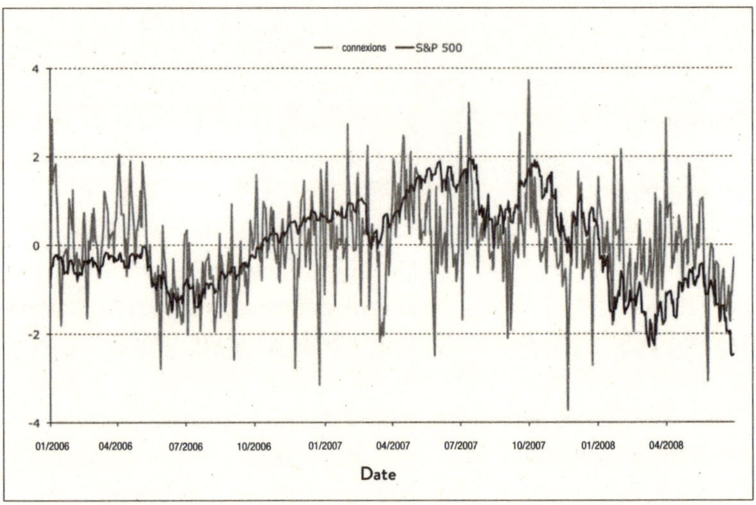

Figure 8. *Le désir qu'ont les gens de connaître leur propre valeur est lié aux performances du marché. La ligne noire représente le S&P500 et la ligne grise, le nombre de connexions des actionnaires sur leur compte pour consulter leurs actifs. Quand le marché est en hausse, les gens sont plus susceptibles de vérifier la valeur de leurs actifs que quand il est en baisse*[105].

informations négatives, qui les mettent mal à l'aise, et à rechercher les informations positives, qui leur procurent du bien-être.

Tout ceci reste vrai tant que les mauvaises nouvelles peuvent raisonnablement être ignorées. Ce que le graphique ne montre pas, c'est ce qui s'est passé quand le marché a fini par s'effondrer, à l'automne 2008. Pendant cette crise, les gens se sont mis à se connecter avec frénésie. Quand les choses vont clairement très mal, il est pratiquement impossible de garder un espoir, aussi mince soit-il. Nous entreprenons donc d'estimer les dégâts aussi vite que possible, et de réparer ce qui peut l'être.

Ce principe ne s'applique pas qu'à la finance. Si la plupart des personnes à risque fuient le test de dépistage de la maladie de Huntington, beaucoup de ceux qui ont décidé de se soumettre à ce dépistage sont des gens qui manifestent déjà des symptômes. En substance, ils ne font que confirmer ce qu'ils savent déjà avec une quasi-certitude. Même si la maladie n'est pas curable, savoir peut leur permettre de prendre des décisions concernant les années qu'il leur reste à vivre. Les individus qui savent que leurs jours sont comptés mettent leur vie sur « avance rapide » : ils se marient, font des enfants ou prennent une retraite anticipée[106]. En d'autres termes, les gens choisissent d'éviter des informations potentiellement fâcheuses à moins d'être pratiquement certains qu'elles le sont effectivement. À ce stade, le prix à payer en prenant de mauvaises décisions dépasse largement les avantages qu'il y a à ignorer la gravité réelle de la situation.

Le prix de l'ignorance

Il nous arrive d'enfoncer la tête dans le sable pour nous protéger des vérités gênantes, mais cela fonctionne-t-il? L'ignorance améliore-t-elle effectivement notre état mental? Ou ferions-nous mieux d'affronter la vérité?

En 1972, deux psychologues, James Averill et Miriam Rosenn, ont entrepris d'étudier la question dans leur laboratoire de l'UC Berkeley[107]. Ils ont sélectionné au hasard des étudiants masculins dans l'annuaire de l'université et les ont appelés pour leur soumettre une offre: acceptaient-ils de participer à une étude qui impliquait de recevoir des chocs électriques en échange de deux dollars de l'heure (ce qui équivaut à environ onze dollars de l'heure aujourd'hui)? James et Miriam ont convaincu 80 étudiants d'accepter leur offre.

Le jour de l'expérience, les hommes sont arrivés au laboratoire de Berkeley. On leur a demandé de s'asseoir sur une chaise de bois pendant que le testeur enduisait vigoureusement leur cheville droite d'une pâte légèrement abrasive pour diminuer la résistance de la peau. Ensuite, une électrode d'aluminium a été placée sur leur cheville. De temps à autre, l'électrode produisait un choc qui durait une seconde.

On a donné à ces hommes des casques leur permettant d'écouter deux canaux audio; ils pouvaient passer de l'un à l'autre à volonté. L'un diffusait, via un magnétophone, de la musique du label Muzak (c'était en 1972, ne l'oubliez pas). Quant à l'autre, c'était le «canal d'information»: il était silencieux, à l'exception d'un signal d'alarme très clair émis deux secondes avant l'arrivée d'une décharge électrique. Quand ce signal retentissait, le participant pouvait aussitôt presser un bouton pour éviter le choc.

La question était la suivante: quel canal ces hommes allaient-ils choisir d'écouter: celui de la musique, ou celui de l'information? On pourrait penser que chacun déciderait de se cantonner au canal d'information pour éviter les chocs, n'est-ce pas ? De fait, l'un des principaux facteurs qui poussent les gens à rechercher l'information, c'est l'utilité. Quand les gens pensent qu'ils peuvent utiliser l'information offerte pour leur bénéfice, ils la convoitent davantage. Voilà pourquoi il est important de souligner l'utilité de tout message.

Pourtant, dans l'expérience d'Averill et Rosenn, même si tous les volontaires pouvaient utiliser cette information pour éviter le choc, ils n'ont pas tous choisi le canal prévu à cet effet. Environ un homme sur quatre (25 %) a décidé de ne pas l'écouter du tout. Ils ont choisi de se distraire avec la musique, même si cela impliquait de recevoir des décharges électriques directement sur la peau.

Peut-être était-ce le meilleur choix ? Peut-être la musique avait-elle un effet relaxant ? Pour le savoir, Averill et Rosenn ont contrôlé les signes physiologiques des étudiants. Ils ont mesuré la fréquence cardiaque, la conductivité de la peau et le rythme respiratoire. Plus on est anxieux, plus le cœur bat vite, plus les paumes sont moites et plus la respiration est lourde. Averill et Rosenn ont découvert que les hommes qui choisissaient d'écouter de la musique exprimaient des signes d'anxiété *plus forts* que ceux qui écoutaient le canal d'information. Ceux qui optaient pour le signal d'alerte étaient plus détendus parce qu'ils savaient qu'ils pouvaient éviter le choc ; par conséquent, ils se sentaient mieux. En revanche, ceux qui essayaient de se plonger dans un nuage musical ne parvenaient pas à échapper à l'anxiété provoquée par l'attente de la douleur. En conclusion, savoir quand un choc va arriver et être capable de l'éviter est plus confortable que rester dans l'ignorance.

Et si les chocs étaient inévitables ? Choisir le canal d'information serait-il bénéfique alors même que cette information était inutile ? Averill et Rosenn ont refait leur expérience mais, cette fois, ils n'ont pas donné aux étudiants de Berkeley le bouton leur permettant d'échapper aux décharges électriques. Dans ces nouvelles conditions, la plupart des volontaires ont choisi le canal musical, mais 45 % d'entre eux ont opté pour le canal d'information. Pour finir, qui étaient les plus anxieux ? Une fois de plus, ceux qui ont choisi de se réfugier dans la musique ont montré des signes physiologiques d'anxiété plus forts. Au contraire, les hommes qui ont choisi le canal d'information étaient plus détendus : leur cœur battait moins vite, et ils transpiraient moins. Même s'ils ne pouvaient éviter les chocs, le fait de savoir exactement à quel moment ceux-ci arrivaient les aidait à se détendre entre les décharges. Ceux qui ont choisi le canal musical, en revanche, étaient dans un état d'alerte constant : ils étaient assis sur le bord de leur chaise, prêt à subir la douleur à tout moment.

Cette expérience montre que, même si on pense qu'il vaut mieux ne pas savoir, s'enfoncer la tête dans le sable peut rendre *plus* anxieux. Pour être claire, je ne sous-entends pas que nous devrions tous aller à la pêche aux mauvaises nouvelles – pas du tout ! Parfois, l'ignorance est en effet une bénédiction. Par exemple, il n'est pas recommandé de harceler un ex sur les réseaux sociaux pour savoir comment il vit sa vie sans vous ; il n'est pas non plus nécessaire de connaître la moindre mutation génétique dont on est porteur. Mais si on soupçonne que de mauvaises nouvelles se cachent derrière la porte n° 1, il vaut peut-être mieux l'ouvrir pour connaître la vérité. En effet, les êtres humains sont plus résilients qu'on ne le croit : en ouvrant la porte, nous entamons le processus d'acceptation, de guérison et de reconstruction. Si la porte reste fermée, nous sommes piégés dans un état de malaise constant.

Le choix sélectif

Nous sommes des créatures curieuses, et l'un des sujets qui éveille particulièrement notre curiosité, c'est nous-même. En effet, nous avons un besoin ardent de savoir ce que les autres pensent de nous et de notre travail, mais nous ne voulons pas *tout* savoir. Nous prenons souvent des décisions destinées à nous distancer des opinions négatives et à obtenir des avis positifs. Combien de fois avez-vous entendu des auteurs, acteurs et célébrités affirmer qu'ils évitent d'entrer leur nom sur Google ou de lire des critiques de leurs livres/spectacles/films ? Vous pensez que c'est parce que ces gens ne veulent pas savoir que leur travail a été encensé ? Peu probable.

Paige Weaver, par exemple, auteur de best-sellers autopubliés, a fait cette déclaration : « Je ne lis jamais les critiques. Peu après la publication de mon roman *Promise me Darkness*, j'ai lu toutes les critiques et elles étaient bonnes, mais je savais que les mauvaises allaient arriver. Je ne lis donc plus les critiques car j'ai trop peur[108]. »

La romancière Kristin Cashore confirme : « Je n'ai pas cherché mon nom ni mes livres sur Google, et je ne reçois pas d'alertes Google. Je ne m'implique pas. J'ai appris qu'il valait mieux éviter tout cela, pour mon écriture, ma santé mentale et mon bonheur. En outre, je reçois des tas de retours sans les chercher – mes amis et mes éditeurs ouvrent l'œil et me tiennent informée de ce que disent les gens – alors en général, j'ai une idée de ce qui se passe sans avoir à le chercher moi-même. Souvent (mais pas toujours), je lis des critiques si elles me sont envoyées par mon éditeur ou le service de communication. Elles proviennent généralement de revues importantes et sont difficiles à ignorer[109]. »

Paige et Kristin ne sont pas les seules à opérer ces choix sélectifs. Ce n'est pas que nous ignorions constamment la critique : nos méthodes sont plus subtiles que ça. Notre décision de connaître les opinions des autres dépend à la fois de la possibilité de les utiliser à notre avantage et de ce que nous risquons d'éprouver face à ces opinions. Néanmoins, nous filtrons tous un peu les informations. Prenez l'ex-vice-président républicain Dick Cheney, par exemple : avant d'entrer dans une suite d'hôtel, il exigeait que toutes les télés soient branchées sur Fox News, une chaîne réputée pour soutenir le Parti républicain[110].

*

Les personnes prédisposées à certaines maladies et qui choisissent de ne pas être dépistées, et les étudiants qui préfèrent écouter de la musique plutôt qu'un signal d'alerte leur permettant d'éviter des décharges électriques, démontrent le même principe. Toutes choses égales par ailleurs, les gens ont tendance à chercher les informations porteuses d'espoir et à éviter celles qui annoncent la douleur. L'information affecte en effet ce que croient les gens, et ce qu'ils croient affecte leur bien-être. Si l'information que vous souhaitez offrir est liée à un message pessimiste, vous devez vous attendre à ce que beaucoup choisissent de l'éviter. Vous pouvez passer des années à déterminer les meilleures procédures de sécurité, des décennies à mettre au point un test permettant d'identifier un gène qui prédispose au cancer du sein, et des semaines à réviser le rapport d'un collègue. Mais peu importent la profondeur de votre travail ou la clarté de sa présentation si personne ne veut connaître sa teneur. Peut-être pouvez-vous remédier à cela ?

Amener les gens à écouter revient à utiliser cette grande calculatrice métaphorique qu'ils ont dans la tête – celle qui évalue l'information et les motive à faire attention quand elle affiche des chiffres positifs. Si la connaissance dont vous disposez peut remplir le vide informatif d'une personne, mettez l'accent sur ce vide ; si elle peut aider les gens à améliorer leur environnement, expliquez clairement comment. Enfin, reformulez votre message pour que l'information fournie suscite de l'espoir et non de la crainte. En revanche, cela ne signifie pas qu'il faut édulcorer ce que vous avez à dire. Si, par exemple, vous devez critiquer le travail de quelqu'un, n'atténuez pas la critique, mais exposez clairement le problème. Cependant, ce problème peut être présenté soit en expliquant ce qui doit être corrigé pour obtenir d'excellents résultats, soit en termes d'incompétence ; si vous utilisez la première approche, vous retiendrez davantage l'attention. Un dépistage génétique du cancer du sein peut ainsi être axé sur la vie et la santé plutôt que sur la mort. Et une vidéo de démonstrations de sécurité en vol peut mettre l'accent sur la destination paradisiaque vers laquelle les passagers s'envolent.

Je dois cependant vous mettre en garde : tout ceci doit être fait dans la considération de l'état émotionnel de votre interlocuteur. En effet, comme nous le verrons au chapitre suivant, la façon dont notre cerveau traite l'information change radicalement sous l'effet du stress et de l'intimidation.

6

Composer avec le stress

Quand l'esprit est menacé

Quand j'étais adolescente, ma série télé préférée était *Code Quantum*. Mon frère et moi rentrions de l'école juste à temps pour regarder le physicien Sam Beckett voyager dans l'espace et le temps pour essayer de corriger l'histoire. Ses expériences quantiques lui permettaient de sauter de son laboratoire top secret dans le désert, quelque part dans les États-Unis des années 1990, jusque dans le corps de personnes vivant en différents lieux et à différentes époques.

Je vous invite à faire un grand bond dans le temps et dans l'espace pour essayer de comprendre comment le stress affecte la façon dont les gens sont influencés par les autres. Notre première étape sera New York, le 14 septembre 2001. Le corps que vous habiterez est le mien.

Je marche le long de Broadway, dans Manhattan, non loin de mon domicile de l'époque. Soudain, un homme d'un certain âge se met à courir dans la rue, manifestement paniqué. Quelques secondes plus tard, d'autres le suivent et, en quelques minutes, toute une foule court derrière lui. Je n'ai aucune idée de ce qui se passe. Pourtant, les événements qui ont eu lieu trois jours plus tôt – le 11 septembre – ont laissé des traces. « Mieux vaut prévenir que guérir», me dis-je en rejoignant les autres. Nous sommes maintenant nombreux à courir sur le trottoir, attirant d'autres piétons dans notre sillage. Pour finir, quelques personnes s'aperçoivent qu'il n'y a rien à fuir et s'arrêtent. Peu après, tout le monde les imite. C'est fini. Chacun retourne à ses occupations.

Si vous y réfléchissez, c'est assez extraordinaire : un seul individu a amené cinquante New-Yorkais à interrompre leurs activités pour se mettre à courir, en plein jour et sans raison apparente. Cette personne n'a pas dit un mot : elle s'est contentée de courir dans la rue, l'air paniqué. J'ignore ce qui se passait dans *sa* tête. Mais si elle a réussi à nous influencer tous, c'est à cause de ce qui se passait déjà dans *la nôtre*. Si l'incident avait eu lieu le 10 septembre, la veille des attentats sur le Word Trade Center, je pense que le type qui courait serait passé inaperçu. La plupart d'entre nous l'aurions simplement jugé excentrique. Mais à la suite des attaques terroristes, nous étions tous sur les dents. Qu'allait-il se passer ? Une autre attaque était-elle imminente ? D'où allait-elle venir ? Notre esprit était en « stand-by », prêt à réagir face à n'importe qui et n'importe quoi.

Faisons un autre bond, cette fois dans le corps d'une jeune Palestinienne de 17 ans, à Arraba, un village de Cisjordanie, au matin du 21 mars 1983. La jeune fille est en classe quand, soudain, elle est victime d'une quinte de toux et commence à respirer difficilement. Sans le savoir, elle est sur le point de déclencher un scandale international.

Peu après cet incident, sept de ses camarades de classe tombent malades à leur tour, puis des élèves d'autres classes se mettent à manifester les mêmes symptômes. Une semaine plus tard, la « maladie » s'étend aux villages voisins. Au total, l'épidémie affecte 943 jeunes Palestiniennes et quelques soldats israéliens[111]. Qu'est-ce qui cause cette terrible épidémie ? Les Palestiniens accusent les Israéliens d'utiliser des armes chimiques contre eux, alors que les Israéliens reprochent aux

Palestiniens de recourir au poison pour déclencher des manifestations massives. Pourtant, les enquêtes minutieuses qui sont menées ne révèlent aucun acte malveillant. Les symptômes sont alors jugés psychosomatiques. Ces phénomènes sont parfois qualifiés d'« hystérie collective » : un symptôme (ou un comportement) individuel provoque la panique chez les autres qui, inconsciemment, manifestent ce même symptôme, déclenchant ainsi un effet en cascade. Sans en avoir l'intention, une seule jeune fille a influencé la santé de presque mille individus et provoqué un scandale international. Si cette fille a eu un tel impact, c'est en raison de son environnement spécifique, qui produisait un état d'esprit particulier chez les autres.

Le point commun entre les gens qui couraient sans raison dans New York peu après les attentats de 2001 et les élèves de Cisjordanie souffrant d'une maladie imaginaire est le suivant : ils agissaient sous la menace. En Cisjordanie, le quotidien des élèves est fait de missiles, de couvre-feux et de soldats armés. Dans le New York de 2001, soldats et policiers étaient omniprésents dans les rues, créant un sentiment d'urgence. Si on se penche sur les cas référencés d'hystérie collective, on s'apercevra que ce genre d'environnement est typique : presque tous les phénomènes d'hystérie collective se déroulent dans des environnements stressants et éprouvants, depuis des villages pauvres d'Afrique jusque dans les services d'urgences de grands hôpitaux américains.

Pourquoi les gens « attrapent-ils » ces maladies imaginaires et suivent-ils aveuglément d'autres personnes dans la rue dans certains environnements, mais pas dans d'autres ? Pourquoi un certain individu – un inconnu, un homme politique – a-t-il un impact important quand nous avons peur, mais pas quand nous sommes détendus ? Pour répondre à ces questions, nous devons d'abord comprendre ce qui se passe dans notre corps et notre esprit sous la menace.

Sous la pression

Quand nous sommes menacés, une réaction physiologique préprogrammée se produit : le stress. L'évolution nous a donné cette réaction pour nous aider à survivre. Imaginez que vous êtes une antilope dans la brousse et que vous voyez un lion courir vers vous. En quelques secondes, des hormones de stress comme le cortisol sont sécrétées, déclenchant une réaction en chaîne : le cœur se met à battre plus vite et le souffle devient court. Comme il n'existe pas de ressources de secours disponibles, les fonctions qui ne sont pas urgentes sont bloquées : le système immunitaire se met temporairement en veilleuse, ainsi que les systèmes digestifs et reproductifs. Pas le temps de s'occuper d'une blessure en cours de guérison ou de digérer ce qui a été avalé une heure plus tôt ; toutes les ressources doivent être focalisées sur un objectif unique : la survie immédiate.

Les humains se retrouvent rarement dans le même type de dangers que les antilopes, mais nous sommes souvent en situation de stress. Qu'il s'agisse d'une réaction à une dette impayée, à une échéance de travail ou à un adversaire pugnace sur un terrain de jeu, notre corps libère du cortisol. Même une situation relativement anodine, comme un embouteillage aux heures de pointe ou une queue qui n'en finit pas au Starbucks du coin, peut déclencher une véritable réaction de stress. La réaction physique sera similaire à celle observée chez l'antilope : les rythmes cardiaque et respiratoire augmentent et les fonctions du système qui ne sont pas immédiatement nécessaires diminuent leur activité. Si le stress est chronique, il aura un effet dommageable sur le corps[112]. Le système immunitaire s'affaiblit, et nous devenons plus exposés aux maladies ; la digestion ralentit et, en conséquence, nous sommes plus susceptibles de grossir, surtout au niveau du ventre ; le système reproducteur se bloque et, à long terme, les femmes ont du mal à avoir des enfants.

Le stress altère de façon significative les fonctions cardiaque, digestive et immunitaire, mais il transforme en outre le cerveau. Chaque fois que nous sentons le stress s'insinuer, le fonctionnement du cerveau change de façon spectaculaire. En quelques secondes, ce stress modifie notre façon de penser, de prendre des décisions et de nous comporter. Et il change la manière dont nous sommes influencés par notre entourage.

Mes étudiants Neil Garrett, Ana Maria Gonzáles-Garzón et moi-même avons mis au point une expérience afin d'observer comment le stress modifie la manière dont l'information influence les individus. Notre plan est simple : nous allons exposer nos sujets au stress, enregistrer leurs réactions physiologiques et étudier les modifications dans leur pensée. La première difficulté, cependant, est la suivante : quelle est la meilleure façon d'induire un sentiment de menace chez nos volontaires ? Pas question de les confronter à un lion affamé. Nous décidons donc de créer une situation de stress que nos volontaires sont susceptibles de rencontrer dans leur quotidien.

Imaginez que vous participez à cette étude : vous arrivez au laboratoire pour faire partie d'une expérience en échange d'une petite somme. Après vous avoir fait signer un formulaire de consentement, Neil, le testeur, vous demande un échantillon de salive. Cette demande peut sembler étrange. « Pourquoi me font-ils cracher dans un tube en plastique ? » vous demandez-vous. Eh bien, à partir de votre salive, Neil va mesurer dans votre système le niveau de cortisol, l'hormone du stress, avant même le début de l'expérience. Cela s'appelle une « mesure de référence ». Neil va également vous demander de remplir un bref questionnaire pour déterminer votre niveau actuel d'anxiété et enregistrer votre niveau de conductance cutanée (NCC) de référence, ce qui lui fournit un autre moyen physiologique de déterminer votre niveau de stress. À ce stade, vous êtes sans doute encore détendu.

Neil va ensuite vous décrire la procédure expérimentale: «D'abord, dit-il, vous allez effectuer une tâche simple sur un ordinateur, ce qui vous prendra environ une demi-heure». «Aucun problème», répondez-vous. «Quand vous aurez fini, poursuit-il, on vous donnera une feuille de papier où sera inscrit un thème. Vous aurez cinq minutes pour présenter ce thème devant un groupe de trente personnes. Vous n'aurez pas le temps de vous préparer, et votre présentation sera enregistrée pour que d'autres personnes puissent la voir en ligne.»

Pour être sûr que tout ceci vous stresse bel et bien, Neil va de nouveau vous demander de cracher dans le tube pour analyser votre salive. Il enregistre également votre NCC et vous demande de remplir un nouveau questionnaire. Si vous êtes comme la plupart des participants de notre étude, ces nouvelles mesures auront augmenté par rapport aux mesures de référence, prouvant que nous sommes parvenus à vous stresser.

Nous avons également d'autres participants dans notre étude: le groupe de «contrôle». On informe les sujets de ce groupe qu'à la fin de l'étude, on leur demandera d'écrire un court essai sur un thème surprise, mais on les assure qu'il n'y a pas de quoi s'inquiéter, car leur essai ne sera ni noté, ni lu. Comme prévu, les participants de ce groupe ne montrent pas de signes de stress.

Maintenant que la moitié des sujets est anxieuse et l'autre calme, nous sommes prêts à effectuer nos tests. Nous présentons à nos volontaires une description d'événements dramatiques qui peuvent leur arriver à l'avenir – vols, accidents de voiture ou côtes cassées. Ensuite, nous leur demandons s'ils estiment que ces événements sont susceptibles de leur arriver (par exemple: quelle probabilité avez-vous d'être victime d'un vol?). Nous montrons alors des informations statistiques concernant ces événements dans leur population (par exemple, nous les informons que la probabilité d'être victimes d'un vol à Londres est de 30 %). Grâce à ces données, nous pouvons ensuite calculer l'influence des informations sur les opinions des gens. Nous découvrons alors que sous la menace, les gens sont beaucoup plus enclins à accepter les informations négatives (comme apprendre que la probabilité de se faire voler est plus élevée qu'ils ne le pensent) que lorsqu'ils sont détendus [113].

Plus ils sont stressés, plus ils ont tendance à modifier leur point de vue en réaction à de mauvaises nouvelles inattendues (le stress n'affectant pas la capacité des bonnes nouvelles à modifier leurs croyances).

Sous la menace, nous absorbons automatiquement les informations liées au danger. C'est ce qui m'est arrivé à moi en observant un homme courir dans Manhattan trois jours après le 11 septembre, et aux élèves stressées d'Arraba. La même chose est arrivée aux étudiants de notre étude lorsqu'ils ont reçu des informations perturbantes juste avant de devoir parler en public.

Les volontaires de notre laboratoire ne sont pas les seuls à avoir réagi de cette façon à notre expérience. Nous avons quitté Londres pour nous rendre dans des casernes de pompiers dans l'État du Colorado. La journée d'un pompier n'est jamais la même. Parfois, tout est calme, et les pompiers restent généralement dans la caserne. D'autres fois, au contraire, ils doivent se rendre à de nombreuses reprises sur les lieux d'incidents qui mettent leur vie en danger. Pour nous, cette alternance de calme et de stress offrait un cadre idéal pour une expérience. Nous supposions que lors des journées sans incidents, les pompiers seraient détendus et, par conséquent, réceptifs aux « bonnes nouvelles ». Au contraire, les jours où ils devaient affronter des menaces constantes, ils seraient anxieux et davantage influencés par les « mauvaises nouvelles ».

C'est exactement ce qui s'est passé : plus les pompiers étaient stressés pendant leur service, plus ils étaient influencés par les mauvaises nouvelles inattendues que nous leur fournissions. Ces informations (la probabilité d'un vol ou d'une fraude à la carte bancaire) n'avaient absolument rien à voir avec leurs activités de pompiers. Pourtant, lorsqu'ils étaient stressés, n'importe quel genre de nouvelle alarmante produisait un impact important.

Ce mécanisme présente sans doute des avantages. Si vous êtes une antilope et que votre habitat est peuplé de lions affamés, vous devez être attentif à toute trace de proximité d'un prédateur. C'est la même chose si vous vivez dans un quartier violent: la perception accrue de *n'importe quel* signal négatif peut vous sauver la vie. Le problème, c'est que c'est instinct peut aussi nous amener à surréagir. Par exemple, les gens peuvent contracter une solide assurance contre les tremblements de terre après un séisme en Californie alors qu'ils habitent en Iowa. Prenons un autre exemple, celui des attentats du 13 novembre 2015 à Paris: les nouvelles de ces attaques se sont répandues comme une traînée de poudre dans le monde entier. Partout, les gens craignaient pour leur sécurité et la panique s'est répandue[114]. Les gens sont devenus hypervigilants vis-à-vis de toutes les informations négatives annoncées dans les médias, ce qui les a poussés à surestimer les dangers qu'ils couraient. Ils ont donc décidé de «jouer la prudence» pendant quelque temps – rester chez eux plutôt que de sortir et éviter les grandes villes.

De la même manière, les marchés financiers surréagissent devant les baisses: quand le marché montre les premiers signes d'un éventuel affaiblissement, les gens paniquent. On accorde davantage de poids à toute information indiquant la moindre possibilité de baisse qu'auparavant. Les actionnaires se retirent alors du marché et la situation empire, augmentant le stress des investisseurs et accroissant la panique, laquelle accroît l'attention envers les mauvaises nouvelles, et ainsi de suite. Quand nous sommes stressés, nous nous focalisons sur la détection du danger, sur ce qui peut mal tourner. Ceci déclenche des attitudes excessivement pessimistes qui, à leur tour, peuvent nous pousser à devenir exagérément conservateurs.

Jouer la prudence

Il existe un environnement spécifique où l'on peut observer de près les réactions de personnes en situation de stress : les terrains de jeu. Les sports de compétition nous offrent une occasion parfaite d'analyser le comportement des individus sous la menace. Quand les joueurs sont intimidés par leurs adversaires, comment réagissent-ils ?

Faisons encore un bond dans le temps et l'espace. Année : 2007. Lieu : Berkeley, en Californie. Sujet : Jeff Tedford, l'entraîneur de l'équipe des Golden Bears de l'université de Californie. Les Bears enchaînent les victoires. Ils ont gagné cinq matches consécutifs au début de la saison universitaire de football. Lorsqu'ils se retrouvent face à l'État de l'Oregon lors d'un match retour à Berkeley le 13 octobre, ils sont passés de quinzièmes au début de la saison à deuxièmes au niveau national. C'est leur meilleur classement depuis 1951 et 64 000 supporters sont là pour les encourager. Les joueurs sont euphoriques : s'ils remportent la victoire aujourd'hui, ils seront en tête du palmarès, chose qui ne leur est pas arrivée depuis un demi-siècle.

Mais leur chance est sur le point de tourner. Deux semaines plus tôt, lors d'un match contre les Oregon Ducks, le quarterback Nate Longshore s'est blessé à la cheville. À présent, quelques minutes avant le coup d'envoi, l'entraîneur Jeff Tedford décide que Longshore n'est pas en état de jouer. Kevin Riley, un novice, va le remplacer. Commence alors le lent déclin des Bears.

Le match est serré. Tout se joue dans la dernière action : à quatorze secondes du coup de sifflet final et après le troisième essai, Kevin Riley se trouve face à un choix cornélien. Il a la balle : soit il peut jouer le temps supplémentaire en tentant un *field goal*, soit il peut foncer vers la zone de but. Il a une fraction de seconde pour choisir. « Je savais qu'il restait quatorze secondes avant la fin du match. J'ai vu une ouverture, et j'ai cru que je pouvais contourner ce type. Je me servais juste de mon instinct de joueur. J'étais au milieu du jeu[115]. »

Il n'est pas arrivé jusqu'à la zone de but, et les Bears ont perdu ce match décisif. L'entraîneur en a jeté son porte-bloc par terre. À partir de là, la saison des Bears a opéré un virage à 180 degrés. « Quelque chose a changé ce soir-là. C'est presque comme si quelque chose s'était cassé », a observé un commentateur[116]. La pression s'est rapidement accumulée sur les épaules de l'entraîneur et de son équipe. Les Bears ont perdu cinq des six matches suivants et, à chaque défaite, le stress montait. Ils sont passés de la deuxième place à la neuvième, puis à la vingtième, avant de carrément sortir du classement à la fin de la saison. Tedford « ne confierait plus jamais une telle responsabilité à un jeune joueur inexpérimenté », il « sentait qu'après cela, il devait se montrer extrêmement conservateur », avance un supporter[117].

L'entraîneur Tedford a continué d'appliquer une stratégie conservatrice et prévisible, et « les Bears n'ont plus jamais gagné un match en tant qu'outsiders[118] ». Comme l'explique un autre supporter, « Tedford perd rarement des matches de plus de deux essais. Pourtant, ça ne nous [les Bears] facilitait pas la tâche pour battre l'USC [l'équipe de l'université de Caroline du Sud], parce que nous nous retenions de commettre trop de fautes pour pouvoir gagner le match à la toute fin. On était fiers de nos défaites serrées face à l'USC[119] ».

Une fois que les Bears ont commencé à perdre, Tedford a dû se sentir intimidé, et il s'est mis à jouer la prudence. Ce n'est pas une exception. En analysant plus de mille matches de football entre 2002 et 2006, Brian Burke, le fondateur d'Advanced NFL Stats, un site sur le football et la théorie du jeu, a découvert que les équipes d'outsiders, comme celle de Tedford, étaient moins susceptibles de varier leur jeu. Quand elles commencent à perdre, elles minimisent les risques. Burke a avancé que les entraîneurs « essayaient de rester dans le jeu aussi longtemps que possible. Les entraîneurs d'équipes d'outsiders évitent les risques pendant tout le jeu en espérant qu'il va se produire un miracle. Ils semblent vouloir réduire les chances de se faire écraser[120] ». Chris Brown, l'auteur de *The Art of Football*, rejoint cet avis : « Presque chaque semaine de la saison, je vois des équipes affronter Southern Cal, LSU ou Ohio State [de grandes équipes universitaires] sans aucune chance de gagner parce qu'elles veulent garder un score serré et l'emporter dans le dernier quart-temps[121]. »

Brown comme Burke pensent tous les deux que jouer la prudence est souvent une mauvaise stratégie pour les outsiders. Certes, une approche conservatrice implique que ces outsiders risquent moins de se faire écraser, mais aussi qu'ils sont moins susceptibles de gagner. Le jeu sera prévisible, avec des stratégies et des scores prévisibles. Aussi, si vous êtes l'outsider et que vous jouez la prudence, il est probable que vous perdrez. Cependant, dans les matches à risques, les résultats sont extrêmement variables ; le nombre de scénarios possibles augmente et implique davantage d'éventualités – y compris celle que la prise de risque soit payante.

Selon les termes de Brown, les équipes d'outsiders « ont peu de chances de gagner au mérite, alors elles doivent accroître leurs chances de faire un gros coup : prendre des risques en espérant que la chance tournera en leur faveur. Peut-être que ça ne marchera pas. Peut-être qu'elles vont se faire écraser. Mais ne pas prendre de risques est une excellente façon d'avoir peu de chances de gagner ».

Brown et Burke ont essayé de comprendre pourquoi les outsiders ne prennent pas de risques alors qu'ils le devraient. Peut-être qu'une « quasi-victoire » est meilleure pour le moral de l'équipe qu'une prise de risque ? Peut-être que l'entraîneur essaie de sauver sa réputation en évitant les défaites écrasantes ?

Peut-être. Mais je soupçonne qu'il existe une autre raison. Pour prendre un risque, il faut envisager l'éventualité que cette stratégie soit payante, être capable de croire la victoire possible. En décidant de votre prochaine action, vous devez analyser les informations dont vous disposez et ce qu'elles vous révèlent sur les différents scénarios possibles. Cependant, une fois qu'on se sent menacé, on se concentre davantage sur les aspects négatifs et on envisage plus facilement que les choses puissent mal tourner. En conséquence, on décide de limiter les risques, même lorsque prendre un risque s'avère la meilleure stratégie. L'entraîneur Tedford était humain : il réagissait au stress de la défaite.

Quand notre vie est en danger, éviter le risque peut effectivement être la meilleure approche. Cependant, nous recourons également à cet instinct dans des situations où il y aurait mieux à faire. La bonne nouvelle, c'est que nous pouvons surmonter cet instinct de prudence quand nous sommes stressés. Comment ? Faisons encore un bond dans l'espace et le temps, et entrons dans le corps de Michael Chang.

Comment un outsider a vaincu l'intimidation

Lundi 5 juin 1989. Sur les courts de tennis de Roland-Garros, un Américain d'origine asiatique de 17 ans se prépare à servir. Son nom est Michael Chang, et il est tête de série numéro 15 dans l'Open de France. De l'autre côté du court se trouve le joueur tchèque Ivan Lendl. Ivan a douze ans de plus que Michael, il est donc beaucoup plus expérimenté. Avec son mètre quatre-vingt-huit, il est également bien plus grand que le frêle Chang, qui ne mesure qu'un mètre soixante-quinze. Et surtout, Lendl est classé premier joueur mondial : cette année-là, il a remporté l'Open d'Australie et de nombreux autres tournois.

« Chang ne jouait pas dans sa catégorie », déclare Bud Collins, qui couvrait l'événement pour le *Boston Globe* et NBC[122]. C'était tout simplement un outsider.

Ce n'est pas la première fois que Chang et Lendl croisent le fer. Un an plus tôt, ils se sont affrontés à Des Moines, dans l'Iowa, et Lendl a battu Chang sans effort.

«Tu veux savoir pourquoi je t'ai battu, aujourd'hui? a demandé Lendl ce jour-là. En vérité, tu n'as rien pour me faire mal. Tu n'as pas de service, et ton second service est plutôt faible. Alors, chaque fois que je jouerai contre toi, je pourrai faire ce que je veux, comme je veux, et je te battrai à plate couture, comme aujourd'hui.»

Chang semble avoir pris ces paroles à cœur, et il a passé l'année suivante à travailler son service, frappant la balle plus fort et améliorant ses trajectoires[123]. Ses efforts ont commencé à payer. Certes, Lendl lui prend facilement les deux premiers sets sur le court français, mais Chang parvient à emporter les deux suivants. Pourtant, le jeune homme accuse le coup. Après avoir fourni de violents efforts pendant trois heures, il est affaibli et déshydraté. Il tente de compenser en remplissant son corps svelte d'eau et de bananes et en choisissant des déplacements économes en énergie.

«Vers la fin du quatrième set, j'ai commencé à avoir des crampes chaque fois que je devais courir vite. Alors j'ai décidé de faire beaucoup de balles hautes et des points aussi courts que possible», raconte Chang[124].

Mais son corps le trahit. Un simple pas en avant lui semble aussi pénible que l'ascension de l'Himalaya, et bouger le bras pour frapper la balle, aussi difficile que soulever un train. Il décide d'en finir: «Je ne pouvais pas servir, je ne pouvais pas rattraper les balles de fond, et je suis allé sur la ligne de service pour dire à l'arbitre que je ne pouvais plus jouer, que j'étais fini[125].» La réaction instinctive de Chang est de rentrer chez lui, de se retirer dans sa zone de confort. Et puis il réfléchit.

Quelques secondes avant d'arriver devant l'arbitre, il change d'avis: «J'ai compris que si je baissais les bras ici et maintenant, chaque fois que j'aurais des difficultés sur le court, il me serait d'autant plus facile de renoncer. Et à partir de là, ce n'était plus seulement une question de victoire et de défaite : mon objectif du jour, c'était de finir ce match. Que je gagne ou que je perde, il fallait que je finisse[126]. » Il retourne donc achever le cinquième et dernier set, qui va décider de l'issue du match.

Vous devinez sans doute la suite. Cependant, ce n'est pas l'histoire de David contre Goliath qui me pousse à vous raconter tout cela. Que Chang ait gagné ou perdu, les décisions qu'il a prises alors font de lui une anomalie.

Perdant 15-30 et au bord de l'épuisement, Chang décide de prendre des risques. Ses actions suivantes ont de fortes chances d'échouer et peuvent lui coûter cher – s'il perd, il passera pour un imbécile inexpérimenté. Mais s'il gagne, la récompense sera fabuleuse : ce sera un triomphe pour cet adolescent de la seconde génération né à Hoboken.

Chang choisit une tactique inhabituelle : « Sur un coup de tête, je me dis que je vais servir à la cuillère, parce que mon premier service ne marche pas. On va voir si je peux grappiller un point[127]. » Au lieu de tenter un service rapide et fort, il frappe donc la balle comme un enfant.

Et ça marche. Ce service à la cuillère surprend Lendl, ramenant le score à 30A. Encouragé, Chang décide de pousser sa chance : « J'avais deux balles de match, explique-t-il, alors autant y aller[128]. » Chang avance lentement vers la ligne de service, tentant de distraire Lendl par cette action inhabituelle. La foule réagit par des rires et des sifflets. Lendl, désorienté, commet une double faute. Chang remporte le jeu et, pour finir, le trophée de Roland-Garros. C'est le premier Américain à gagner un tournoi du Grand Chelem en simple depuis cinq ans[129].

Comme nous l'avons vu plus haut, quand les gens sont intimidés, ils ont tendance à éviter les risques et à adopter une stratégie conservatrice – au contraire de Michael Chang. Mais alors, qu'est-ce qui a poussé Chang à dépasser le comportement typique de l'outsider ?

Quand on lui a demandé ce qui l'avait motivé à prendre des risques, Chang a attribué son regain de force mentale aux événements de la place Tian'anmen. Le 4 juin 1989, des milliers de manifestants pacifiques ont perdu la vie en essayant d'arrêter l'avance des militaires chinois. Chang a regardé cette scène à la télévision la veille de son match contre Lendl. Cette tragédie aurait pu le démotiver et accroître son anxiété. Pourtant,

Figure 9. État. Attention à l'influence des autres sur votre état émotionnel. *Être stressé ou intimidé modifie notre façon de traiter l'information et de prendre des décisions. Par conséquent, nous avons tendance à «jouer la prudence» alors même que la prise de risque est la meilleure stratégie. Par exemple, quand une équipe sportive joue en outsider, elle va se comporter de façon exagérément conservatrice alors qu'en fait, elle obtiendrait de meilleurs résultats en prenant des risques. Prendre conscience de cette influence automatique des autres sur nos décisions peut nous permettre de la surmonter si nécessaire en envisageant la situation sous un autre angle. Par exemple, lorsque Chang a affronté Lendl, plus fort et plus expérimenté, il a décidé de considérer ce match comme une occasion de marquer l'histoire du tennis.*

c'est l'inverse qui s'est produit. Au lieu de lui miner le moral, les événements de la place Tian'anmen ont poussé Chang à considérer ce match non comme une cause perdue d'avance mais, selon ses propres termes, comme «une opportunité de faire naître un sourire sur le visage des Chinois du monde entier alors qu'ils n'avaient plus de quoi sourire[130].» Chang recadrait activement la situation dans sa tête, se concentrant sur l'opportunité, même sous la menace. Il a gardé cette pensée sur le court, et la suite appartient à l'histoire.

Les humains – au contraire, sans doute, de tous les autres animaux – ont la capacité de diriger consciemment leur intention intérieure vers différents aspects de la situation et de surmonter leurs réflexes. Prenons par exemple cette étude ou l'on a montré aux volontaires un film d'horreur qui les effrayait. Bien entendu, quand on leur a demandé, juste après, de prendre des décisions à caractère financier, ils avaient tendance à éviter les risques, même si les enjeux étaient en leur faveur[131]. Mais ce n'est pas tout: quand on a demandé aux volontaires de réévaluer le film, d'y penser sous un autre angle afin de calmer leur peur – peut-être en se rappelant que ce n'était qu'un film –, ils étaient davantage prêts à prendre des risques. En d'autres termes, nous pouvons modifier notre état émotionnel de façon consciente pour surmonter les schémas instinctifs. Comment cela se produit-il dans le cerveau? Pour le comprendre, nous allons faire un dernier bond – cette fois, dans l'esprit de Laurie, une étudiante à l'Institut de technologie de Californie (Caltech).

Dompter l'amygdale

L'Institut de technologie de Pasadena, en Californie, attire certains des esprits les plus brillants du monde: trente-quatre de ses élèves ont reçu le prix Nobel, et beaucoup d'entre eux ont fondé de grosses entreprises. Cependant, cet environnement compétitif peut également faire peser un stress considérable sur les jeunes élèves. Comment une telle pression affecte-t-elle les résultats scolaires des étudiants ? Et qu'est-ce qui fait qu'un élève va succomber au stress, et qu'un autre va le surmonter ?

Pour répondre à cette question, une équipe de scientifiques a invité des étudiants de Caltech en groupes de cinq dans ses laboratoires [132]. Albert, Robert, Marie, Laurie et William se sont ainsi soumis à un test de QI. Ces examens ont été notés et analysés. Tous les cinq ont obtenu d'excellents résultats, avec une moyenne de 126 (à titre de comparaison, le QI moyen de la population est de 100).

Quelques semaines plus tard, les étudiants sont venus repasser le test, à une différence près : cette fois, pendant l'examen, on leur montrait leur classement actuel dans le groupe. Au début, tous leurs scores ont chuté. La peur de l'humiliation sociale et le stress de la compétition interféraient avec leur capacité à penser clairement. Pourtant, à mesure que le test avançait, Albert et Laurie sont parvenus à évacuer leur anxiété pour se concentrer sur leur tâche. De fait, ils se sont motivés à faire mieux que les autres et, pour finir, leur score a augmenté. En revanche, les autres étudiants n'ont pas été capables de surmonter leur angoisse et ont obtenu des scores plus faibles qu'auparavant.

Pendant les tests, le cerveau des étudiants était scanné et, afin de comprendre pourquoi Albert et Laurie réagissaient différemment des autres volontaires, les scientifiques ont étudié leurs images. Elles montraient une activité accrue de deux structures cérébrales : l'amygdale et les lobes frontaux. Comme nous l'avons vu au cours des chapitres précédents, l'amygdale est une structure cérébrale profonde essentielle dans le traitement des émotions comme la peur, mais aussi des signaux sociaux. Quant aux lobes frontaux, ils jouent un rôle majeur dans la planification, les activités cognitives supérieures et le contrôle des émotions [133]. Au début, tous les étudiants montraient une activité élevée de l'amygdale. Mais chez Laurie et Albert, cette activité a rapidement baissé alors que celle de leurs lobes frontaux augmentait. Apparemment, ils sont parvenus de façon cognitive à apprivoiser leur peur et à se concentrer sur leur tâche. En revanche, chez les autres étudiants, l'activité de l'amygdale est demeurée élevée. Il semble que, comme Chang, Laurie et Albert ont été capables de surmonter l'intimidation sociale et de se reconcentrer. Les autres sont restés intimidés, et leur performance s'en est ressentie.

Soleil et jeux d'argent

Je soupçonne que beaucoup de ces étudiants n'étaient pas conscients que la peur affectait leurs résultats. En général, nous ne réalisons pas à quel point nos réactions émotionnelles modifient notre esprit : cela se passe en dehors de notre conscience. Pourtant, l'influence cachée de notre état émotionnel est profonde – ce ne sont pas seulement les états émotionnels négatifs comme le stress qui changent notre pensée et nos décisions : les états positifs peuvent également affecter nos choix.

On en trouve une démonstration frappante dans une étude dédiée à la vente de billets de loterie. La probabilité de gagner le gros lot est ridiculement faible. Alors, qu'est-ce qui pousse une personne à sortir pour acheter un billet ? L'un des facteurs déterminants semble être l'humeur. En analysant les ventes de billets de loterie à New York, Ross Otto et ses collègues de l'université de New York ont repéré un schéma singulier[134]. Quand des événements positifs inattendus se produisent, les gens achètent davantage de billets de loterie. Une équipe locale remporte un match contre toute attente ? Les ventes augmentent. Le soleil se met à briller par une journée d'hiver ? Les ventes montent*.

---

* Les auteurs de l'étude affirment que cela ne peut être attribué uniquement au fait que les gens ont tendance à sortir davantage par beau temps ; en effet, une journée ensoleillée en juin ne produit pas le même effet. On

Cette étude est corrélationnelle – elle montre une relation entre des variables, mais nous ignorons si un facteur en déclenche un autre. Quoi qu'il en soit, une des théories avancées est la suivante : un événement inattendu, comme une belle journée ensoleillée au beau milieu de l'hiver, rend les gens heureux. Quand on est gai et détendu, notre esprit est plus susceptible de se concentrer sur l'aspect positif des choses. On peut alors surestimer sa chance et se montrer plus enclin à prendre des risques.

*

Hystérie collective à New York et Arraba, entraîneur jouant la prudence sous la menace, pompiers réceptifs aux informations négatives – autant d'exemples qui soulignent le fait que l'influence n'est pas seulement liée au message ou au messager : l'état mental du destinataire en est une composante essentielle. Les états émotionnels d'une personne peuvent modifier radicalement ses réflexions, ses décisions et ses interactions. Votre amie Tina peut être convaincue par vos arguments si elle est anxieuse ce jour-là, mais rester de glace si elle est détendue. En fonction de leur état émotionnel, les individus sont réceptifs à divers signaux. Ce principe doit être retenu. Il explique par exemple pourquoi les campagnes basées sur la peur peuvent être inutiles dans certains contextes et efficaces dans d'autres. Si vous essayez de donner un conseil – à un parieur en veine, à un patient auquel on vient de communiquer un diagnostic pessimiste ou à un client en plein divorce –, vous devez jouer les « Sam Beckett » : sautez de votre réalité propre jusque dans celle de votre interlocuteur pour évaluer son état émotionnel. Celui-ci affecte la façon dont votre vis-à-vis va réagir à ce que vous voulez lui dire. Il faut une concordance entre les opinions que vous proposez et l'état de l'individu qui vous fait face.

---

estime donc qu'une journée ensoleillée fortuite nous rend plus heureux que lorsqu'elle est attendue.

Une même personne peut ignorer vos recommandations à un moment donné mais les prendre en compte un autre jour, tout simplement parce que son équipe de foot préférée a perdu ce jour-là ou que le soleil brille par une journée d'hiver.

7.1

Déjouer les pièges de l'apprentissage social

Pourquoi les bébés aiment-ils les IPhone ?

Par une belle journée d'avril, je me suis retrouvée dans la salle d'accouchement d'un hôpital londonien, à alterner cris de douleur et quête paisible de prénoms pour le bébé. Scarlett? Dotty? Isabella? Entre deux contractions atrocement douloureuses, mon mari et moi disposions de trois minutes de relative lucidité pour nous occuper d'une tâche essentielle: baptiser notre future fille. Zoe, c'était mignon, mais serait-ce adapté si notre fille devenait P.D.G. ? Theodora avait de la classe, mais ça sonnait trop sérieux. Nous tenions à ce que notre bébé ne fasse pas son entrée dans ce monde sans avoir de prénom. Ce n'est pas que nous étions des procrastineurs invétérés qui attendaient la dernière minute pour accomplir ce devoir crucial, non: depuis quelques mois, nous avions passé des heures chaque soir à débattre de ce sujet. Nous voulions un prénom qui ait du sens, qui soit sophistiqué, facile à épeler et à prononcer, qui ne nous évoque que des personnes parfaites, qui soit unique mais pas bizarre, et qui aille aussi bien à une star du rock qu'à une présidente (on ne sait jamais).

Anxieux et naïfs, comme le sont souvent les jeunes parents, nous voulions donner à notre fille un départ fabuleux dans la vie. Dans notre esprit, l'enjeu était vital. Ce prénom serait la partie première de son identité, il incarnerait nos attentes de ce que cette petite personne allait devenir. En tant que scientifiques comportementalistes, nous savions parfaitement combien les attentes peuvent se réaliser d'elles-mêmes*. Nous pensions qu'en résumant nos attentes dans un prénom, cela affecterait l'image que notre fille aurait d'elle-même et celle sous laquelle les autres la percevraient. Les recherches montrent que les filles dotées d'un prénom féminin, comme Elizabeth, sont plus susceptibles de faire des études de lettres, alors que celles qui possèdent un prénom aux consonances masculines, comme Sacha, choisissent plus facilement d'étudier les mathématiques ; les garçons qui portent un prénom « efféminé », comme Morgan, auront tendance à avoir des problèmes comportementaux, et les enfants dotés des prénoms que donnent traditionnellement les parents défavorisés sont traités différemment de ceux baptisés de prénoms « huppés » comme Maximilien. Et, au cas où ça ne suffirait pas, un sondage réalisé auprès de trois mille parents et publié en 2010 a révélé qu'un parent sur cinq finissait par regretter le prénom donné à son enfant[135]. Dans quelle mesure les prénoms affectent-ils vraiment la vie des gens ? Nous n'en étions pas sûrs, mais nous avons décidé de ne pas prendre de risques.

Au départ, aucune de ces considérations ne nous avait affectés. Nous pensions que baptiser notre bébé serait un jeu d'enfant. Peu après avoir appris que nous attendions une fille, nous nous sommes mis d'accord sur Sophia – les consonances nous plaisaient. Ce prénom possède un charmant côté désuet,

---

* Les sciences sur les relations entre le prénom et la qualité de vie sont partagées. Dans leur merveilleux ouvrage *Freakonomics*, Steven D. Levitt et Stephen J. Dubner présentent des données suggérant qu'un prénom reflète uniquement les attentes des parents et n'a aucune influence (directe ou indirecte) sur la vie du bébé. Néanmoins, nous avons décidé de jouer la prudence et de choisir ce que Levitt et Dubner appellent « un prénom gagnant ».

et il signifie « sagesse ». Parfait. Notre future petite Sophia nous comblait de bonheur. Du moins, jusqu'à ce que mon mari décide de consulter la liste des cent prénoms les plus populaires donnés aux bébés. À notre grand désarroi, Sophia figurait en haut de cette liste. Apparemment, le reste du monde avait exactement le même avis concernant notre prénom merveilleusement sophistiqué.

Nous étions éberlués. Jusqu'alors, nous étions persuadés d'avoir des goûts uniques, une façon de penser bien à nous et une perception originale du monde qui nous entourait. Un bref coup d'œil à la liste a mis fin à ces convictions. Non seulement nous nous apprêtions à donner à notre fille le prénom le plus commun selon les statistiques de 2013 de l'administration américaine de la Sécurité sociale, mais tous les autres noms que nous avions retenus figuraient dans le *top ten* aux États-Unis *et* au Royaume-Uni. Olivia ? Il y était. Mia ? Pareil. Nous étions comme tout le monde, qui l'aurait imaginé ? Nous étions inconscients que des milliards d'autres personnes dans le monde partageaient nos goûts et que notre fort sentiment d'individualité n'était sans doute qu'une illusion.

Pourquoi des personnes apparemment très diverses ont-elles des goûts similaires ? Objectivement, Sophia n'est pas mieux que les milliers d'autres prénoms du monde. Et il ne s'agit pas non plus de prendre une décision consciente pour suivre une mode. Alors, pourquoi autant de personnes prennent-elles la même décision au même moment ?

L'apprentissage social commence tôt

Après vingt heures passées dans la salle d'accouchement à crier, transpirer et jurer, j'étais plus intéressée par les antalgiques que par le prénom de ma fille. J'ai donc laissé à mon mari le soin de la baptiser. Dans notre liste de finalistes, il a choisi

Livia (la fougueuse épouse de l'empereur romain Auguste). Ainsi, la courageuse petite Livia est née et, rapidement, elle est passée des pleurs aux sourires, puis elle a appris à s'asseoir et à ramper. Quelques mois avant son premier anniversaire, mon ami Nick est venu nous rendre visite. Avec enthousiasme, il m'a parlé de la cérémonie *doljanchi* à laquelle il avait assisté la semaine précédente. Le *doljanchi* est une tradition coréenne durant laquelle on fête le premier anniversaire d'un enfant. Le meilleur moment du *doljanchi*, affirmait Nick, c'est le rituel de divination. Le bébé est placé devant un assortiment d'objets, et on l'encourage à en choisir un. On pense que ce choix prédit l'avenir du bébé : s'il prend une banane, il n'aura jamais faim ; s'il s'empare d'un livre, il est destiné à faire de grandes études ; s'il choisit une pièce d'argent, il deviendra riche ; s'il saisit un pinceau, ce sera un artiste.

J'étais intriguée. Le soir même, j'ai posé Livia devant un ensemble d'objets : un stéthoscope (deviendrait-elle médecin ?), un chien en peluche (vétérinaire ?), une plante (activiste chez Greenpeace ?), une part de gâteau (chef ?) et une maquette colorée de cerveau (neuroscientifique ?). Prenant tout son temps, Livia a soigneusement examiné chaque objet – avant de fondre sur l'iPhone que j'avais laissé par hasard sur le coin de la table.

Cela n'aurait pas dû me surprendre. Ma petite fille était obsédée par cet appareil. Elle avait l'habitude de rouler sur elle-même d'un bout de la pièce à l'autre pour mettre la main dessus. Cette manœuvre complexe aurait certainement eu du sens si elle avait ensuite consulté ses mails ou mis son statut Facebook à jour. Mais ce n'était pas son intention. Quand elle parvenait enfin à attraper le téléphone, elle le mettait aussitôt dans sa bouche en essayant de le mâcher. Certes, dévorer l'iPhone lui était impossible, mais cela ne la décourageait pas pour autant. Chaque fois que le téléphone était en vue, elle essayait de l'attraper, même s'il y avait des aliments à portée de main. Ce n'étaient pas les bruits ou les lumières qui l'intriguaient : elle possédait des jouets musicaux colorés pour lesquels son attirance était bien moindre. L'iPhone était l'objet qu'elle convoitait parce que, depuis sa naissance, elle avait vu ses parents le manipuler constamment avec intérêt. Bien qu'elle n'ait que quelques mois et ne sache pas encore prononcer un mot, elle était capable de deviner que ces rectangles de métal étaient sans doute extrêmement précieux.

Le penchant de la petite Livia pour les iPhones nous apprend quelque chose d'important sur le fonctionnement de notre cerveau : nous sommes nés avec une prédisposition à apprendre de notre entourage. Cette tendance est instinctive, il s'agit d'un réflexe – une impulsion à l'apprentissage social.

Le cerveau humain est bâti pour acquérir de la connaissance dans un contexte social. Nous apprenons presque tout – de la valeur d'un objet à la façon de peler une orange – en observant le comportement des autres. Nous imitons, assimilons et adoptons, souvent sans en être conscients. L'avantage de ce schéma, c'est que notre apprentissage n'est pas limité à nos expériences avec l'environnement : nous pouvons aussi extraire des informations et techniques de l'expérience des autres. Ainsi, nous pouvons apprendre rapidement plutôt que de nous cantonner à un lent processus de tâtonnement.

Nous apprenons en regardant les autres vivre – comme l'a fait ma fille en voyant ses parents utiliser leur téléphone – ou à travers un écran, comme celui des réseaux sociaux, du cinéma ou de la télévision. Par exemple, la récente popularité du prénom Mason aux États-Unis est due à Mason Disick, le fils des vedettes de télé-réalité Kourtney Kardashian et Scott Disick. Ce prénom avait déjà le vent en poupe mais, un an après la naissance de Disick, il est passé de la 34e à la 2e place dans le *top 100* et, en quatre ans, il n'est jamais descendu en dessous de la 4e place. Inutile de bien connaître les séries pour être affecté : comme l'expliquent magnifiquement James Fowler et Nicholas Christakis dans leur livre *Connected*, l'influence se propage d'une personne à l'autre. Certes, nous ne pouvons pas prouver la cause ni l'effet dans ce cas : Mason Disick n'a sans doute rien à voir avec la popularité de son prénom mais, en revanche, il la reflète peut-être (en d'autres termes, ses parents ont peut-être eux-mêmes été influencés par une tendance). Cependant, le fait que de nombreux prénoms populaires connaissent un essor juste après l'apparition dans les médias d'un personnage, réel ou fictif, portant ce même prénom, suggère que le lien de causalité existe (si vous vous posez la question, sachez que les experts en prénoms continuent de débattre sur la popularité de Sophia).

Pourtant, nous affirmons presque tous être moins influençables que le voisin. Ce qui est bien entendu statistiquement impossible. Nous ne pouvons pas *tous* être moins malléables que le citoyen moyen. Si nous nous considérons comme de modestes versions du Mahatma Gandhi, c'est que l'influence se manifeste souvent de façon très discrète. De fait, nous déclarons presque tous vouloir être différents. Nous n'aimons pas l'idée d'être le produit des préférences des autres. Notre désir conscient d'individualité, associé à notre aptitude inconsciente à l'apprentissage social, nous amène à converger sur les mêmes choix « distincts ».

Penser différemment ?

En juillet 1997, Craig Tanimoto, directeur artistique de l'agence TBWA\Chiat\Day, avait pour mission de monter une campagne publicitaire pour des ordinateurs de bureau. Son client, une entreprise de matériel informatique, disposait d'un bon produit, mais il avait du mal à le vendre. Certes, des créatifs achetaient cet ordinateur, mais le gros de la population préférait les ThinkPads d'IBM. Si elle voulait survivre, cette entreprise devait atteindre les masses[136]. Comment Craig allait-il inciter les gens à se détourner d'IBM pour acheter les produits de son client ?

Trois autres équipes de l'agence de Craig tentaient également de trouver des solutions innovantes. Après une semaine de brainstorming, tous se sont retrouvés pour présenter leurs propositions. Rob Siltanen, le directeur créatif de TBWA\Chiat\Day, se souvient de la salle de réunion ce jour-là : du sol au plafond, elle était couverte de dessins, photos et panneaux. La plupart des idées étaient banales et peu inspirantes. Mais la proposition de Craig se démarquait des autres. Il avait rassemblé des images en noir et blanc de personnes hors du commun : Thomas Edison, Albert Einstein et Gandhi. Au-dessus de chaque photo, il avait inséré les mots suivants : « Think Different » et le logo d'Apple, aux couleurs de l'arc-en-ciel. Simple, mais génial.

La campagne « Think different » devait connaître un énorme succès. Elle a remporté tous les prix et a fait exploser les ventes d'Apple. Tout le monde voulait penser « différent », comme Edison ou Einstein ; si, pour cela, il fallait acheter un Macintosh, alors qu'il en soit ainsi. Aujourd'hui, la moitié des foyers américains possède un produit Apple et, de façon ironique, c'est la campagne « Think different » qui a déclenché cette frénésie. Craig a puisé dans un désir humain classique : celui d'être unique, mais à la mode. Bien entendu, c'est paradoxal : tout en pensant que nous sommes différents, nous sommes prompts à adopter les points de vue et préférences de notre entourage : la musique que nous écoutons, le genre de personnes avec qui nous nous lions d'amitié, la technologie que nous utilisons et les prénoms que nous donnons à nos enfants – ce ne sont pas des décisions que nous prenons de manière indépendante.

Cette tendance est souvent prise pour une faiblesse : notre manque d'indépendance peut signifier que nous renonçons à nos propres objectifs pour adopter ceux des autres, ce qui n'est pas forcément bon pour nous. C'est une inquiétude légitime, et sur laquelle je reviendrai plus tard. Mais, si vous faites le raisonnement inverse, vous verrez que l'apprentissage social peut être une opportunité incroyable, un outil permettant d'affecter positivement votre entourage en façonnant tout simplement un comportement souhaité. Faites montre des bons choix, et vous accroîtrez la possibilité que les autres agissent de même. Mais si vous faites de mauvais choix, les autres risquent aussi de vous imiter.

Si quelqu'un commande du merlot, je m'en vais !

L'une des démonstrations les plus frappantes du pouvoir de l'apprentissage social reste l'expérience originale menée au début des années 1960 par Albert Bandura, psychologue à Stanford. Bandura a invité 72 enfants de la maternelle de Stanford à participer à cette étude[137]. L'un d'entre eux était le petit James. Quand James arrive au laboratoire, on le fait asseoir dans un coin d'une salle de jeux avec des autocollants et des tampons pour l'occuper. Dans l'autre coin se trouve Harold, un chercheur de l'équipe de Bandura. Harold joue tranquillement avec des jouets pendant quelques minutes. Et puis, sans crier gare, il se met à frapper sur une poupée posée près de lui en hurlant « Pow wow ! ».

James observe son manège pendant quelques instants avant d'être conduit dans une autre pièce remplie de jouets. Il commence gaiement à manipuler les camions et les briques qui s'y trouvent mais, un instant plus tard, on lui dit qu'il doit retourner dans la première pièce. Frustré, James se met à frapper la poupée à son retour dans la salle. « Pow wow ! » crie-t-il.

Eddie est un autre des jeunes participants à cette étude. Il connaît une expérience similaire à celle de James, à une exception près : quand Eddie est dans la même pièce qu'Harold, celui-ci ne manifeste pas de comportement agressif. Par conséquent, Eddie n'agit pas non plus violemment. Certes, Eddie est lui aussi frustré de devoir abandonner la salle remplie de jouets, mais il n'exprime pas cette frustration par de l'agressivité. James et

Eddie représentent les participants des deux groupes expérimentaux de l'étude de Bandura. Ceux qui sont témoins d'un comportement violent sont plus susceptibles de le reproduire ensuite. Ceux qui ne voient pas Harold frapper la poupée ne sont pas agressifs.

Nous sommes tous des Harold. Nous n'en sommes peut-être pas conscients, mais notre comportement est perçu par les autres, puis imité. C'est le cas dans presque toutes les situations, mais particulièrement dans celles où les autres sont très attentifs – élèves, enfants, collègues et amis. Nous fournissons aux autres des signaux de ce qui est normatif et désirable. Si les enfants, par exemple, observent constamment des adultes en train de manger des chips tout en jouant sur leur téléphone, il sera extrêmement difficile de les convaincre de lire un livre en mangeant une poire. Pourtant, si l'adulte choisit la poire au lieu des chips, son entourage sera enclin à l'imiter.

Prenons l'expérience que l'une de mes étudiantes, Caroline Charpentier, a menée avec moi[138]. Nous avons demandé à une centaine de volontaires de venir dans notre laboratoire après avoir jeûné toute la journée : pas de petit-déjeuner bien gras, pas de café, pas d'en-cas ni de déjeuner. Les étudiants sont arrivés affamés. À ce stade, nous leur avons demandé d'évaluer 80 aliments, des haricots blancs aux pommes, en passant par des pois au wasabi. Ensuite, ils ont effectué des choix multiples parmi ces aliments après avoir été informés que nous leur offririons leur sélection à la fin de l'étude. Juste avant qu'ils procèdent à leur choix, nous leur avons présenté la sélection des étudiants qui avaient participé aux recherches avant eux. À la fin de l'étude, nous leur avons demandé s'ils pensaient avoir été influencés par les choix effectués par leurs prédécesseurs.

Voici ce qu'a répondu un volontaire : « J'étais intéressé et parfois surpris de voir ce que les autres avaient choisi, mais mes préférences n'ont pas changé ! » Un autre affirme : « C'était leur choix, et il n'a pas influencé le mien. »

Comme la plupart de nos participants, ces deux-là avaient tort. En observant le comportement de la première volontaire, nous avons découvert que, dans 20 % des cas, elle choisissait un aliment qu'elle avait prétendu ne pas aimer du tout (par exemple, des tomates cerises) après avoir appris que les autres l'avaient retenu (le second participant faisait la même chose pour 10 % des cas). Cela signifie que, une fois sur cinq, cette jeune femme décidait de manger quelque chose dont elle avait dit ne pas vouloir, tout cela en raison de l'apprentissage social*. Quand les gens perçoivent les choix des autres, le cerveau attribue automatiquement une utilité accrue à ces options dans des zones connues pour signaler la valeur. Notre cerveau fonctionne selon le principe que ce qui est désiré par les autres est probablement précieux. Ensuite, quand vient le moment de faire un choix, nous récupérons inconsciemment ces signaux de valeur et les utilisons pour prendre une décision.

Un merveilleux exemple de ce processus nous est offert par un personnage de fiction qui a eu un impact énorme sur des ventes de vins[139]. En 2004, le monde a fait la connaissance de Miles, un amateur de vin effectuant une tournée des caves du comté de Santa Barbara, en Californie. Miles, le malheureux divorcé incarné par Paul Giamatti dans le film *Sideways*, faisait son dernier tour de piste en compagnie de son ami Jack, sur le point de se marier. Le film a fait exploser les ventes de vins de Santa Barbara. À l'exception d'un cépage : le merlot.

« Si quelqu'un commande du merlot, je me casse, pas question que je boive un p... de merlot ! » Avec cette seule réplique, Miles a fait chuter les ventes de merlot pendant plus de dix ans, un effet qui reste encore à inverser. À la place, Miles a choisi un pinot noir dont les ventes, depuis lors, battent tous les records.

* Nous opérions également un contrôle qui nous assurait que ces choix bizarres étaient bel et bien dus à l'apprentissage social et non à des évaluations de hasard ou à un manque d'attention du sujet.

Le simple fait d'observer une personne en train de faire un choix – qu'il s'agisse de prénommer son fils Mason ou de boire du pinot noir – nous amène à considérer ces options comme plus précieuses et plus susceptibles d'être adoptées par les autres. C'est vrai même si la personne qui procède au choix n'est que le produit de l'imagination d'un autre.

Une conclusion erronée

Le problème, avec l'apprentissage social, c'est que nous amenons parfois les autres à prendre des décisions qui ne sont pas forcément bonnes pour eux. Prenez Livia, par exemple : il aurait mieux valu qu'elle choisisse le gâteau, qu'elle pouvait mâcher, ou le chien en peluche, avec lequel elle pouvait jouer. Mais elle ne voulait pas des objets susceptibles de combler ses besoins : elle convoitait le seul objet qui remplissait *les miens* – mon téléphone. Je m'inquiétais du fait qu'elle confonde encore les deux dans vingt ans, au moment où elle devrait choisir un travail ou un partenaire amoureux.

La situation aurait pu être différente si Livia et moi avions vécu quelques milliers d'années plus tôt dans la forêt avec nos ancêtres chasseurs-cueilleurs. À l'époque, la nourriture était rare et extrêmement précieuse pour chacun ; les besoins d'une personne étaient donc davantage alignés sur ceux des autres : nourriture, chaleur, abri. Convoiter ce que les autres estimaient précieux s'avérait souvent la meilleure stratégie. Si on fait un bond dans le présent, la situation est un peu différente : dans notre monde débordant de cupcakes et d'entrecôtes, les besoins basiques de la plupart des habitants du monde occidental sont satisfaits. Les éléments que nous jugeons précieux aujourd'hui ne sont plus forcément cruciaux pour notre survie. Dans notre monde spécialisé et sur mesure, les objets que chérissent les uns ne sont pas nécessairement très utiles aux autres.

Suivre les choix d'une autre personne peut être sans danger ; pourtant, cela peut aussi être fatal. En voici un exemple frappant : chaque année, 10 % des dons de reins aux États-Unis sont inutilisés. Lorsqu'un don est refusé par un patient, que ce soit pour des raisons liées à sa pathologie ou à des convictions religieuses, le patient suivant sur la liste d'attente est informé que l'organe a été refusé auparavant, mais sans qu'on lui explique pourquoi. Ce patient suppose alors que l'organe est défectueux et laisse donc passer une opération qui pourrait lui sauver la vie – tout comme le patient suivant, et ainsi de suite. Remplacez « rein » par « immobilier », « partenaire amoureux », « actions en bourse » ou « projets professionnels », et il devient évident qu'à cause des choix effectués par d'autres avant eux, les gens laissent souvent filer des opportunités susceptibles de leur être bénéfiques [140].

Tout cela se vérifie en ligne comme dans la vie : prenez des sites web populaires : beaucoup d'entre eux affichent et quantifient l'opinion d'autres personnes de manière accessible. Pour notre cerveau féru d'apprentissages sociaux, c'est une véritable confiserie remplie de sucettes et de marshmallows sous forme d'évaluations et de commentaires. Par exemple, en parcourant les cent sites les plus visités des États-Unis, vous trouverez (au moment où j'écris) Facebook en 3e position, Amazon en 5e, Twitter en 10e et Pinterest à la 15e place. Si vous descendez un peu, vous tomberez sur Yelp, TripAdvisor et Reddit. Vous vous êtes sans doute rendu sur un de ces sites aujourd'hui. Moi, je l'ai fait. Tous ces sites nous aident à décider où aller en vacances, quels amis nous préférons, quel livre lire et quel médecin éviter. Il existe même des sites de rencontres où les femmes notent l'homme avec qui elles sont sorties la veille pour le bénéfice des autres inscrites. Les évaluations sont la nouvelle bible – un guide de la vie. La question est la suivante : à quel point s'agit-il d'un bon guide ?

Nous estimons que les critiques en ligne sont un reflet des opinions de nombreux utilisateurs indépendants et nous leur accordons un poids considérable. Mais il y a une chose dont nous ne tenons pas compte : quand nous évaluons un restaurant sur Yelp, un livre sur Amazon ou un hôtel sur TripAdvisor, nous ne sommes pas face à une page blanche. Au moment de l'évaluation, on nous a déjà présenté les appréciations existantes concernant tel restaurant, livre ou hôtel, et elles vont affecter la nôtre. Sean Taylor, qui a obtenu son doctorat à l'université

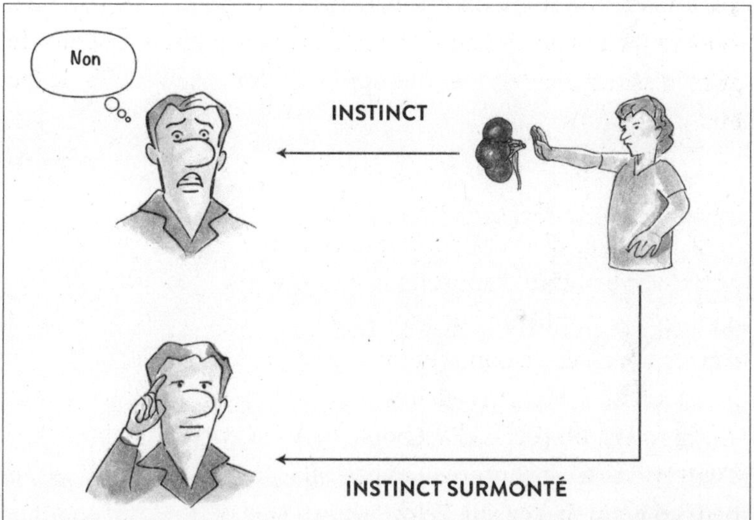

Figure 10. Les autres. Attention à l'apprentissage social (trop poussé). *Nous imitons instinctivement les choix des autres parce que nous estimons qu'ils disposent d'informations qui nous manquent. Pourtant, les décisions des autres peuvent provenir de considérations qui nous sont étrangères. Nous devons faire attention quand nous suivons les choix des autres car ils ne sont pas forcément bons pour nous. Par exemple, un don de rein sur dix est inutilisé aux États-Unis : après avoir été refusé par un patient, un organe est plus susceptible d'être refusé par les patients suivants, même s'il est compatible.*

de New York et travaille désormais pour Facebook, a étudié l'influence des évaluations et commentaires existants sur les appréciations suivantes[141]. Il a découvert que si on manipule les évaluations de sorte que la *première* critique soit élogieuse, la probabilité d'autres évaluations positives augmente de 32 %, et la critique finale de 25 % ! Ainsi, la différence entre un restaurant moyennement noté et un autre affecté de commentaires fabuleux peut parfois être attribuée à la première personne qui s'est connectée pour enregistrer son appréciation. La capacité d'une personne et d'un commentaire à en influencer tant d'autres est tout à fait remarquable.

Ces évaluations sont essentielles dans les décisions qu'une personne prend dans sa vie. Par exemple, il y a quelques semaines, j'aidais l'un de mes étudiants à choisir ses cours pour le premier trimestre. J'ai proposé un cours de psychologie susceptible de l'aider dans ses recherches. Mon étudiant s'est renseigné sur le professeur dispensant ce cours sur www.ratemyprofessors.com*. Après avoir appris que cet enseignant avait de mauvaises critiques, il a décidé de renoncer et de suivre à la place un cours d'anthropologie dispensé par un professeur qui avait reçu d'excellentes évaluations. Mon étudiant prenait là d'importantes décisions pour ses études, susceptibles d'avoir des conséquences à long terme et ce, en se basant sur des chiffres qui ne reflétaient pas forcément la réalité. Il n'a pas non plus pris en compte la possibilité que, si l'étudiant classique n'avait peut-être pas apprécié le cours, celui-ci aurait cependant pu correspondre à ses intérêts propres.

---

* C'est le plus important site d'évaluation des professeurs d'universités américaines, anglaises et canadiennes.

Au cœur du cerveau

Il y a quelques années, à l'Institut de sciences Weizmann en Israël, Micah Edeson, Yadin Dudai et moi-même avons décidé d'étudier ce qui se passe dans le cerveau quand nous découvrons les opinions et convictions des autres. Qu'est-ce qui change physiquement dans le cerveau, exactement ?

Imaginez que vous participez à cette étude. Un lundi matin, vous arrivez au laboratoire de Yadin, un bâtiment moderne au milieu d'un campus verdoyant à vingt minutes de voiture de Tel Aviv. Vous vous asseyez dans la salle d'attente où vous rencontrez Rosie, Danielle, Sue et Adam, qui participeront à l'étude avec vous. Micah, l'un des chercheurs, entre dans la pièce. Il demande à chacun de remplir un formulaire puis diffuse un documentaire. Le film dure environ 45 minutes ; il dépeint les difficultés des immigrants clandestins à Tel Aviv. Peu de gens le savent, mais de nombreux immigrés clandestins arrivent chaque année en Israël pour travailler chez les particuliers, dans la construction ou la restauration. La police a mis en place une unité spéciale pour les traquer, et le film retrace le récit dramatique des frictions entre agents de police et immigrés.

À la fin du film, vous vous asseyez devant un ordinateur et passez un test contenant 200 questions liées au film. De quelle couleur était la robe de la femme qui a été arrêtée (vous pensez que c'est rouge). Combien de policiers étaient présents à ce moment ? (sans doute deux). Et ainsi de suite. Adam, Rosie et les autres participants passent également ce test. Tout le monde s'en sort plutôt bien. Quelques jours plus tard, on vous invite à revenir au laboratoire. Cette fois, on va scanner votre cerveau pendant que vous repasserez ce test. Mais cette fois, pour chaque question, on vous montre les réponses d'Adam, Rosie, Sue et Danielle avant que vous donniez la vôtre. Sans que vous le sachiez, on vous soumet dans certains cas de fausses réponses – et elles sont volontairement erronées.

Et c'est reparti : de quelle couleur était la robe de la femme qui a été arrêtée ? Vous pensez que c'est rouge, mais Adam, Rosie, Danielle et Sue affirment tous qu'elle est blanche. Que faites-vous ? De manière stupéfiante, 70 % du temps, les volontaires se conforment aux mauvaises réponses données par les autres. Même s'ils savent qu'ils détiennent la vérité, leur confiance est ébranlée par le groupe.

Ce n'est pas tout. À la fin du test, nous révélons aux participants qu'en fait, certaines des réponses données par Sue, Danielle, Adam et Rosie étaient fausses. Nous demandons ensuite aux participants de repasser une nouvelle fois le test et de bien vouloir répondre aux questions en fonction de leurs souvenirs.

C'est là que ça devient vraiment intéressant. « La manipulation était tellement forte que la moitié des souvenirs de nos volontaires a changé à jamais – à présent, ils ont de faux souvenirs du film et ne peuvent que donner des réponses erronées[142]. » Quand on leur demande s'ils pensent être encore influencés par les fausses réponses que nous leur avons fournies précédemment, ils nient presque unanimement. Que s'est-il passé ?

La réponse à cette énigme réside dans une zone du cerveau évoquée dans les chapitres précédents : l'amygdale. La plupart des espèces possèdent une amygdale, des souris aux macaques : elle fait partie de notre « vieux » cerveau. L'amygdale est connue pour son rôle dans le traitement des émotions, comme la peur[143]. Mais ce que la plupart des gens ignorent, c'est que, quand on a analysé pour la première fois la fonction de l'amygdale, on pensait qu'elle n'était pas liée aux émotions mais au traitement social. À la fin des années 1930, deux scientifiques, Heinrich Klüver et Paul Bucy, ont rapporté que les singes présentant des lésions du lobe temporal médian (le siège de l'amygdale) se mettaient soudain à adopter des comportements sociaux inappropriés[144]. Nous savons que les singes ne sont pas les seuls à avoir besoin d'une amygdale intacte pour avoir une vie sociale normale. Les humains aussi, car la capacité à traiter les émotions est étroitement liée aux compétences sociales. Il s'avère que, si vous possédez une amygdale de grande taille, vous aurez tendance à avoir davantage d'amis et des réseaux sociaux diversifiés, et que vous serez sans doute plus apte à énoncer des jugements sociaux adaptés sur les individus[145].

Nous avons découvert dans notre étude que, lorsqu'un volontaire voit les réponses des autres aux questions du test, son amygdale s'active. Elle communique ensuite avec une zone voisine essentielle dans la création de souvenirs – l'hippocampe – et cette interaction provoque des changements dans la façon dont le sujet se rappelle le film[146].

Nous avons également découvert que ces modifications des souvenirs socialement induits pouvaient ensuite être corrigées par l'activité du lobe frontal[147]. Quand les volontaires de notre expérience ont appris, plus tard, que nous leur avions fourni de faux souvenirs d'autres sujets, ceux qui possédaient un lobe frontal très actif étaient capables de retrouver leur souvenir original du film. Mais cette correction ne fonctionnait pas toujours. Quand votre amygdale réagit fortement aux opinions des autres, elle déclenche une réaction biologique qui empêche le lobe frontal de corriger les fausses croyances.

Quand les sujets de notre étude acceptaient les faux souvenirs des autres, ils en venaient à croire, la moitié du temps, que ces souvenirs étaient justes. Ils ne le faisaient pas seulement pour sauver la face ou éviter le conflit: leur trace mnésique était physiquement modifiée. L'avantage de pouvoir observer l'activité cérébrale quand les gens sont influencés par d'autres, c'est que nous pouvons détecter le moment où le changement de croyance, de souvenir ou de préférence est susceptible d'être réel et celui où la personne juge simplement plus facile de suivre l'avis de la majorité même si, au fond d'elle-même, elle sait que les choses ne sont pas comme elle le dit.

Qui va sauter le premier ?

Quand vos opinions et décisions sont observées par les autres, elles ont du poids. Accepter un travail, rompre avec un partenaire amoureux, donner une bonne critique à un hôtel, refuser un don d'organe – tout ceci peut modifier les perceptions et décisions des autres. Cependant, il existe un autre facteur essentiel qui détermine si votre choix va influencer celui des autres : les conséquences visibles de ces décisions.

Prenez le cas des manchots Adélie, décrit par l'économiste Christophe Chamley[148]. Il s'agit de petits pingouins qui vivent en Antarctique. Avec leur corps noir et leur gros ventre blanc, on dirait des smokings qui se dandinent. On les trouve souvent qui se dirigent en groupe vers les rives en quête de nourriture. Ils adorent ces petites crevettes qu'on appelle le krill. Pourtant, le danger guette dans ces eaux glacées. Le léopard de mer, pour commencer, qui aime bien déguster du manchot en entrée. Le gros ventre blanc des manchots gargouille, mais celui du léopard aussi. Que va faire le manchot ?

Les manchots jouent la patience. Ils attendent, attendent, attendent encore au bord de l'eau – jusqu'à ce que l'un d'entre eux craque et plonge (ou qu'on le pousse). À cet instant précis, tous les autres manchots étirent le cou aussi loin que possible. Ils observent, impatients de voir ce qui va se passer. Si leur courageux compère survit, tout le monde va le suivre. S'il périt, ils vont s'éloigner. La destinée d'un manchot affecte celle de tous les autres. On pourrait désigner cette stratégie sous les termes « apprendre et vivre ».

Nous autres, grands animaux à deux pattes, faisons la même chose. Nous regardons nos téméraires comparses sauter et attendons de voir s'ils atterrissent indemnes avant de prendre le risque de faire nous-mêmes le grand saut. C'est vrai aussi bien au sens propre – les gens attendent que quelqu'un saute d'un plongeoir ou par-dessus une barrière avant de l'imiter – qu'au sens figuré – nous sommes plus enclins à créer une entreprise, écrire un livre, divorcer ou avoir un enfant si nous voyons quelqu'un d'autre faire la même chose et tirer ses marrons du feu. L'observation est une bonne stratégie, même s'il s'agit seulement de choisir un verre de vin. Observer les réactions des autres tandis qu'ils sirotent un vin qu'ils semblent apprécier n'est pas une mauvaise approche pour décider quelle bouteille commander.

En bref, les gens observent non seulement vos choix, mais aussi les conséquences que vous subissez à la suite de ces décisions. Voilà pourquoi récompenser quelqu'un pour sa bonne conduite et le punir s'il se tient mal a de vastes conséquences : cela affecte non seulement la personne encensée ou critiquée, mais aussi tous ceux qui observent. Pour étayer ce point, Albert Bandura, le psychologue évoqué plus haut, a poursuivi son expérience avec la poupée au cours d'une étude similaire : après avoir frappé la poupée, on donnait un bonbon à Harold dans certains cas, et on le réprimandait dans d'autres. Les enfants de cette étude avaient davantage tendance à frapper la poupée s'ils avaient vu Harold être récompensé, et moins s'ils l'avaient vu se faire gronder[149].

Comment le cerveau apprend-il des conséquences des actions des autres ? Utilisons-nous simplement le même système neural que celui qui nous sert à apprendre de nos propres expériences ? Ou bien avons-nous développé un mécanisme parallèle pour tirer un enseignement des succès et échecs des autres ? Grâce à des expériences menées avec des singes, nous savons que les neurones qui réagissent à nos propres erreurs et réussites ne sont pas les mêmes que ceux qui réagissent à celles des autres. Ces cellules sont contiguës, mais elles ne forment pas une unité[150]. Cette distinction nous permet de différencier nos propres mésaventures de celles des autres tout en apprenant dans les deux cas.

Il existe une autre différence dans la façon dont notre cerveau réagit à nos propres expériences par rapport à celles des autres, et qui révèle sans doute un aspect déplaisant de la nature humaine. Au fond de notre cerveau se trouve le striatum. Cette zone très ancienne est utile, entre autres, pour apprendre ce qui peut nous apporter du plaisir, et ce qui peut nous faire du mal. Les neurones dopaminergiques du striatum ont tendance à réagir quand les résultats sont meilleurs que prévu (ceci accroît la probabilité de répéter l'action qui a mené à ce bon résultat) et à réduire leur activité lorsque les résultats sont pires que prévu, réduisant ainsi la probabilité de répéter l'action qui a mené à ce mauvais résultat[151].

Imaginez par exemple que vous êtes de retour à l'université et que votre professeur vous pose une question complexe. Vous n'êtes pas sûr de la réponse, mais vous parvenez à marmonner quelque chose. « Bravo !, s'exclame le professeur. C'est la réponse la plus éloquente que j'aie entendue pendant tout le semestre. Vous avez un point en plus ! » Les neurones de votre striatum sont en effervescence. Ils augmentent aussitôt leur activité, indiquant que le retour du professeur était agréable et inattendu. En revanche, si le professeur déclare : « Franchement, c'est n'importe quoi, je suis vraiment déçu. Je vais être obligé de vous donner une mauvaise note », les neurones du striatum vont réduire leur activité, indiquant que la réaction du professeur était déplaisante et inattendue.

Voici cependant un élément intéressant : les études montrent que, si ce n'est pas vous que le professeur a désigné, mais votre ami Maximus, les neurones de votre striatum vont réagir selon un schéma opposé[152]. Ils vont augmenter leur activité si Maximus est réprimandé, et la réduire s'il est complimenté. Votre cerveau perçoit probablement les autres comme des concurrents et, par conséquent, interprète leurs erreurs comme gratifiantes pour l'ego, et leurs réussites comme une perte pour vous.

Le point essentiel, pourtant, c'est que vous êtes capable de tirer un enseignement des expériences de Maximus et lui des vôtres, ce qui est une excellente chose. De fait, votre esprit fait bien davantage que simplement encoder l'expérience de Maximus : il compare souvent le comportement de celui-ci à la façon dont vous imaginez qu'il aurait pu réagir. En observant un collègue de travail exposer un projet ou un ami cuisiner un repas, nous entrons souvent dans la comparaison : « Oh, je n'aurais pas représenté ce graphique sous forme d'histogramme rose » ou « il met beaucoup trop de sel dans ses fettucine ; je me demande à quoi il pense ». Souvent, vos décisions hypothétiques sont compatibles avec les choix de vie des autres. Mais quand leurs actions ne correspondent pas à celles que vous auriez prises vous-même, cette incompatibilité va déclencher l'activation des neurones de votre lobe frontal (dans une zone spécifique appelée le cortex préfrontal dorsolatéral[153]). Les neurones disent : « Eh, il se passe quelque chose d'inattendu, et il faut qu'on prenne tous des notes. » Ce signal attire une attention accrue sur ce qui est en train de se produire : quelqu'un a pris une décision différente de celle que vous envisagiez, et c'est une occasion de se demander si cette décision était la bonne.

La théorie de l'esprit

Comme nous l'avons vu, notre cerveau est construit pour apprendre des autres. Dès notre naissance, nous imitons, nous réévaluons machinalement les éléments basés sur les choix des autres, nos souvenirs changent pour s'aligner avec les leurs, et nos neurones codifient les mésaventures et triomphes de notre entourage. Il existe encore une astuce que notre cerveau utilise dans ce but, et qu'on appelle théorie de l'esprit[154].

J'écris ces mots en février 2014, journée de la Saint-Valentin. Vous pourriez dire, de façon cynique, que cette journée « a été inventée par les chocolatiers pour se faire de l'argent » ou, plus romantiquement, que c'est « l'occasion de rappeler combien je l'aime à la personne qui me supporte chaque jour». En vérité, si vous êtes en couple, vous savez probablement que votre opinion de la Saint-Valentin importe peu. L'essentiel, c'est ce qu'en pense votre partenaire. Oui, vous pouvez le lui demander directement, mais il ou elle voudra sans doute que vous le deviniez par vous-même. Alors, ce qui est vraiment déterminant pour la réussite de cette journée, c'est ce que vous pensez que votre conjoint pense de cette tradition. Votre tâche consiste alors à vous mettre dans sa peau pour découvrir ses attentes. Et ceci, par essence, c'est la «théorie de l'esprit» – notre capacité à essayer de deviner à ce que pensent les autres. Nous semblons être la seule espèce sur terre capable de faire cela : nous pensons constamment à ce que peuvent penser nos clients, patients, employés, patrons et amants, et nous ajustons notre comportement en conséquence. Tout en écrivant ces mots, je pense à ce que vous allez penser en les lisant afin d'utiliser les termes qui vous parleront le mieux.

Imaginez que vous vous trouvez dans une réception et qu'un serveur arrive pour vous offrir un canapé aux crevettes. Vous êtes déjà rassasié, et vous refusez donc poliment. La personne avec qui vous discutez, Lucy, a observé l'échange, et elle va aussitôt procéder à une «théorie de l'esprit» pour essayer de comprendre pourquoi vous avez refusé ce canapé. Même si elle essaie de déceler vos motifs, elle va automatiquement se servir de son propre état d'esprit pour deviner le vôtre. Cette stratégie instinctive peut très bien fonctionner, mais elle peut aussi mener à des conclusions erronées. Comme son estomac est vide, Lucy est moins susceptible de déterminer les véritables raisons de votre refus et plus encline à supposer que, selon vous, les crevettes sont avariées ou que vous jugez malpoli de converser la bouche pleine. Et quand le serveur va se tourner vers elle, Lucy va également décliner son offre.

Même si cette tendance à s'engager dans la théorie de l'esprit est utile – elle nous aide à nous comprendre mutuellement et à prédire ce que les gens vont faire à court terme –, l'esprit humain n'est pas une machine à déduire parfaite et, inévitablement, nous allons de temps à autre tirer de fausses conclusions. Et les conséquences peuvent être bien plus graves qu'un estomac vide. Pensez aux bulles économiques, comme celle qui a provoqué l'effondrement des marchés en 2008. Une bulle financière se forme lorsque de gros volumes s'échangent à des prix excessifs. Il existe de nombreuses raisons à l'apparition de ces bulles, mais il semble qu'elles n'existeraient pas en l'absence de la théorie de l'esprit. Imaginez que vous êtes trader. Assis devant votre ordinateur, vous regardez les tendances danser le tango, monter et descendre. Soudain, les lignes des graphiques se mettent à monter de plus en plus haut, comme un soufflé dans un four. « Que se passe-t-il ?, vous demandez-vous. Pourquoi tout le monde achète ? Que savent-ils que j'ignore ? »

Les neuroscientifiques Benedetto De Martino, Colin Camerer et leurs collègues de Caltech ont montré que les traders les plus sensibles aux bulles, ceux qui sont plus susceptibles d'acheter à des prix excessifs, sont aussi ceux qui ont obtenu les meilleurs résultats aux tâches liées à la théorie de l'esprit – par exemple, deviner l'état d'esprit des autres rien qu'en les regardant dans les yeux[155]. En d'autres termes, les décisions économiques à l'origine des bulles financières sont plus susceptibles d'être prises par des gens qui offrent à leur partenaire le cadeau qu'il souhaite vraiment pour la Saint-Valentin. Pourquoi ? La décision de gonfler la bulle a lieu lorsqu'un trader croit que les autres détiennent des informations positives sur un marché spécifique. Le trader pense à ce que les autres pensent, et ce processus lui permet de conclure qu'il doit exister une raison valable à cette hausse des prix. Il décide donc d'acheter à un prix exagérément haut.

*

Il y a deux leçons à tirer de tout ceci. Premièrement, nous devons être prudents quand nous utilisons les choix et actes des autres pour guider les nôtres. Souvent, l'influence s'exerce à notre insu, et il est souhaitable d'être plus conscients – plus conscients que cette influence est là, plus conscients que nos conclusions peuvent être erronées, et plus attentifs à ne pas bêtement renoncer à nos goûts personnels pour adopter ceux des autres. Lorsque nous évaluons consciemment les opinions des autres, par exemple en consultant les évaluations sur Yelp ou TripAdvisor, nous devons savoir que ces critiques ne sont peut-être pas aussi justifiées qu'il y paraît. Dans le chapitre suivant, je vous parlerai de la façon d'utiliser l'opinion des autres de façon plus réfléchie.

Deuxièmement, si nous devons apprendre de Mason, Livia, Harold et des manchots Adélie, c'est qu'une seule personne peut tout changer. De fait, en décrivant l'étude que Micah, Yadin et moi avons menée, j'ai omis de préciser un détail important : les volontaires de cette étude renonçaient à leurs justes convictions pour adopter les croyances erronées des autres tant que leur groupe soutenait unanimement la fausse réponse. Cependant, si une seule autre personne donnait la bonne réponse, les volontaires s'en tenaient à leur croyance originale. Autrement dit, même dans une foule, *une seule* voix divergente peut amener les autres à agir de façon indépendante. Vous êtes influencé par les autres, mais ne vous y trompez pas : les autres sont aussi influencés par vous. Voilà pourquoi vos actes et choix sont importants non seulement pour votre propre vie, mais aussi pour le comportement de votre entourage.

7.2

Être conscient que la majorité n'a pas toujours raison

Le mot « unanime » est-il vraiment rassurant ?

Le mot «unanime» possède une consonance rassurante, vous ne trouvez pas? Si le jury a pris une décision «unanime», nous supposons que le procès était simple. Et s'il n'est pas possible d'obtenir l'unanimité, nous préférons toujours la «majorité» à la «minorité». Une solution prônée par la «majorité» semble forcément meilleure que celle choisie par la «minorité». Consulteriez-vous un médecin encensé par la majorité, ou par une minorité? Vous voyez ce que je veux dire.

Marlon James, auteur célèbre né en Jamaïque, est habitué à ce que ses œuvres soient jugées de façon unanime par un groupe. En 2015, il a obtenu le prestigieux Man Booker Prize après un vote unanime. Le comité a qualifié d'extraordinaire son roman *Brève histoire de sept meurtres*[156]. Grâce à ce prix, il a rejoint les rangs d'écrivains comme Salman Rushdie, Ian McEwan, Iris Murdoch et Kingsley Amis.

Dix ans plus tôt, quand James a proposé son premier roman, *John Crow's Devil*, les éditeurs du monde entier étaient également unanimes. À une différence près: ils étaient alors tous d'accord pour déclarer que cette œuvre ne méritait pas d'être publiée. Elle a d'ailleurs été refusée 78 fois. Étant donné le succès des romans de James, on peut affirmer que tous ces éditeurs se trompaient.

James se rappelle s'être donné beaucoup de mal pour détruire *John Crow's Devil* après ces innombrables refus. Comme beaucoup, il a pris à cœur l'opinion de tous ces professionnels. «Je suis même allé sur l'ordinateur de mes amis pour effacer le fichier», affirme-t-il[157]. Heureusement, il a changé d'avis et sauvé son manuscrit de l'oubli en fouillant dans les archives de sa boîte mail un peu plus tard. Le chiffre 79 lui ayant porté chance, son roman a alors trouvé une maison d'édition.

L'histoire de James est loin d'être rare. *Harry Potter à l'école des sorciers* a été refusé par douze éditeurs. Et puis, un an après sa première soumission, Barry Cunningham de Bloomsbury Publishing a offert à J.K. Rowling une avance de 2 500 £ pour son manuscrit[158].

Là où Cunningham diffère des autres éditeurs, c'est qu'en prenant sa décision, il a suivi les conseils précieux d'une seule lectrice avide: Alice Newton. À l'époque, Alice avait huit ans, et c'était la fille du président de Bloomsbury, Nigel Newton. M. Newton lui a donné à lire le premier chapitre du manuscrit d'Harry Potter. Happée par l'intrigue, elle a dévoré les pages et réclamé la suite. Il se souvient de l'avoir vue sortir de sa chambre une heure plus tard, radieuse, en clamant: «Papa, je n'ai jamais rien lu d'aussi bien[159].»

Par ces mots, Alice a scellé le sort de J.K. Rowling, qui est alors passée du statut de mère célibataire en difficulté à celui de milliardaire qui a continué de partager ses histoires avec des millions d'enfants reconnaissants partout dans le monde.

En décidant de publier *Harry Potter*, Cunningham était sans doute conscient que de nombreux éditeurs l'avaient déjà refusé. Pourtant, il a tenu compte de l'avis d'une petite fille, à l'encontre des opinions d'une douzaine de professionnels expérimentés. Et il s'avère qu'il a pris la bonne décision. Quant aux autres éditeurs, ils n'avaient plus que leurs yeux pour pleurer.

D'où vient la sagesse des foules ?

Cunningham a réalisé un gros coup éditorial au mépris d'une idée largement répandue – en l'occurrence, qu'on fait de meilleurs choix en se basant sur l'opinion moyenne issue du plus grand nombre. Ce principe remonte à 1907, à Plymouth, en Angleterre. Par une journée pluvieuse, la foule affluait de tout le pays pour assister à la foire annuelle du bétail et de la volaille où avait lieu un concours destiné à deviner le poids d'un bœuf gras. Huit cents personnes y ont participé en écrivant leur estimation sur un bout de papier. Ensuite, le bœuf a été abattu et pesé. Et là, tenez-vous bien, une fois tous les papiers compilés, l'estimation moyenne était de 547 kg – soit un écart de 1 % par rapport au poids réel du bœuf. Le génie victorien Francis Galton a publié ces résultats dans la prestigieuse revue *Nature*, concluant que la sagesse des foules était plus grande qu'on ne le pensait[160]. Son article a bouleversé notre façon de prendre des décisions.

Un siècle plus tard, il est communément accepté que, pour définir une stratégie commerciale comme pour établir le menu d'un dîner, plus il y a de cerveaux impliqués, mieux c'est. Cette idée que la foule détient la sagesse est devenue populaire ces dernières années grâce au célèbre livre de James Surowiecki, *La Sagesse des foules*[161]. Cependant, si vous lisez attentivement l'ouvrage de Surowiecki, vous remarquerez que, sous la surface du titre, il avertit ses lecteurs que le groupe est plus sage que l'individu isolé *uniquement* dans des conditions très spécifiques. Néanmoins, ses lecteurs, les médias et l'essentiel du monde ont gardé l'impression que, par principe, deux cerveaux valent mieux qu'un, et que mille cerveaux valent encore mieux.

La vérité n'est pas si simple. La foule peut être sage, mais elle se révèle souvent stupide. Alors pourquoi les gens de Plymouth ont-ils été capables de mieux évaluer le poids du bœuf qu'un seul individu ? Comme nous allons le découvrir, la réponse n'a pas grand-chose à voir avec la « sagesse ».

Thermomètres humains

L'autre jour, au travail, j'ai reçu un coup de fil de Lizbeth, la baby-sitter de ma fille. Lizbeth m'informait que Livia ne se sentait pas bien et qu'elle avait de la fièvre. En jeune fille responsable, Lizbeth avait pris sa température non pas une fois, mais deux, à l'aide de deux thermomètres différents. Le premier indiquait 38,2 °C, et le second 38 °C. Lizbeth en a conclu que la température effective de Livia devait être de 38,1 °C.

Pourquoi Lizbeth s'est-elle donné la peine de prendre deux fois la température de Livia, avec deux appareils différents ? De façon justifiée, elle a estimé que chaque thermomètre peut fausser la lecture dans un sens ou un autre. Aucun appareil n'est parfait – certains ont de légers défauts dans leur conception ; d'autres sont vieux et usés. En revanche, il est peu probable que deux instruments distincts issus de deux fabricants différents présentent exactement le même défaut et produisent le même résultat erroné. En faisant la moyenne des deux mesures, les erreurs peuvent s'annuler et offrir un meilleur résultat. Si j'avais eu cinquante thermomètres dans ma maison, Lizbeth aurait sans doute obtenu une lecture encore plus juste.

Représentez-vous la foule de Plymouth comme des thermomètres ambulants. Chaque personne effectue une « lecture » du poids du bœuf, et chacun commet une erreur due à son point de vue spécifique, son expérience, sa vue, etc. Certains, comme Charlie et Rosa, surestiment légèrement le poids du bœuf alors que d'autres, comme Julianne et Salma, le sous-estiment un peu. Les estimations du groupe sont imprécises. Pourtant, ce qui est important, c'est que naturellement, tous ces gens ventilent le poids effectif du bœuf – ils établissent une *fourchette* de la vérité.

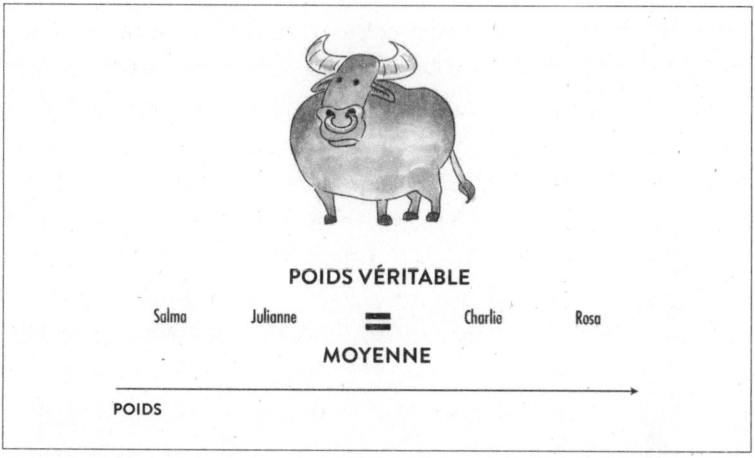

Figure 11. *Quand les gens devinant le poids du bœuf ont établi une fourchette du résultat réel, l'estimation moyenne était parfaite.*

Quand cela arrive, les erreurs s'annulent d'un côté comme de l'autre, et l'estimation moyenne d'un groupe de thermomètres humains est proche du chiffre réel. Ce n'est pas de la magie, et ce n'est pas non plus de la sagesse : il s'agit de statistiques. Le problème, cependant, c'est que ce principe ne fonctionne que dans des circonstances spécifiques. La première condition nécessaire, c'est l'indépendance : les opinions des gens dans la foule doivent être indépendantes les unes des autres. Mais le sont-elles vraiment ?

L'indépendance dans un monde interactif

Quand Robert, directeur d'une grande maison d'édition, arrive au bureau chaque matin, il est accueilli par une grande pile de manuscrits d'auteurs en herbe. Son travail consiste à trier cette pile afin de séparer les Hemingway potentiels des autres écrivains. C'est une tâche complexe. Inévitablement, Robert va parfois affirmer avec enthousiasme qu'il a découvert un bijou et s'apercevoir, une fois le livre publié, que personne ne s'intéresse à sa quincaillerie. D'autres fois, il laisse passer un manuscrit qui deviendra ensuite un best-seller international. Comme tous les professionnels de l'édition, Robert connaît très bien l'histoire des multiples refus essuyés par J.K. Rowling, et elle le hante.

Robert ne prend pas ses décisions seul, il dispose d'une équipe de sept collègues qui lui donnent leur avis. Ce matin-là, il découvre un champion potentiel : un essai singulier sur le comportement humain. Il veut parier sur ce manuscrit et doit décider quelle avance proposer à l'auteur. Ce montant est crucial : il doit être supérieur à celui que d'autres maisons d'édition pourraient proposer à l'auteur, tout en permettant au livre de dégager des bénéfices.

Robert envoie le manuscrit par mail à son équipe et organise une réunion pour en discuter. Il veut connaître l'avis de chacun – Jill, assistante d'édition, Sammy, responsable marketing, Tamron, directeur financier, et tous les autres. En règle générale, il arrive à la réunion, présente brièvement le manuscrit, explique pourquoi il croit à ce livre, et recueille les opinions de l'équipe. Pourtant, il a lu quelque chose dans ce livre qui l'incite à changer de méthode. Contrairement aux autres jours, il entre dans la salle où l'attendent ses collègues et annonce : « Je veux que chacun prenne une feuille de papier et inscrive le montant de l'avance que vous proposeriez pour ce manuscrit. » Les membres de l'équipe obéissent et griffonnent leur réponse sur leur carnet. Alors, Robert demande à chacun de partager son chiffre avec les autres en justifiant le montant annoncé.

Robert est conscient que son groupe de thermomètres ne sera « sage » que si les estimations établies par chacun sont indépendantes les unes des autres. Si Robert avait fait un tour de table pour laisser chaque personne communiquer son avis de vive voix – une stratégie très classique –, les membres de l'équipe auraient su ce que les autres pensaient, et cette information aurait biaisé leur jugement. Si le premier collègue de Robert s'était levé pour encenser le livre, il est fort probable que les autres l'auraient imité, même s'ils n'étaient pas convaincus de prime abord. Cela ne pose pas de problème si la première personne à parler a raison mais, dans le cas contraire, cette stratégie est hasardeuse. Imaginez la petite Alice Newton dans une grande salle de réunion, en train d'écouter ces éditeurs chevronnés critiquer le manuscrit de Rowling. Le consensus est clair : il ne faut pas publier *Harry Potter* ! Quelle probabilité y a-t-il pour qu'Alice affirme le contraire, ou même pour qu'elle fasse confiance à son instinct ? Très faible. Même si Alice était une adulte, et sur un pied d'égalité avec les autres, des études que j'ai menées avec mes collègues montrent que, face à un consensus apparent, seulement 30 % d'individus expriment une opinion divergente[162].

Cependant, il est presque impossible de mettre en place une véritable indépendance. Si, avant la réunion, Jill, Sammy et Tamron se sont retrouvés dans la cuisine pour discuter du manuscrit en buvant du café et savourant des beignets, les jugements de Jill concernant les profits potentiels du livre ne sont plus indépendants de celles de Sammy et Tamron. En effet, si Sammy déclare que, selon lui, ce livre sera un best-seller, Tamron, qui pensait au départ que le livre se vendrait mal, va adopter le point de vue du charismatique Sammy. Leurs erreurs ne s'annulent plus entre elles, et la fourchette de la vérité disparaît.

Si vous envisagez de recourir à la magie de la foule, demandez-vous dans quelle mesure les convictions des membres de votre équipe ou de votre réseau social sont indépendantes. Si les membres de votre groupe ont la possibilité d'interagir avant d'exprimer leur opinion, leur indépendance est abolie.

Prenez Facebook, par exemple. Disons que nous sommes vendredi soir et que vous prévoyez d'aller au cinéma, mais vous hésitez sur le film. Vous demandez des conseils à vos amis Facebook. Dix personnes vous répondent, et sept d'entre elles suggèrent *Une merveilleuse histoire du temps*. Est-ce que sept personnes ont aimé ce film au point qu'il leur soit aussitôt venu à l'esprit quand elles ont commenté votre statut ? Peut-être. Mais il existe une autre possibilité : un ami a recommandé ce film sur votre mur, influençant les suivants qui se sont ralliés à son opinion. Une fois qu'un ou deux amis ont conseillé ce film, d'autres qui ne l'ont pourtant pas autant apprécié vont taire leur opinion voire éviter de recommander un autre film pour ne pas vexer les autres ou jouer les moutons noirs.

Contrairement aux thermomètres, nous sommes des créatures sociales, et nous sommes configurés par défaut pour interagir. Comme la société et les personnes sont étroitement liées, il est souvent impossible d'obtenir des opinions indépendantes de la part des individus. Cependant, nous pouvons agir pour réduire cette interdépendance. Imaginez que vous devez prendre une décision d'embauche et que vous demandez à quatre collègues de faire passer un entretien à un candidat. Ce que vous devriez faire, c'est leur demander à tous de vous envoyer leur évaluation *avant* de discuter du candidat entre eux, afin d'optimiser leur indépendance. Si vous ne le faites pas, vous ne gagnerez rien à établir la moyenne de toutes les opinions. En revanche, si vous le faites, cela accroîtra votre assurance, car la confiance en soi augmente quand les gens prennent des décisions interdépendantes[163]. On se dit : « Eh, nous sommes tous d'avis que ce livre va faire un gros coup, alors nous devons avoir raison. » C'est peut-être vrai... À moins que ce consensus ne provienne de l'influence sociale.

La foule sage en nous

Dans un univers parallèle, un terrible orage s'abat sur Plymouth en 1907, le jour même de la foire du bétail et de la volaille. De façon typiquement britannique, le comité du salon décide cependant de maintenir l'événement. Une tente a été montée pour protéger les animaux de la pluie et du vent, et on a préparé une soupe de pommes de terre chaude pour l'offrir aux visiteurs. Hélas, malgré ces efforts remarquables, un seul fermier, John Lesage, a bravé l'orage pour assister à la foire. Qu'à cela ne tienne, ont déclaré les organisateurs : nous allons laisser ce brave fermier deviner tout seul le prix du bœuf gras. Que va faire Lesage en l'absence de la foule et de sa sagesse ?

Pour résoudre ce problème, je vais vous demander de vous représenter M. Lesage, le brave fermier, sous la forme d'un thermomètre numérique, comme ceux que vous appliquez sur le front d'un enfant pour connaître sa température. Et je veux que vous vous imaginiez sous les traits de ma dévouée baby-sitter, Lizbeth. Votre tâche est de mesurer précisément la température de ma fille à l'aide de M. Lesage. Que devez-vous faire ?

C'est simple : vous devez prendre M. Lesage, l'appliquer sur le front de ma fille et lire sa température. Vous devez reproduire ce geste plusieurs fois, puis faire la moyenne des résultats pour obtenir la meilleure mesure. Tout cela parce que M. Lesage fournit des résultats bruyants. Par « bruyant », je ne veux pas dire qu'il produit une cacophonie acoustique. Ce que j'entends, c'est que chaque résultat va refléter la température de ma fille, additionnée de facteurs sans pertinence. Par exemple, Livia peut avoir bu un bol de lait chaud juste avant la première mesure, ce qui va faire grimper sa température. Peut-être n'avez-vous pas bien appliqué le thermomètre la deuxième fois, ce qui va faire baisser le chiffre. À chaque lecture, certains facteurs peuvent fausser les résultats, produisant ainsi des erreurs. En faisant la moyenne de mesures multiples effectuées avec le même appareil, vous aurez donc une meilleure estimation.

Les lois et statistiques qui rendent le groupe « sage » dans certaines circonstances s'appliquent aussi à un seul individu. M. Lesage doit invoquer « la foule sage en lui » pour deviner le poids du bœuf. Je ne sous-entends pas que M. Lesage possède plusieurs personnalités. En revanche, il dispose de multiples souvenirs, de nombreuses perspectives et de diverses croyances. Une foule animée de fermiers enthousiastes vit en lui et, en se reposant la même question encore et encore, il peut y puiser ses réponses.

L'idée selon laquelle nous pouvons utiliser cette foule « sage » à l'intérieur d'un seul esprit a été suggérée par les psychologues Ed Vul et Harold Pashler[164]. Ed et Harold ont mis en place une expérience en ligne où 428 personnes devaient répondre aux questions suivantes (écrivez vos propres estimations sur un bout de papier) :

- À quel pourcentage de la surface de l'océan Pacifique correspond la surface des États-Unis ?
- Quel pourcentage de la population mondiale vit en Chine, en Inde, et dans l'Union européenne ?
- Quel est le pourcentage des aéroports internationaux aux États-Unis ?
- Quel est le pourcentage des axes routiers transnationaux en Inde ?
- Quel pourcentage des pays présentant un taux de fertilité plus élevé que les États-Unis ?
- Quel est le pourcentage, à l'échelle mondiale, des lignes téléphoniques en Chine, aux États-Unis et dans l'Union européenne ?
- Quel pourcentage du pétrole qu'elle produit consomme l'Arabie Saoudite ?
- Quel pourcentage des pays ayant une espérance de vie plus élevée qu'aux États-Unis ?

Quelques minutes ou quelques jours plus tard, on a reposé exactement les mêmes questions aux mêmes participants. Si vous voulez essayer, prenez un autre morceau de papier et répondez une nouvelle fois à ces questions. Ensuite, calculez la moyenne de vos deux réponses pour chaque question. Ed et Harold ont découvert que la moyenne des erreurs combinées des participants était globalement moins élevée que celle correspondant soit à leur première, soit à leur seconde série de réponses*. En outre, quand les participants attendaient trois semaines avant de répondre de nouveau aux questions, l'effet était encore plus prononcé.

Pourquoi cela fonctionne-t-il ? Une fois de plus, la réponse relève de simples statistiques. Si vous devez vous poser la même question plusieurs fois (de préférence à quelques jours d'intervalle), puis faire la moyenne de vos réponses, c'est parce que vous n'utilisez jamais toute l'information dont vous disposez lorsque vous prenez une décision. Pensez-y sous cet angle : Robert possède une grande connaissance du monde de l'édition. Il sait tout des succès et des échecs de ce milieu. Il se rappelle les bonnes décisions qu'il a prises par le passé, mais aussi les mauvaises. Il comprend pourquoi certaines de ses attentes ne se sont pas réalisées et pourquoi d'autres ont pris corps. Il connaît son public, les tendances du marché, et la concurrence. Il va puiser dans ces connaissances pour prendre une décision.

Mais – et ce *mais* est très important – il ne se rappellera, ou n'utilisera jamais toutes les informations stockées dans son cerveau. Certaines connaissances vont être extraites, et d'autres non. Ce processus est partiellement aléatoire, mais il peut aussi être influencé par ce que Robert a pu vivre dans la journée. Cela signifie que la première fois que Robert va soupeser un problème, certains faits vont lui venir à l'esprit et être

* Je fournis les réponses à ces questions à la fin du chapitre, page 211, ainsi que des instructions permettant de calculer la moyenne des erreurs « combinées » pour que vous puissiez vous soumettre vous-mêmes à ce test. Vos résultats combinés ne seront pas forcément meilleurs : parfois, votre première estimation sera plus proche de la vérité que la seconde ; parfois, ce sera l'inverse. Cependant, en moyenne, vos erreurs seront plus faibles quand vous combinerez vos estimations.

intégrés dans sa décision. La deuxième fois qu'il considérera ce problème, certains de ces mêmes faits seront utilisés, d'autres non et, surtout, de *nouveaux* faits viendront l'influencer. Ainsi, sa seconde estimation sera légèrement différente de la première (il va solliciter un échantillonnage d'informations différent). S'il combine ces estimations, il prendra une décision basée sur davantage de données intérieures.

Ed et Harold ont découvert que, si vous vous posez une deuxième fois la série de questions ci-dessus, vos résultats combinés vont s'améliorer en moyenne de 6,5 % par rapport à vos premières réponses. Si vous attendez trois semaines, l'amélioration sera sans doute de 16,5 %. C'est un énorme pas en avant. Laisser passer trois semaines permet de rafraîchir votre esprit, vous êtes moins susceptible de vous souvenir de ce que vous pensiez quelques semaines plus tôt, et vous aurez davantage tendance à trouver de nouvelles raisons pour justifier vos nouvelles estimations*. Même si vos évaluations ne sont jamais réellement indépendantes les unes des autres, des décisions prises à trois semaines d'intervalle sont plus indépendantes que celles qu'on prend à seulement quelques minutes d'intervalle. Alors Robert doit-il licencier son équipe et voter seul, encore et encore, pour prendre une décision ? Certes, non. Concernant le genre de questions posées par Ed et Harold, tout au moins, la moyenne des deux opinions sollicitées auprès de la même personne était deux tiers moins bonne que la moyenne de deux opinions sollicitées auprès de deux individus différents.

L'effet boule de neige

Sagement, Robert a décidé de garder ses employés et de les consulter pour effectuer un choix. Mais, une fois récoltées

* Les auteurs se sont assurés que les participants n'ont pas consulté les réponses au questionnaire entre-temps.

Figure 12. *Quand un gros bœuf se tient à côté d'un bœuf maigre, il semble encore plus imposant. Cette perception faussée est partagée par tous, ce qui rend l'estimation moyenne du poids du bœuf plus élevée que le poids réel.*

toutes les opinions, comment doit-il les combiner pour prendre une décision? Contrairement à l'exemple du bœuf gras, le fait de simplement compter des votes et de déterminer la moyenne des opinions n'est pas toujours la meilleure solution[165]. C'est en tout cas ce que nous apprennent les expériences de J.K. Rowling et de Marlon James. Le problème, ce n'est pas seulement que les estimations des gens peuvent être interdépendantes, mais aussi qu'elles peuvent être systématiquement biaisées.

Par exemple, si le bœuf gras se tient près d'un bœuf maigrichon, la plupart des gens vont surestimer le poids du premier. En effet, notre cerveau perçoit chaque chose de façon relative: près d'un bœuf maigre, le bœuf gras paraît encore plus gras. Dans ce cas, les erreurs des gens ne seront pas distribuées autour du poids véritable du bœuf, mais vont plutôt se déplacer dans une seule direction. Aussi, dans des circonstances où il y a tout lieu de croire que les opinions sont biaisées, il faut nous méfier de la prétendue sagesse des foules*.

Il existe un nombre infini de cas dans lesquels la majorité tend à s'égarer dans la même direction. Parmi ces cas figurent les erreurs liées à la prédiction du futur : les gens ont tendance à se montrer exagérément optimistes – par exemple, ils sous-estiment le temps qu'il faudra pour mener à bien des projets à long terme et ce que cela coûtera[166]. Cela concerne aussi les questions triviales – par exemple, quand on leur demande quelle est la capitale du Brésil, la plupart des gens pensent qu'il s'agit de Rio de Janeiro alors qu'en réalité, c'est Brasilia. Ces erreurs englobent aussi les illusions perceptuelles. Le cerveau humain produit de nombreux biais systématiques. Comme le cerveau de la plupart des gens réagit de manière similaire, nous avons tendance à commettre les mêmes erreurs. De toute évidence, dans de pareils cas, faire la moyenne des opinions ou compter les votes ne nous mènera nulle part.

À vrai dire, nous courons le risque que, dans un groupe, ces biais se propagent et fassent boule de neige. Pour illustrer ce principe, jetons un coup d'œil à ce curieux exemple.

Le tableau ci-contre relie le trait de personnalité « vigilance » de quinze P.D.G. et le bénéfice annuel de l'entreprise de chaque P.D.G. en millions de dollars. La « vigilance » a été mesurée à l'aide de l'échelle Draper internationale de la vigilance (*Draper International Watchfulness scale* ou DIWS) ; ses valeurs vont de -20 à 20.

Je vais vous demander d'utiliser les données ci-dessus pour prédire le profit annuel de cinq autres entreprises dont les P.D.G. obtiennent les scores DIWS suivants : 10 ; 0 ; 19 ; -17 ; -1.

---

* Dans de pareils cas, le principe de « la foule sage intérieure » – c'est-à-dire envisager plusieurs estimations provenant d'une seule source – ne fonctionnera pas non plus.

Score DIWS du P.D.G.	Bénéfice annuel (en millions de $)
4	6
5	15
-6	26
7	39
3	-1
12	134
15	215
20	474
8	54
6	26
-8	54
12	134
18	314
-3	-1
-10	90

Si vous êtes comme la plupart des gens, vos chiffres vont indiquer que, selon vous, la relation entre le score DIWS d'un P.D.G. et le bénéfice annuel de son entreprise est plus positivement linéaire qu'il ne l'est en réalité. Quand les humains déduisent une relation entre deux variables – que ce soit le lien entre la taille d'une tomate et sa saveur, ou entre la température d'un bureau et la fréquence d'interactions entre collègues –, ils sont biaisés : ils voient des relations linéaires positives là où il n'y en a pas[167]. Cela signifie que nous sommes susceptibles de conclure que, lorsqu'une variable augmente (la taille de la tomate, par exemple), l'autre va augmenter dans des proportions similaires (la saveur de la tomate).

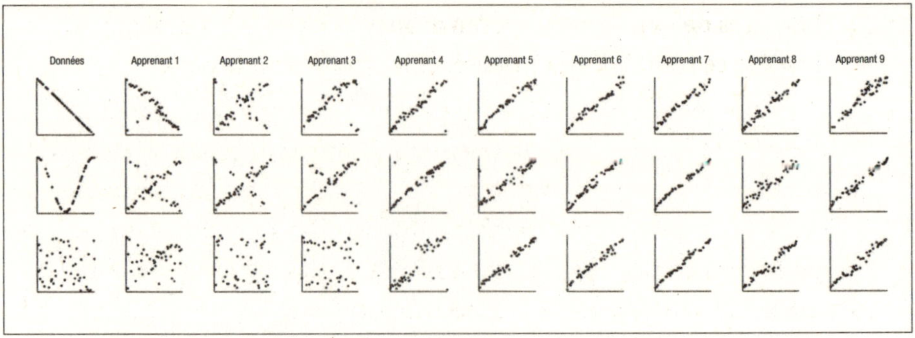

Figure 13. L'effet boule de neige. *Sur chaque rangée, le tout premier graphique correspond aux données vues par le premier apprenant. Les colonnes suivantes montrent les données produites par les générations successives d'apprenants, chacun prenant en compte les données de l'apprenant précédent. Chaque rangée représente une unique séquence de neuf apprenants. Ce schéma révèle que les apprenants ont tendance à percevoir des relations linéaires positives quelles que soient les données d'origine*[169].

Il en est donc ainsi : nous avons tendance à voir des relations positives même quand elles n'existent pas. Mais c'est là que ça devient intéressant : imaginez que vous êtes un consultant en ressources humaines et que devez proposer aux entreprises le meilleur P.D.G. à recruter. Vous utilisez le « score de vigilance » du P.D.G. pour prédire le bénéfice annuel de chaque candidat et soumettez vos prévisions faussées à votre chef. Celui-ci les consulte et en conclut que, si un P.D.G. possède un score de vigilance élevée, son entreprise est susceptible de dégager un bénéfice plus important. Il se sert de cette règle pour effectuer des pronostics concernant d'autres entreprises, et il envoie ses résultats à un groupe d'analystes. Même s'il n'existait absolument aucun rapport entre le bénéfice d'une entreprise et le score DIWS d'un P.D.G., le temps que les données et leur interprétation soient transférées à quatre personnes ou plus, les biais inhérents auront surpassé la vérité[168] (et au fait, si vous vous demandez qui sont ces gens qui s'intéressent tant à ces histoires de « vigilance », je n'en ai aucune idée – c'est moi qui ai inventé ce trait de personnalité, et le DIWS n'existe pas).

Des expériences de ce type ont été menées en laboratoire[170]. Elles montrent clairement que, même si deux variables sont corrélées négativement (cela signifie que lorsqu'une variable augmente, l'autre baisse) ou qu'elles sont corrélées de façon non linéaire (quand une variable augmente, l'autre n'augmente ou ne décroît pas proportionnellement), une relation positive est déduite dès lors que suffisamment de personnes transmettent ces corrélations à d'autres. Vous voyez donc que même des biais subtils peuvent faire boule de neige et s'affirmer fortement quand les humains interagissent.

Le produit de deux phénomènes inhérents au cerveau humain peut éradiquer la sagesse d'une foule. Le premier phénomène, c'est la tendance avérée de notre cerveau à produire des biais inconscients. Entre biais cognitifs, décisions erronées et erreurs de prévisions, le cerveau humain a évolué pour le meilleur, mais il a conservé d'innombrables faiblesses.

Le second phénomène est le penchant humain pour l'apprentissage social. Si, par nature, nous en appelons aux autres pour obtenir des informations et des indices de la vérité et que, comme tous les humains, les individus que nous consultons sont porteurs de biais inhérents, il est inévitable que les erreurs s'accroissent parfois quand les individus se rassemblent, créant des bulles en expansion qui finissent par éclater. Cet effet boule de neige ne se cantonne aucunement aux grands groupes comme les marchés financiers ou les réseaux sociaux. De fausses croyances peuvent aussi se propager parmi les amis et membres de la famille (de faux souvenirs partagés par des frères et sœurs pendant des années), les partenaires commerciaux (des projections optimistes qui s'emballent quand deux cadres enthousiastes se rencontrent) et les groupes culturels (l'idée que *notre* groupe est intrinsèquement supérieur aux autres).

L'égalité heuristique

Notre confiance aveugle dans l'opinion de la majorité peut ainsi se traduire par des choix peu judicieux, des croyances bizarres et des occasions manquées. Il existe de nombreux exemples d'idées autrefois acceptées par la majorité, en un temps et un lieu donnés, mais qu'on juge aujourd'hui erronées – par exemple, l'idée que les femmes ne sont pas capables de faire de grandes études, ou croire que la terre est plate.

Pourtant, notre instinct nous pousse souvent à nous rallier à l'avis de la majorité. Il suit un fonctionnement « heuristique », une manière simple et facile de prendre des décisions – un raccourci mental. Cette heuristique se révèle parfois utile, mais elle peut également nous écarter du droit chemin. Mon collègue Bahador Bahrami, qui étudie la prise de décision collective à l'University College de Londres, appelle cette tendance « le biais d'égalité ». Il entend par-là que, quand nous prenons une décision, nous recourons souvent à une stratégie commode qui consiste à accorder la même importance à l'opinion de chacun, quelles que soient la fiabilité et l'expertise de ces gens. Ce n'est pas vrai uniquement dans les pays où la démocratie est une norme depuis des générations, comme les États-Unis et le Danemark. Bahador et ses collègues ont en effet testé des citoyens en Chine et en Irak et, là aussi, il a découvert que les gens se conforment à une règle empirique lorsqu'ils prennent une décision : ils suivent le vote populaire.

Le problème est que, souvent, les individus ne sont tout simplement pas égaux sur le plan des compétences et de la connaissance. Si vous devez prendre une décision médicale, il est raisonnable d'accorder plus de poids à l'opinion d'un médecin titulaire d'un diplôme de l'université John Hopkins qu'à celle d'un oncle bien intentionné. À moins, bien entendu, que votre sympathique tonton possède lui aussi un diplôme médical d'une bonne université, auquel cas il est logique d'accorder la même valeur à ces deux avis.

Pourtant, Bahador a découvert que les gens ignorent souvent les informations qui peuvent les aider à déterminer qui est l'expert dans le groupe. À la place, ils préfèrent accorder le même poids à l'opinion de chacun ; cela leur semble juste et ne réclame guère d'efforts cognitifs. Cette tendance a un prix : en accordant la même valeur aux avis de chacun plutôt qu'en se fiant à l'expertise des individus, les sujets de l'étude de Bahador ont pris beaucoup de mauvaises décisions[171].

Tout ceci ne semble pas très réjouissant, surtout si on pense à la fréquence à laquelle nous sommes exposés, sur Internet, à l'opinion d'individus dont nous ne savons généralement rien : nous sommes donc incapables de cerner leur identité et

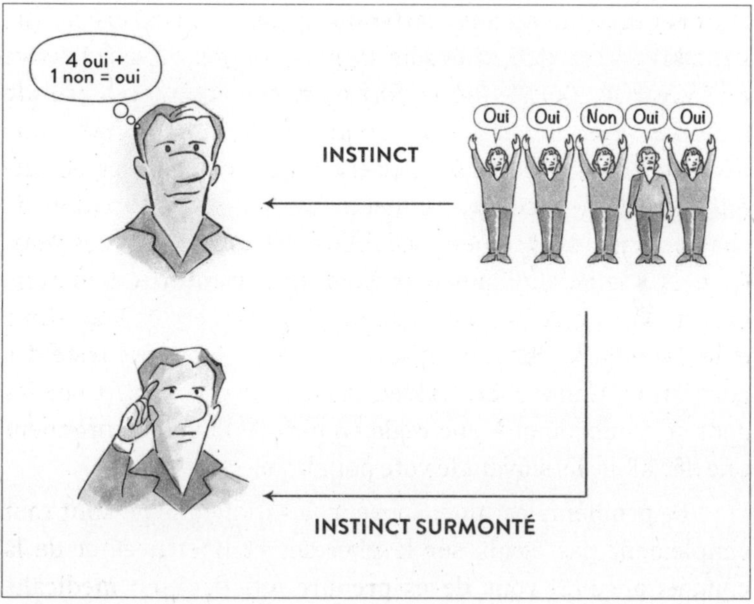

Figure 14. Les autres. Méfiez-vous des biais d'égalité – évaluez les opinions des gens en fonction de leur connaissance du sujet. *Nous nous rangeons instinctivement au vote de la majorité. Celle-ci peut cependant avoir tort. Au lieu de donner le même poids à l'opinion de chacun, analysez les informations qui peuvent vous aider à déterminer qui est l'expert du groupe. Il peut très bien s'agir d'une fillette de huit ans.*

de séparer les experts du reste. Mais il serait surprenant que l'accès à l'opinion de tant de personnes soit absolument inutile. Je crois que la clé réside dans un usage de ces ressources réfléchi plutôt qu'aveugle. Dans la botte de paille que constitue la foule, existe-t-il un moyen de dénicher l'aiguille de la sagesse ?

Un vote populaire inattendu

Prenez quelques instants pour répondre aux questions suivantes :

- Quelle est la capitale de la Pennsylvanie ?
- S'il faut à cinq machines cinq minutes pour fabriquer cinq objets, combien de temps faudra-t-il à cent machines pour fabriquer cent objets ?
- Sur un lac se trouve une touffe de nénuphars. Chaque jour, il double de volume. S'il faut 48 jours pour que le bouquet couvre tout le lac, combien de temps faut-il pour qu'il recouvre la moitié de sa surface ?

Avant de lire les réponses, une dernière consigne : relisez les questions pour *deviner* cette fois la réponse de la majorité.

La majorité affirme que la capitale de la Pennsylvanie est Philadelphie, qu'il faudra à cent minutes à cent machines pour fabriquer cent objets, et que les nénuphars mettront 24 jours à recouvrir la moitié de la surfacer du lac. Il s'agit de réponses intuitives données par environ 83 % de la population. Cette majorité se trompe.

En réalité, la capitale de la Pennsylvanie est Harrisburg, il faut cinq minutes à cent machines pour fabriquer cent objets (s'il faut cinq minutes à cinq machines pour faire cinq objets, cela signifie qu'une machine peut faire un objet en cinq minutes ; donc, cent machines peuvent fabriquer cent objets dans le même temps), et il faut quarante-sept jours pour que les nénuphars recouvrent la moitié du lac (le 48e jour, la touffe va doubler et donc recouvrir toute la surface).

Imaginez que je ne vous aie pas révélé les réponses et que vous soyez encore en train d'essayer de les deviner. Que feriez-vous? Comment découvririez-vous les bonnes réponses? De toute évidence, ce n'est pas en vous référant à la majorité que vous y parviendriez. Pour les deux dernières questions, vous pourriez interroger un ami «matheux» – un ingénieur ou quelqu'un qui travaille dans la finance. Cela semble raisonnable. Le problème, cependant, c'est que même ceux qui utilisent les maths et les statistiques pour gagner leur vie fournissent souvent des réponses erronées à ces questions. Shane Frederick, le professeur de Yale qui a élaboré ce bref questionnaire, l'a soumis à 600 professionnels de la finance. 40 % seulement ont donné trois réponses justes[172]. Parmi les étudiants du MIT – où figurent certains des esprits les plus brillants du monde –, la moitié a donné de mauvaises réponses. Je suis certaine que la plupart de ces étudiants pourraient répondre correctement s'ils prenaient le temps de réfléchir attentivement aux questions. Pourtant, la moitié d'entre eux se sont laissé fourvoyer par leur intuition.

John McCoy est l'un des étudiants qui a répondu correctement. Pour ce faire, cependant, il ne s'est même pas donné la peine de lire les questions. À la place, il a recouru à une astuce appelée «le vote populaire inattendu», une technique que n'importe qui peut utiliser pour découvrir une vérité avec l'aide de la foule. Il a élaboré cette technique avec son directeur de thèse, l'économiste behavioriste Drazen Prelec[173]. Voici comment elle fonctionne.

D'abord, John a pris en compte les réponses de chacun. Prenons comme exemple la question sur les machines. Pour celle-ci, environs 80 % des interrogés ont répondu cent minutes (mauvaise réponse) et 20 % ont répondu cinq minutes (bonne réponse). Au lieu de se rallier au vote populaire (erroné),

John a examiné les prédictions des individus sur les probables réponses des autres. La plupart estimaient que la majorité des personnes répondraient qu'il faut cent minutes pour que cent machines fabriquent cent objets – et ce, qu'ils connaissent ou non la réponse juste. En gros, 96 % d'individus prédisaient que cent minutes serait la réponse avancée par la plupart des personnes, contre 4 % pour l'autre réponse. Pour finir, John a cherché la réponse *la plus populaire* attendue. Et dans ce cas, c'était cinq minutes : 20 % des interrogés ont répondu cinq minutes, mais seulement 4 % croyaient que les autres allaient répondre cinq minutes – cette réponse était donc *plus populaire qu'attendu.*

John et Drazen ont montré que cette technique est efficace non seulement pour les questions « pièges » comme celle de notre exemple, mais aussi pour des questions où la majorité a raison, par exemple quand il s'agit de désigner la capitale de la Caroline du Sud. Ils ont découvert que cette méthode fonctionne également pour d'autres types de problèmes comme l'identification du meilleur déplacement aux échecs, l'établissement de diagnostics médicaux et de jugements artistiques, et même la prévision d'événements politiques et économiques. Ils ont découvert que tous ces problèmes étaient mieux résolus par la foule en employant la règle du *vote populaire inattendu.*

Cette technique a pour objectif de révéler des « connaissances privilégiées ». Il est cependant nécessaire qu'au moins une personne connaisse la vérité (sinon, il n'y aura pas de vote correct, qu'il soit populaire et inattendu ou non), mais la foule n'a pas besoin d'être composée d'experts – il suffit de novices. Si vous vous adressez à des étudiants du MIT pour vous aider à résoudre un problème de maths, vous n'allez sans doute pas leur demander leur avis sur une œuvre d'art, non ? Eh bien, quand John a utilisé le *vote populaire inattendu,* il a découvert que pour déterminer la cote d'une œuvre d'art, les étudiants du MIT étaient aussi doués que des propriétaires de galeries.

En moyenne, les étudiants étaient loin de la vérité, mais *le vote populaire inattendu* a mis dans le mille.

*

Quand nous échantillonnons, analysons et sollicitons des opinions, nous devons penser à marquer une pause : il nous faut prendre en compte la probabilité que les avis des gens soient interdépendants et biaisés, et nous demander s'ils doivent être évalués *de façon inégale*. Sous certains aspects, la foule détient la sagesse. Mais il n'est pas rare non plus que cette sagesse soit détenue par une minorité – par le 79e éditeur qui a examiné le manuscrit de Marlon James, par une fillette de huit ans qui a lu *Harry Potter*, par les 17 % de la population qui ont résolu un problème de maths complexe. Chaque fois que vous rassemblez des opinions, sur Internet ou ailleurs, pour faire un choix affectant votre vie privée, prendre une décision d'achat ou définir un verdict professionnel, soyez prudent. Votre instinct vous poussera peut-être vers la majorité, mais gardez à l'esprit que, même dans notre monde fourmillant de critiques et d'évaluations, faire la moyenne de nombreux points de vue peut mener à des solutions qui ne sont pas optimales.

Réponses aux questions de Vul et Pashler

1. *6,3*
2. *44,4*
3. *30,3*
4. *10,5*
5. *5,58*
6. *72,4*
7. *18,9*
8. *20,3*

INSTRUCTIONS

Pour chacune des huit questions, prenez votre première réponse et soustrayez-la de la réponse correcte ci-dessus. La différence correspond à votre erreur pour chaque question. Élevez chaque réponse au carré (pour vous débarrasser des chiffres négatifs) afin qu'elle reflète l'erreur absolue et non la direction de l'erreur. Ensuite, faite la moyenne de toutes vos erreurs au carré pour chacune des huit questions (vous obtenez la moyenne de l'erreur au carré pour vos premières réponses). Ensuite, procédez de la même manière pour votre seconde série de réponses (vous obtenez la moyenne de l'erreur au carré pour vos secondes réponses). Enfin, calculez la moyenne de vos premières et secondes réponses pour chaque question. Prenez ces huit moyennes et calculez votre erreur au carré moyenne comme décrit plus haut. Ce chiffre est-il plus petit que l'erreur au carré moyenne de vos premières réponses ? Est-il également plus petit que l'erreur au carré moyenne de vos secondes réponses ?

Conclusion

L'avenir de l'influence

Votre esprit dans mon corps

Tout comme nous, les premiers humains étaient des créatures sociales. Ils vivaient ensemble, se déplaçaient ensemble et, inévitablement, s'influençaient les uns les autres. Il leur restait encore à acquérir le langage, mais ils savaient communiquer la peur, l'excitation et l'amour grâce aux expressions faciales, au toucher et au son. Le danger représenté par un prédateur en maraude pouvait s'exprimer à travers un cri soudain indiquant aux autres qu'il fallait fuir. La joie des interactions humaines se traduisait par le rire, qui incitait les autres à se rapprocher.

Puis nos ancêtres se sont mis à parler. Nous ignorons exactement à quel moment c'est arrivé. Contrairement au langage écrit, le langage oral ne laisse pas de trace physique. Les spécialistes estiment que le langage est apparu à une époque comprise entre 1,75 million d'années[174], au moment où nos ancêtres ont inventé les outils, et 50 000 ans[175], moment où les « humains modernes » sont apparus sur terre. Avec le langage, la capacité de partager opinions, croyances et désirs s'est considérablement accrue. Si les premières estimations sont exactes, alors nos ancêtres ont peut-être débattu de l'intérêt de quitter ou non l'Afrique et d'explorer le reste du monde. Peut-être qu'ils ont eux aussi été persuadés par un personnage de l'envergure de Kennedy de dépasser leur environnement immédiat.

C'est alors que l'écriture est apparue. Le langage écrit (au-delà des simples chiffres) est né il y a environ 5 200 ans[176].

Là encore, la capacité à propager les connaissances a fait un bond. Il n'était plus nécessaire d'interagir directement avec un être humain à un moment et un endroit précis pour partager ses idées. Désormais, il était possible d'affecter des personnes qu'on ne rencontrerait jamais – des gens qui vivraient après nous ou se trouvaient à des kilomètres de là. De fait, la plus grande source d'influence sur les croyances humaines *aujourd'hui* reste sans doute un recueil de textes écrits il y a plus de deux mille ans.

Le langage écrit a été suivi par l'imprimerie. Cette avancée technologique a eu lieu vers 1440, permettant aux opinions d'être transmises à un grand nombre de personnes sur toute la planète[177]. L'imprimerie a été suivie par la radio au début du XXe siècle[178]. La radio a permis de transmettre directement le discours oral à un public géographiquement éloigné. Vers 1927, la télévision a pris le relais[179], même s'il a fallu attendre les années 1950 avant qu'elle devienne accessible au grand public[180]. Grâce à ces progrès, les images et les expressions pouvaient être partagées en plus des voix. Bien qu'il y ait de nombreux récepteurs de ces technologies, seule une minorité avait l'opportunité de communiquer *ses* idées aux autres.

Et puis, vers 1990, Internet est apparu[181]. Grâce au World Wide Web, on pouvait désormais partager, affecter et influencer gratuitement. Les gens pouvaient exprimer leurs opinions face au monde entier en utilisant des mots, des images et des sons.

Au cours des quelques milliers d'années qui ont vu la technologie avancer de plus en plus vite et l'environnement changer rapidement, une seule entité n'a guère évolué. Cette structure était la cible des technologies en question : le cerveau humain. L'évolution biologique est plus lente que la technologie, et l'organisation du cerveau n'a pas connu de changements significatifs depuis l'apparition du langage écrit[182]. Certes, si nous remontons loin en arrière et que nous nous comparons aux tout premiers humains, on constate d'importantes modifications, en particulier à l'intérieur des lobes frontaux[183]. Cependant, même comparé à celui de ces humains primitifs, notre cerveau est plus semblable que différent. Beaucoup des désirs, motivations et peurs qui modelaient leurs croyances et leurs actes façonnent les nôtres aujourd'hui, et les principes biologiques de base qui font qu'un esprit en affecte un autre restent les mêmes.

Deux cerveaux et une connexion

Si vous faites un bruit ou un mouvement, ou que vous tapez un mot sur un clavier, vous générez un signal qui peut être perçu par d'autres cerveaux. En substance, vous connectez votre cerveau à un autre grâce au son, à la vue et au toucher. Chaque mot que vous articulez est à la base un signal électrique qui finit par se transformer en son, lequel peut être intercepté par des récepteurs dans l'oreille d'une autre personne, puis convertie en signaux électriques dans le cerveau de celle-ci et interprétée comme un mot, une phrase, une idée[184]. Et voici donc une idée que je vais vous transmettre *via* le langage écrit. Pouvons-nous connecter nos cerveaux sans devoir au préalable modifier l'environnement ? Un signal électrique dans mon cerveau peut-il être converti en un signal électrique dans le vôtre, modifiant votre comportement et vos pensées, sans que j'aie besoin d'écrire un mot ou d'émettre un son ? Si la réponse est oui, cela signifie que l'influence peut être réduite à une activation neuronale dans un cerveau qui modifie l'activation neuronale dans un autre cerveau.

Au cours des dernières années, des neuroscientifiques ont montré qu'on peut connecter physiquement deux cerveaux pour que l'un d'entre eux tire des enseignements directs des signaux électriques générés par l'autre. Jusqu'à récemment, cela ressemblait à de la science-fiction – un fil vibrant qui transférait de la connaissance d'un cerveau à l'autre –, mais ce phénomène a lieu actuellement dans les laboratoires d'universités respectables partout dans le monde.

Avant que je partage avec vous ces passionnantes études, je veux que quelque chose soit clair : nous sommes aussi loin de transmettre des idées abstraites d'un cerveau à l'autre que nous l'étions de voir un homme marcher sur la Lune à l'époque où John F. Kennedy a prononcé son célèbre discours. Cependant, certains scientifiques pensent que nous en sommes à l'étape *Spoutnik* et que nous faisons nos premiers pas dans cette direction. Analysons donc ces premiers pas.

Je commencerai par la transmission de simples signaux entre le cerveau de deux souris. Les souris de laboratoire se donnent du mal pour obtenir des récompenses – eau sucrée ou morceau de fromage. Si une souris comprend comment obtenir ces récompenses, une autre peut l'apprendre à son tour grâce à l'observation. Cette connaissance peut-elle aussi être transmise directement d'un cerveau de souris à l'autre ?

Apparemment, oui. Dans un laboratoire de l'université Duke, un rat – appelons-le Einstein – a été entraîné à recevoir de l'eau en suivant une règle relativement simple : quand une lumière verte s'allume, Einstein doit presser un bouton à sa droite ; quand une lumière rouge s'allume, il doit appuyer sur le bouton de gauche. Einstein est un rat de génie, et il apprend très vite. Ensuite, on a inséré une électrode dans le cerveau d'Einstein pour enregistrer ses signaux électriques. Cette électrode a été reliée à un ordinateur, lui-même connecté au cerveau d'un autre rat pour transmettre ces signaux. Appelons le second rat Homer. Homer doit lui aussi appuyer sur les boutons de droite et de gauche au bon moment pour recevoir sa récompense mais, contrairement à Einstein, il ne voit ni la lumière rouge, ni la lumière verte. Les seules informations dont il dispose sont les signaux électriques transmis directement dans son cerveau par Einstein. Homer doit alors déterminer quel bouton actionner en interprétant ces signaux.

Il a fallu un certain temps à Homer mais, après 44 heures de ce manège (avec de nombreuses pauses entre chaque test), il a eu une illumination: «Eh, la réponse est dans ma tête!» Sept fois sur dix, Homer a donné la bonne réponse et a été récompensé par une gorgée d'eau bien fraîche[185]. Tout comme les professeurs obtiennent des bonus quand leurs étudiants obtiennent de bons résultats, Einstein a reçu une quantité d'eau supplémentaire, ce qui le motivait à envoyer un signal encore plus clair à Homer. Pour bien faire comprendre l'ampleur de leur expérience, les chercheurs de Duke ont montré que la transmission des données entre Einstein et Homer pouvait se faire entre deux continents *via* Internet. Quand Einstein actionne un levier en Caroline du Nord, Homer reçoit des signaux électriques au Brésil[186].

Einstein a influencé Homer, et il l'a fait sans que celui-ci l'entende émettre le moindre son. La réaction a été provoquée par la communication réduite à sa plus simple expression: l'activation d'une cellule dans un cerveau, qui modifie le fonctionnement d'une cellule dans un autre cerveau, ce qui, à son tour, provoque un changement de comportement.

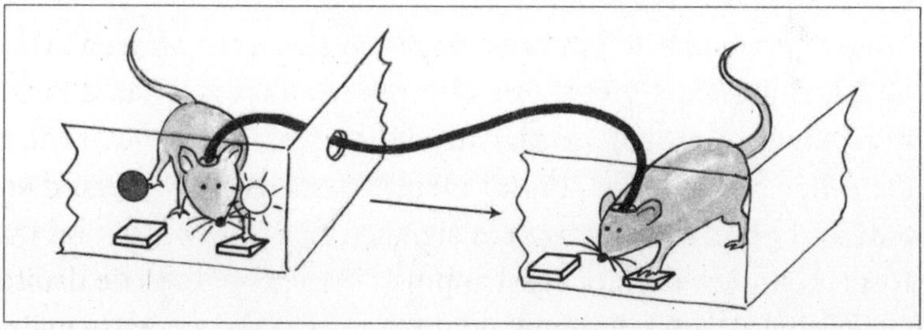

Figure 15. *Einstein le rat influence son congénère Homer en lui envoyant des signaux de cerveau à cerveau. En conséquence, Homer apprend d'Einstein comment résoudre un problème pour obtenir davantage de récompenses.*

Connecter les humains physiquement ?

La transmission directe de signaux d'un cerveau de souris à l'autre constituait une première étape, mais l'objectif ultime était de permettre la transmission directe entre deux êtres humains. Ajouter une vraie personne à cette expérience soulève certains problèmes, et obtenir la permission d'ouvrir le crâne de quelqu'un pour y insérer une électrode n'est pas le moindre d'entre eux. Même si on trouve un volontaire, il est peu probable que les comités d'éthique autorisent pareille expérience.

Au cours de l'été 2014, un neurologue a décidé de se passer de cette autorisation. Il a pris l'avion pour le Belize et offert 30 000 dollars à un neurochirurgien du nom de Joan Cervantes pour que celui-ci lui ouvre le cerveau et y insère un petit appareil lui permettant de mener des recherches sur sa propre personne. Son nom était Kennedy – Phil Kennedy[187].

Quinze ans plus tôt, Phil Kennedy avait effectué une procédure similaire sur le cerveau d'un homme paralysé. Cette procédure permettait au patient de diriger un curseur informatique uniquement par la pensée afin de pouvoir communiquer avec le monde extérieur. Pour des raisons légales, pratiques et financières, Kennedy ne pouvait pas réitérer cette expérience aux États-Unis. Il n'est pas parvenu non plus à trouver un autre patient volontaire. Kennedy était têtu, et il refusait de laisser tomber. Aussi s'est-il retrouvé sur une table d'opération à Belize en 2014. Pendant un certain temps, à la suite de son opération, Kennedy était capable d'enregistrer l'activité neurale de son propre cerveau. Pourtant, l'opération et sa convalescence n'étaient pas dénuées de complications, et il a dû faire retirer l'appareil de son crâne avant d'obtenir des résultats probants[188].

En raison de ces problèmes pratiques et éthiques, on utilise souvent des méthodes non invasives pour enregistrer et transmettre des signaux entre les cerveaux humains. Parmi ces méthodes, on trouve l'électroencéphalographie (EEG), une technique relativement simple dans laquelle un certain nombre d'électrodes, disposés *sur* le crâne plutôt qu'à l'intérieur, servent à enregistrer les signaux électriques. Ces signaux peuvent être insérés dans un ordinateur et transmis à une autre personne ou un autre animal. À l'université Harvard, par exemple, des signaux cérébraux ont été enregistrés à partir d'un cerveau humain et transmis à celui d'un rat[189]. Cet exercice est en réalité plus précieux qu'il n'en a l'air. L'un des objectifs ultimes d'une interface humain-rat est de créer de petits « rats combattants » dont les mouvements sont contrôlés par la pensée humaine afin qu'ils puissent, par exemple, évoluer en territoire ennemi[190]. Avec ce but à l'esprit, le groupe de chercheurs était déterminé à montrer que les pensées d'une personne pouvaient contrôler les mouvements de la queue d'un rat.

Ils ont demandé à un volontaire humain de s'installer devant un ordinateur et ont fait apparaître des carrés et des cercles sur l'écran tout en enregistrant les signaux EEG du sujet. Le cerveau n'émet pas tout à fait les mêmes signaux quand on regarde un carré que quand on voit un cercle. Ces signaux ont été entrés dans un ordinateur puis transmis au cerveau du rat par ultrasons. Ces ultrasons ont déclenché une activité neurale dans une zone particulière du cerveau du rat. Chaque fois que le sujet humain voyait un cercle, le signal activait des neurones chez le rat qui lui faisaient lever la queue et, chaque fois que l'humain voyait un carré, le signal activait d'autres neurones du

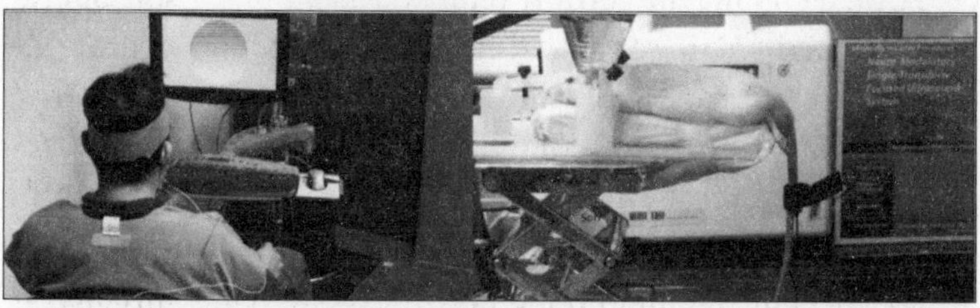

Figure 16. *Le cerveau humain fait bouger la queue du rat*[191].

rat qui lui faisaient baisser la queue. Cercles et carrés n'ont rien de particulier : on aurait tout aussi bien pu utiliser des images de licornes et de burgers. À vrai dire, le simple fait de *penser* à une licorne ou un burger aurait suffi.

Dans son principe, cette technique est similaire à ce qu'on appelle une ICM (Interface cerveau-machine). L'ICM est une méthode qui a permis d'aider des patients qui ont, par exemple, perdu l'usage d'un membre. Prenons le cas de Jan Scheuermann. En 1996, on a diagnostiqué à Jan une ataxie spinocérébelleuse (un trouble génétique neurodégénératif) et, peu après, elle est devenue incapable de bouger bras et jambes. Dans l'impossibilité de marcher, se nourrir ou s'habiller, Jan était dépendante de son entourage[192]. En 2012, ses médecins ont proposé une solution radicale qui semblait trop étrange pour être vraie : un bras robotisé qu'elle contrôlerait par la seule force de sa pensée.

Cela semblait plutôt futuriste, mais Jan s'est prêtée à l'expérience. Cette procédure requérait une opération chirurgicale durant laquelle deux grilles de 4 mm équipées de micro-électrodes ont été implantées dans son cerveau. Ces électrodes enregistraient les signaux neuraux de Jan quand elle pensait à bouger son bras. Les courants électriques étaient ensuite transmis à un ordinateur qui commandait au bras robotisé de bouger. Seulement deux semaines après l'opération, Jan était capable de faire bouger son nouveau bras et, quelque temps plus tard, elle parvenait à se nourrir seule.

Jan était une femme ambitieuse et, au bout de quelques années, elle a décidé d'aller beaucoup plus loin. Son nouvel objectif était de piloter un avion de chasse – avec son cerveau. Trois ans seulement après l'implant, Jan avait la maîtrise parfaite d'un F-35 et d'un monomoteur Cessna en simulateur, dans le cadre d'un projet DARPA (Agence pour les projets de recherche avancés de défense). Comme l'affirme Arati Prabhakar, le directeur de la DARPA, « Nous entrevoyons désormais un avenir où le cerveau sera libéré des limites du corps humain[193].» Si nous pouvons déplacer un bras robotique par la pensée, pouvons-nous également déplacer la main d'une autre personne par la force de l'esprit ? De fait, après la transmission de souris à souris, la transmission d'humain à rat, puis d'humain à machine, est venu le temps de la transmission d'humain à humain. Là encore, on a utilisé l'EEG pour enregistrer les signaux d'un volontaire qui pensait cette fois à bouger sa main. Ce signal était ensuite transféré à un ordinateur puis transmis par Internet. Une fois arrivé à destination, il était converti en signal magnétique (voir figure 17). De petites impulsions magnétiques étaient alors transmises sur le crâne d'une seconde personne grâce à un appareil de SMT (Stimulation magnétique transcrânienne). Ces impulsions déclenchaient une réaction neurale et les doigts du second sujet se mettaient aussitôt à bouger sans qu'il l'ait voulu[194].

Einstein a donc montré à Homer quel levier actionner grâce à des fils reliant leur cerveau, et un homme a fait bouger les doigts d'un autre à l'aide de ses pensées. Tout cela nous apprend que, pour modifier un comportement, il faut changer le schéma

Figure 17. *La personne de gauche utilise ses pensées pour faire bouger les doigts de l'autre sujet*[195] *(© université de Washington).*

d'activité neurale à l'intérieur du cerveau d'une personne. Mais si nous trouvons un moyen d'influencer directement l'activité cérébrale, est-ce que nous modifions intrinsèquement l'esprit ? Et serons-nous un jour capables de changer les opinions et croyances des autres en connectant les cerveaux ?

Votre esprit dans mon corps ?

Nous sommes lundi soir, et l'émotion est à son comble à la London School of Economics. Le sang monte au visage des conférenciers sur la scène. Dans le public, les gens élèvent la voix, et ce qui sort de leur bouche n'est pas toujours très poli. Si je vous posais la question, vous répondriez peut-être que le sujet évoqué dans cet auditorium bondé est le chômage, les inégalités ou les prochaines élections. Et vous auriez tort. La question qui échauffe l'esprit de ces centaines de personnes est la suivante : « Qu'est-ce que le cerveau peut nous dire de l'esprit ? ».

Non loin de moi sur la scène est assis un professeur de philosophie émérite d'Oxford. Il vient de passer vingt minutes à qualifier de « bêtises » les travaux des plus grands neuroscientifiques de notre époque, dont deux prix Nobel. Quand vient mon tour de parler, je dis quelque chose comme : « Je m'intéresse à la façon dont le cerveau calcule la valeur des options dont nous disposons », une déclaration qui ne me semble guère polémique. Je me trompe du tout au tout : le professeur de philosophie bondit de son siège et pointe le doigt dans ma direction : « Mais ce n'est pas votre cerveau qui calcule les options ! C'est *vous* qui les calculez ! » « Mais je suis mon cerveau », je réponds. « Non, c'est faux ! insiste-t-il. Vous êtes vos bras et vos jambes – tout ça, c'est vous. »

C'est vrai : je suis mes bras, mes jambes, mes poumons, mon cœur *et* mon cerveau. Il est tout aussi vrai que, si vous affectez n'importe lequel de mes organes, vous affecterez mon cerveau. Frappez-moi au bras, et mon cerveau enverra un signal de douleur ; posez de la glace sur ma jambe, et mon cerveau créera la sensation du froid. Enfoncez-moi un couteau dans le cœur, et mon cerveau va finir par cesser de fonctionner. L'inverse est également vrai : modifiez les fonctions de mon cerveau, et vous changerez les fonctions des parties de mon corps – le cerveau les contrôle toutes.

Pourtant, si vous me coupez les jambes, je resterai moi-même, pour l'essentiel. Si vous transplantez le cœur du professeur émérite dans ma poitrine, je continuerai d'être moi. Avec son cœur dans mon corps, je continuerai d'avoir un faible pour les muffins à la crème de fromage et au saumon fumé, d'aimer courir, et d'être passionnée par le comportement humain. En revanche, si vous transplantez le cerveau du philosophe dans mon corps, je vais me mettre à porter des vestes à carreaux et à parler avec un accent anglais très snob. Je ne serai plus capable de reconnaître mes enfants et j'aurai des idées très différentes sur ce qui fait que je suis moi.

Les tumeurs cérébrales, les traumatismes crâniens, et les substances chimiques qui affectent le cerveau peuvent modifier votre identité de façon spectaculaire. Des blessures physiques infligées au cerveau peuvent changer complètement vos pensées, vos sentiments, vos souvenirs et votre personnalité. Par exemple, si on procède à l'extraction chirurgicale de votre hippocampe, vous serez incapable de créer de nouveaux souvenirs [196] ; si on insère une tige de métal dans votre lobe frontal, vous deviendrez violent et antisocial [197]. Le cerveau crée l'esprit, et changer le cerveau revient donc à changer l'esprit.

Un jour, peut-être, nous affecterons les actes et les pensées des autres en modifiant mutuellement l'activité neurale dans nos cerveaux. Tout comme certains neurones de mon cerveau affectent d'autres neurones de mon cerveau – modifiant ainsi *mes* souvenirs, valeurs et actions –, ils pourraient changer directement le fonctionnement des neurones de votre cerveau – modifiant ainsi *vos* souvenirs, valeurs et actions. Les pensées, comme celle de conquérir la Lune ou de donner une voix aux introvertis, sont par essence des signaux électrochimiques dans notre cerveau. Ces signaux peuvent être enregistrés, transmis et interprétés; ainsi, il est en principe possible d'affecter les pensées des autres de cette façon. Certes, pour que cela arrive, il nous faut une compréhension beaucoup plus précise du circuit complexe des neurones dans le cerveau humain, et de la façon dont leur fonctionnement affecte les pensées et le comportement. Si cette compréhension est possible, elle se situe dans un avenir lointain.

*

Si vous n'êtes pas encore capable de modifier directement l'activité cérébrale d'une personne, vous l'influencez néanmoins. Pour ce faire, vous utilisez simplement le langage, les expressions et les actions. Une compréhension plus approfondie du fonctionnement de l'esprit et du cerveau peut donc nous aider à créer un impact et à éviter des erreurs systématiques quand nous essayons de changer les autres. Beaucoup de nos instincts liés à l'influence – convaincre quelqu'un qu'il a tort ou essayer de le contrôler – sont inefficaces parce qu'ils sont incompatibles avec la façon dont l'esprit et le cerveau fonctionnent.

Une tentative de changement peut se révéler efficace si elle est adaptée aux éléments essentiels présidant au fonctionnement de notre cerveau. L'objectif de ce livre était de présenter ces facteurs – croyances préétablies, émotions, motivations, faculté d'action, curiosité, état et autres personnes – et la façon dont ils nous affectent. Il peut être difficile de se souvenir des principes biologiques, des règles comportementales et des théories psychologiques. En revanche, les histoires, les intrigues et les personnages marquent votre esprit: ils fournissent un récit riche en émotions dont vous pouvez tirer du sens et que vous pouvez facilement vous rappeler. La prochaine fois que vous tombez sur un panneau qui dit: «Les employés doivent se laver les mains », souvenez-vous que pour motiver les gens à agir, la récompense immédiate fonctionne mieux que les menaces. La prochaine fois que vous arroserez vos plantes, souvenez-vous qu'offrir le contrôle est un outil d'influence plus efficace que l'autorité. La prochaine fois que vous écouterez les annonces de sécurité dans l'avion, souvenez-vous que pour attirer l'attention des gens, mieux vaut formuler un message qui souligne les possibilités de progrès que le danger. J'espère que les personnages de ce livre et leurs histoires resteront vivaces dans un coin de votre esprit, et qu'ils se manifesteront chaque fois que nécessaire.

Annexes

L'influence du cerveau

Le cerveau humain (illustration page suivante) est constitué de zones interconnectées qui, ensemble, produisent des actions, des pensées et des croyances. En affectant un nœud dans un système de zones connectées, on modifie d'autres nœuds, changeant ainsi ce que les individus font, et ce qu'ils pensent. Voici certaines des zones majeures évoquées dans le livre.

➢ *Aire tegmentale ventrale / substance noire (ATV/SN)*

Ces structures du cerveau moyen renferment les neurones dopaminergiques qui signalent les attentes de récompenses. Ces neurones s'activent davantage quand nous recevons une récompense inattendue et moins quand on nous refuse une récompense de façon inattendue. Ces neurones se projettent, entre autres, dans des parties du striatum, une structure profonde du cerveau.

➢ *Noyau accumbens*

Le noyau accumbens fait partie du striatum et reçoit les signaux des neurones dopaminergiques dans l'ATV/SN, entre autres. Cette zone est parfois désignée comme le siège de la récompense du cerveau car elle est essentielle dans la signalisation de l'anticipation des récompenses.

➢ *Amygdale*

L'amygdale sert à signaler et traiter l'émotion et l'excitation. Elle est connectée à beaucoup d'autres zones cérébrales, ce qui permet aux émotions de moduler de nombreuses fonctions comme la mémoire, la perception et l'attention.

> *Hippocampe*

L'hippocampe, situé dans le lobe temporal médian, est essentiel pour la mémoire. Il est situé juste à côté de l'amygdale, ce qui permet aux émotions de modifier nos souvenirs de manière significative.

> *Cortex frontal*

Des zones du cortex frontal jouent un rôle important dans les fonctions cognitives supérieures comme la planification et la réflexion. Certaines parties du cortex frontal sont également essentielles pour réguler nos émotions en modifiant l'activité de l'amygdale.

> *Cortex moteur*

Le cortex moteur sert à déclencher l'action. Il reçoit également des signaux issus de l'ATV/SN et d'autres provenant du striatum.

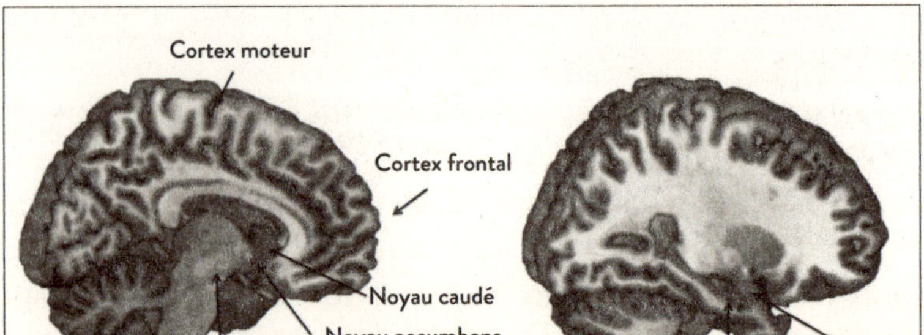

La machinerie de l'esprit. *Nous voyons ici des coupes sagittales du cerveau. Voilà à quoi ressemble l'intérieur de notre cerveau si nous le découpons depuis le sommet de la tête jusqu'au cou. La coupe de gauche montre le milieu de la tête et celle de droite une partie située entre le milieu et le côté de la tête. Y sont soulignées certaines des zones majeures formant les réseaux neuraux évoqués dans ce livre. (Dessin reproduit avec l'aimable autorisation de Caroline Charpentier.)*

Remerciements

À de multiples points de vue, l'idée de *Comment on nous manipule* m'a été donnée par le public de mon premier livre, *Le Biais de l'optimisme*. J'ai reçu beaucoup de mails de lecteurs qui voulaient savoir comment mes recherches pouvaient les guider dans leur façon de communiquer avec les autres : enfants, conjoint, employés et clients. Quelles étaient les implications de ces recherches dans l'éducation, la politique, les affaires et les réseaux sociaux, me demandaient-ils. Ces questions ont fait mouche. À l'époque, je mettais en place mon propre groupe de recherches, et je venais de fonder une famille ; par conséquent, j'avais constamment à l'esprit cette question : comment mon comportement influence-t-il les autres, dans mon équipe comme dans ma famille ? J'étudie le cerveau humain en laboratoire depuis des années, et j'ai donc commencé à examiner les données que j'avais rassemblées, ainsi que celles de mes collègues.

Pour les éléments présentés dans cet ouvrage, je dois un grand merci aux étudiants de l'Affective Brain Lab qui ont mené sans relâche des expériences destinées à mieux comprendre le comportement humain. Les études présentées dans ce livre sont l'œuvre de Neil Garrett, Caroline Charpentier, Christina Moutsiana, Filip Gesiarz, Sebastian Bobadilla-Suarez, Ana Maria Gonzalez, Stephanie Lazzaro, Raphael Koster et Andreas Stephanie Kappes. Ma curiosité envers de nombreuses idées décrites dans ce livre a été aiguillonnée par mes brillants collaborateurs. En particulier, Micah Edelson, Jan-Emmanuel De Neve, Marc Guitart-Masip, Michael Norton, Benedetto De Martino, Yadin Dudai, Ray Dolan, Ethan Bromberg-Martin, Bahador Baharami, Drazen Prelec et Cass Sunstein. Micah, Benedetto, Jan, Marc, Andreas et Cass ont eu la gentillesse de lire les premières versions de ce livre et de me fournir des commentaires avisés. Mes nombreuses conversations avec Cass m'ont aidée à structurer cet ouvrage sous sa forme actuelle, et je lui en suis reconnaissante. Mes amis Tamara Shiner et Amir Doron ont lu et commenté les ébauches de cet ouvrage. Amir m'a également aiguillée vers nombre des histoires que vous avez pu lire dans ces pages.

Mes merveilleuses agentes – Heather Schroder (Compass Talent) et Sophie Lambert (Conville and Walsh) – se sont mises en quatre pour s'assurer que mes recherches trouvent leur public. Tout cela a été possible grâce aux éditeurs – Serena Jones (Henry Holt) et Tim Whiting (Little, Brown) – qui, grâce à leur expérience, leur talent et leur patience, ont révisé chaque version du livre jusqu'à cc qu'émerge *Comment on nous influence*. Les illustrations sont le résultat du travail brillant de Lisa Brennan. Quant au produit final, il provient de leur travail à tous.

J'ai d'abord soumis l'idée du livre à Tim Whiting deux semaines après la naissance de ma fille Livia. Pendant les trois années qu'il m'a fallu pour écrire cet ouvrage, j'ai eu le privilège de voir Livia puis son frère Leo, qui nous a rejoints peu après, se transformer peu à peu en êtres humains doués de parole et de pensée. Mes interactions avec eux ont influencé ma réflexion et sont parties prenantes de ce livre. Je leur suis extrêmement reconnaissante pour leur présence dans ma vie et pour leur amour. Je dois beaucoup à tous ceux qui les aiment, s'occupent d'eux et influencent leur caractère de façon positive. En particulier, mes parents et beaux-parents qui jouent, chantent et lisent pour eux, et leur fournissent un exemple merveilleux. Mon extraordinaire mari, Josh McDermott, a été présent à chaque étape et m'a fourni amour, soutien et conseils. J'ai toujours pu compter sur lui pour me changer les idées quand les obstacles et les doutes pointaient leur nez. Ce livre lui est dédié.

Notes

Introduction

1. Le débat intégral (en anglais) est retranscrit à cette adresse : http://cnnpressroom.blogs.cnn.com/2015/09/16/cnn-reagan-library-debate-later-debate-full-transcript/.

2. Diana I. Tamir et Jason P. Mitchell, « Disclosing Information About the Self Is Intrinsically Rewarding » (« Révéler des informations sur soi est intrinsèquement gratifiant »), *Proceedings of the National Academy of Sciences*, 109, n° 21 (2012).

3. https://en.wikipedia.org/wiki/Climate_change_opinion_by_country.

Chapitre 1

4. E. Berscheid, K. Dion, E. Hatfield et G. W. Walster, « Physical Attractiveness and Dating Choice : A Test of the Matching Hypothesis » (« Attirance physique et choix d'un partenaire : un test de l'hypothèse du couple »), *Journal of Experimental Social Psychology*, 7 (1971), p. 173-189 ; Bouchard Jr. et M. McGue, « Familial Studies of Intelligence : A Review » (« Études familiales de l'intelligence »), *Science*, 212 (29 mai 1981), p. 1055-1059 ; D. M. Buss, « Human Mate Selection » (« Sélection du conjoint chez l'humain »), *American Scientist*, 73 (1985), p. 47-51 ; S. G. Vandenberg, « Assortative Mating, or Who Marries Whom? » (« L'accouplement sélectif, ou qui épouse qui ? »), *Behavior Genetics*, 11 (1972), p. 1-21.

5. Martha McKenzie-Minifi, « Where Would You Live in Europe? » (« Où aimeriez-vous vivre en Europe ? »), *EUobserver*, décembre 2014.

6. Internetstatslive.com

7. Charles G. Lord, Lee Ross et Mark R. Lepper, « Biased Assimilation and Attitude Polarization : The Effects of Prior Theories on Subsequently Considered Evidence » (« Assimilation biaisée et polarisation des attitudes : les effets des théories préalables sur les preuves examinées par la suite »), *Journal of Personality and Social Psychology*, 37, n° 11 (Novembre 1979), p. 2098-2109.

8. J. W. McHoskey, « Case Closed ? On the John F. Kennedy Assassination : Biased Assimilation of Evidence and Attitude Polarization » (« Affaire classée ? Sur l'assassinat de John F. Kennedy : Assimilations subjectives des preuves et polarisation des attitudes »), *Basic and Applied Social Psychology*, 1 (1985), p. 395-409. G. D. Munro, S. P. Leary et T. P. Lasane, « Between a Rock and a Hard Place : Biased Assimilation of Scientific Information in the Face of Commitment » (« Entre le marteau et l'enclume : Assimilation subjective de l'information scientifique face à l'engagement »), *North American Journal of Psychology*, 6 (2004), p. 431-444. Guy A. Boysen et David L. Vogel, « Biased Assimilation and Attitude Polarization in Response to Learning about Biological Explanations of Homosexuality » (« Assimilation biaisée et polarisation des attitudes face aux explications biologiques de l'homosexualité »), *Sex Roles*, 57, nos 9-10 (2007), p. 755-762.

9. Cass R. Sunstein, S. Bobadilla Suarez, S. Lazzaro et Tali Sharot, « How People Update Beliefs About Climate Change : Good News and Bad News » (« Comment les individus révisent leurs croyances concernant le changement climatique : bonnes et mauvaises nouvelles »), *Cornell Law Review* (2017). Tali Sharot et Cass R. Sunstein, « Why Facts Don't Unify Us » (« Pourquoi les faits ne nous unifient pas »), *New York Times*, 2 septembre 2016.

10. Sharot et Sunstein, « Why Facts Don't Unifty Us » (« Pourquoi les faits ne nous unifient pas »).

11. Albert Henry Smyth, *The Writings of Benjamin Franklin* (« Les œuvres de Benjamin Franklin »), vol. 10, 1789-1790 (New York, Macmillan, 1907), p. 69 ; Daniel Defoe, *Histoire du Diable*, Compagnie des libraires, 2012.

12. Amy Hollyfield, « For True Disbelievers, the Facts Are Just Not Enough » (« Pour les incrédules, les faits ne suffisent pas »), *St. Petersburg Times*, 29 juin 2008.

13. Sondage d'opinion mené pour Daily Kos par Research 2000, juillet 2009.

14. NBC News, 2010.

15. « Dave Asprey Recipe : How to Make Bulletproof Coffe… and Make Your Morning Bulletproof Too » (« La recette de Dave Asprey : Comment préparer votre café pare-balles… et démarrer la journée en fanfare »), 2010, https://www.bulletproofexec.com.

16. Kris Gunnars, « Thee Reasons Why Bulletproof Coffe Is a Bad Idea » (« Trois raisons qui font que le Bulletproof coffee est une mauvaise

idée »), Authority Nutrition ; https://authoritynutrition.com/3-reasons-why-bulletproof-coffee-is-a-bad-idea/.

17. Danny Sullivan, « Google Now Notifies of "Search Customization" and Gives Searchers Control » (« Google précise maintenant qu'il fait de la "personnalisation des recherches" et donne le contrôle aux utilisateurs »), 2008, http://searchengineland.com/google-now-notifies-of-search-customization-gives-searchers-control-14485.

18. *Ibid.*

19. Peter C. Wason, « On the Failure to Eliminate Hypotheses in a Conceptual Task » (« L'échec de l'élimination d'hypothèses dans une tâche conceptuelle »), *Quarterly Journal of Experimental Psychology*, 12, n° 3 (1960), p. 129-140

20. D. M. Kahan, E. Peters, E. C. Dawson et P. Slovic, « Motivated Numeracy and Enlightened SelfGovernment » (« Aptitudes mathématiques motivées et autonomie éclairée »), École de droit de Yale, Étude de droit public n° 307 (2013).

21. Hugo Mercier et Dan Sperber, « Why Do Humans Reason? Arguments for an Argumentative Theory », (« Pourquoi les humains raisonnent-ils ? Arguments pour une théorie argumentative »), *Behavioral and Brain Sciences*, 34, n° 2 (2011), p. 57-74.

22. Andreas Kappes, Read Montague, Ann Harvey, Terry Lohrenz et Tali Sharot, « Motivational Blindness in Financial Decision-Making » (« Cécité motivationnelle dans la prise de décisions financières »), réunion annuelle de la Société de neuroéconomie, 2014, Miami.

23. Sarah Rudorf, Bernd Weber et Camelia M. Kuhnen, « Stock Ownership and Learning from Financial Information » (« Actionnariat et apprentissage à partir d'informations financières »), réunion annuelle de la Société de neuroéconomie, 2014, Miami.

24. A. J. Wakefield, S. H. Murch, A. Anthony et al., « Retracted : Ileal-Lymphoid-Nodular Hyperplasia, NonSpecific Colitis and Pervasive Developmental Disorder in Children » (« Retiré : Hyperplasie lymphoïde nodulaire iléale, colite non spécifique et trouble envahissant du développement chez l'enfant »), *Lancet*, 351, n° 9103 (1998), p. 637-641.

25. Susan, Dominus, « The Crash and Burn of an Autism Guru » (« Chute d'un gourou de l'autisme »), *New York Times*, 20 avril 2011.

26. F. Godlee, J. Smith et H. Marcovitch, « Wakefield's Article Linking MMR Vaccine and Autism Was Fraudulent » (« L'article de Wakefield liant ROR et autisme était frauduleux »), *BMJ*, 342 (2011) : C7452.

27. Z. Horne, D. Powell, J. E. Hummel et K. J. Holyoak, « Countering Antivaccination Attitudes » (« Contrer les comportements antivaccins »), *Proceedings of the National Academy of Sciences*, 112, n° 3 (2015), p. 10321-10324.

Chapitre 2

28. « John F. Kennedy Moon Speech – Rice Stadium » (« Discours sur la Lune de John F. Kennedy au Rice Stadium »), NASA, http://er.jsc.nasa.gov/seh/ricetalk.htm. (En français : http://www.anecdotes-spatiales.com/john-f-kennedy-nous-choisissons-daller-sur-la-lune-traduction-integrale-du-discours-universite-rice-1962/).

29. https://fr.wikipedia.org/wiki/We_choose_to_go_to_the_Moon (en français) — http://gizmodo.com/5805457/kennedys-crazy-moon-speech-and-how-we-could-have-landed-on-the-moon-with-the-soviets — https://www.space.com/11774-jfk-speech-moon-exploration-kennedy-congress-50years.html — https://www.space.com/17547-jfk-moon-speech-50years-anniversary.html — http://www.nasa.gov/vision/space/features/jfk_speech_text.html.

30. « Discours sur la Lune de John F. Kennedy ».

31. http://www.nasa.gov/vision/space/features/jfk_speech_text.html.

32. Éd. JC Lattès, 2013.

33. https://www.ted.com/talks/susan_cain_the_power_of_introverts (sous-titres disponibles en français).

34. R. Schmälzle, F. E. Häcker, C. J. Honey et U. Hasson, « Engaged Listeners : Shared Neural Processing of Powerful Political Speeches » (« Auditeurs engagés : Traitement neural partagé de discours politiques percutants »)c*Social Cognition and Affective Neuroscience*, 10, n° 8 (août 2015), p. 1137-1143.

35. U. Hasson, Y. Nir, I. Levy, G. Fuhrmann et R. Malach, (2004) « Intersubject Synchronization of Cortical Activity During Natural Vision » (« Synchronisation inter-sujet de l'activité corticale au cours de la vision naturelle »), *Science*, 303 (2014), p. 1634-1640.

36. Lauri Nummenmaa et al., « Emotions Promote Social Interaction by Synchronizing Brain Activity Across Individuals » (« Les émotions encouragent l'interaction sociale en synchronisant l'activité cérébrale d'un individu à l'autre »), *Proceedings of the National Academy of Sciences*, 109, n° 24 (2012), p. 9599-9604.

37. U. Hasson, A. A. Ghazanfar, B. Galantucci, S. Garrod et C. Keysers, « Brain-to-Brain Coupling: Mechanism for Creating and Sharing a Social World » (« Appariement de cerveau à cerveau : mécanisme de création et de partage d'un monde social »), *Trends in Cognitive Sciences*, 16, n° 2 (2012), p. 114-121.

38. U. Hasson, « I Can Make Your Brain Look Like Mine » (« Je peux faire ressembler votre cerveau au mien »), *Harvard Business Review*, 88 (2010), p. 32-33.

39. G. J. Stephens, L. J. Silbert et U. Hasson, « Speaker-Listener Neural Coupling Underlies Successful Communication » (« L'appariement neural orateur-auditeur comme base d'une communication réussie »), *Proceedings of the National Academy of Sciences*, 107, n° 32 (2010), p. 14425-14430.

40. Lauri Nummenmaa, « Emotional Speech Synchronizes Brains Across Listeners and Engages Large Scale Dynamic Brain Networks » (« Le discours émotionnel synchronise les cerveaux d'un auditeur à l'autre et implique des réseaux cérébraux dynamiques à grande échelle »), *Neuroimage*, 102 (2014), p. 498-509 ; Nummenmaa, « Emotions Promote Social Interaction by Synchronizing Brain Activity Across Individuals » (« Les émotions favorisent l'interaction sociale en synchronisant l'activité cérébrale d'un individu à l'autre »), TK.

41. L. Nummenmaa, J. Hirvonen, R. Parkkola et J. K. Hietanen, « Is Emotional Contagion Special? An fMri Study on Neural Systems for Affective and Cognitive Empathy » (« La contagion émotionnelle est-elle spéciale ? Une étude du fMri sur les systèmes neuraux de l'empathie cognitive et affective »), *Neuroimage*, 43, n° 3 (2008), p. 571-80 ; S. G. Shamay-Tsoory, « The Neural Bases for Empathy » (« Les bases neurales de l'empathie »), *Neuroscientist*, 17, n° 1 (2011), p. 18-24.

42. S. F. Waters, T. V. West et W. B. Mendes, « Stress Contagion Physiological Covariation Between Mothers and Infants » (« Covariation physiologique de la contagion du stress entre mères et nourrissons »), *Psychological Science*, 25, n° 4 (2014), p. 934-942.

43. A. D. Kramer, J. E. Guillory et J. T. Hancock, « Experimental Evidence of Massive-Scale Emotional Contagion Through Social Networks » (« Preuve expérimentale de la contagion massive à grande échelle à travers les réseaux sociaux »), *Proceedings of the National Academy of Sciences*, 111, n° 24 (2014), p. 8788-8790.

44. E. Ferrara et Z. Yang, « Measuring Emotional Contagion in Social Media » (« Mesurer la contagion émotionnelle dans les réseaux sociaux »), *PLoS One*, 10, n° 11 (2015), e0142390.

45. https://backchannel.com/this-is-your-brain-on-twitter-cac0725cea2b#.c6mw7aqfc.

46. D. Kahneman, *Thinking, Fast and Slow* (« Penser, vite et lentement »), (New York, Macmillan, 2011).

47. S. G. Barsade, « The Ripple Effect: Emotional Contagion and Its Influence on Group Behavior » (« L'effet de ricochet: la contagion émotionnelle et son influence sur le comportement de groupe »), *Administrative Science Quarterly*, 47, n° 4 (2002), p. 644-675.

48. S. V. Shepherd, S. A. Steckenfinger, U. Hasson et A. A. Ghazanfar, « Human-Monkey Gaze Correlations Reveal Convergent and Divergent Patterns of Movie Viewing » (« Les corrélations du regard entre homme et singe révèlent des schémas convergents et divergents lors du visionnage d'un film »), *Current Biology*, 20 (2010), p. 649-656.

49. P. J. Whalen, J. Kagan, R. G. Cook et al., « Human Amygdala Responsivity to Masked Fearful Eye Whites » (« Réaction de l'amygdale humaine face à un regard apeuré et masqué »), *Science*, 306, n° 5704 (2004), p. 2061-2061.

Chapitre 3

50. « Surveillance for Foodborne Disease Outbreaks—United States, 1998-2008 » (« Surveillance des maladies liées à la nourriture »), *Morbidity and Mortality Weekly Report*, 62, n° SS2 (juin 2013). Dana Liebelson, « 62 Percent of Restaurant Workers Don't Wash Their Hands After Handling Raw Beef » (« 62 % des employés de restauration ne se lavent pas les mains après avoir manipulé du bœuf cru »), *Mother Jones*, 13 décembre 2013.

51. Armellino, Donna et al. « Using HighTechnology to Enforce Low Technology Safety Measures: The Use of Third Party Remote Video Auditing and Real-Time Feedback in Healthcare » (« Le recours à la haute technologie pour appliquer des mesures de sécurité basse technologie: l'usage de l'audit vidéo à distance par des tiers et les retours en temps réel dans le secteur de la santé »), *Clinical Infectious Diseases* (2011), p. 773. Laura R. Green et al. « Food Worker Hand Washing Practices: An Observation Study » (« Les pratiques hygiéniques des employés

du secteur alimentaire : une étude d'observation »), *Journal of Food Protection*, 69, n° 10 (2006), p. 2417-2423.

52. Carl P. Borchgrevink, Jaemin Cha et SeungHyun Kim, « Hand Washing Practices in a College Town Environment » (« Habitudes en termes de lavage des mains dans une ville universitaire »), *Journal of Environmental Health*, 75, n° 8 (2013), p. 18-24.

53. Donna Armellino et al., « Using HighTechnology to Enforce Low-Technology Safety Measures » (« Le recours à la haute technologie pour appliquer des mesures de sécurité basse technologie »).

54. Armellino, Donna et al., « Replicating Changes in Hand hygiene in a Surgical Intensive Care Unit with Remote Video Auditing and Feedback » (« Répliquer des modifications d'hygiène manuelle dans une unité de soins intensifs chirurgicale grâce à la surveillance vidéo et aux retours en temps réel »).

55. Jeremy Bentham, *Introduction aux principes de morale et de législation* (Vrin, 2011 pour l'édition française) ; les italiques dans la seconde phrase sont ajoutées par l'auteur.

56. Wayne A. Hershberger, « An Approach Through the Looking-Glass » (« Une expérience de l'autre côté du miroir »), *Animal Learning & Behavior*, 14, n° 4 (1986), p. 443-451.

57. Marc Guitart-Masip et al., « Action Controls Dopaminergic Enhancement of Reward Representations » (« L'action contrôle l'augmentation dopaminergique des représentations de récompense »), *Proceedings of the National Academy of Sciences*, 109, n° 19 (2012), p. 7511-7516.

58. *Ibid.*

59. Alexander Genevsky et Brian Knutson, « Neural Affective Mechanisms Predict Market-Level Microlending » (« Les mécanismes affectifs neuraux prédisent le microcrédit au niveau du marché »), *Psychological Science*, 26.9 (2015), p. 1411-1422.

60. S. H. Bracha, « Freeze, Flight, Fight, Fright, Faint : Adaptationist Perspectives on the Acute Stress Response Spectrum » (« Se figer, fuir, se battre, s'évanouir : perspectives adaptationnistes sur le spectre de réaction en cas de stress aigu »), *CNS Spectrums*, 9, n° 9 (2004), p. 679-685. S. M. Korte, M. K. Jaap, J. C. Wingfield et B. S. McEwen, « The Darwinian Concept of Stress : Benefits of Allostasis and Costs of Allostatic Load and the Trade-Off in Health and Disease » (« Concept darwinien du stress : avantages de l'allostasie et inconvénients de la

charge allostatique et leurs conséquences sur la santé et la maladie »), *Neuroscience and Biobehavioral Reviews*, 29, n° 1 (2005), p. 3-38.

61. A. E. Power et J. L. Mcgaugh, « Cholinergic Activation of the Basolateral Amygdala Regulates Unlearned Freezing Behavior in Rats » (« L'activation cholinergique de l'amygdale basolatérale régule la réaction de paralysie innée chez le rat »), *Behavioural Brain Research*, 134, n°s 1-2 (août 2002), p. 307-315.

62. Walter Mischel, Yuichi Shoda et Philip K. Peake, « The Nature of Adolescent Competencies Predicted by Preschool Delay of Gratification » (« La nature des compétences adolescentes prédite par la gratification différée à l'âge préscolaire »), *Journal of Personality and Social Psychology*, 54, n° 4 (1988), p. 687.

63. Éditions JC Lattès, 2015.

64. Joseph W. Kable et Paul W. Glimcher, « An 'As Soon as Possible' Effect in Human Intertemporal Decision Making : Behavioral Evidence and Neural Mechanisms » (« Un effet "aussi vite que possible" dans la prise de décision intertemporelle chez l'humain : preuve comportementale et mécanismes neuraux »), *Journal of Neurophysiology*, 103, n° 5 (2010), p. 2513-2531.

65. Waleter Mischel, Yuichi Shoda et Monica I. Rodriguez, « Delay of Gratification in Children » (« La gratification différée chez les enfants »), *Science*, 244, n° 4907 (1989), p. 933-938.

66. Tali Sharot, *The Optimism Bias : A Tour of the Irrationally Positive Brain*, New York, Vintage, 2011 (*Tous programmé pour l'optimisme*, Marabout, 2012). Matthew D. Lieberman, *Social : Why Our Brains Are Wired to Connect* (« Social – Pourquoi nos cerveaux sont programmés pour se connecter »), New York, Oxford University Press, 2013.

67. Celeste Kidd, Holly Palmeri et Richard N. Aslin, « Rational Snacking : Young Children's Decision-Making on the Marshmallow Task Is Moderated by Beliefs About Environmental Reliability » (« Le grignotage rationnel : la prise de décision des jeunes enfants dans le cadre du test du marshmallow est modérée par des croyances sur la fiabilité de l'environnement »), *Cognition*, 126, n° 1 (2013), p. 109-114.

Chapitre 4

68. http://www.cdc.gov/nchs/fastats/leading-causes-of-death.htm.

69. http://www.fearof.net

70. R. L. Langley, « Animal-Related Fatalities in the United States : An Update » (« Accidents mortels liés à des animaux aux États-Unis : mise à jour »), *Wilderness and Environmental Medicine*, 16 (2005), p. 67-74.

71. Mark Borden, « Hollywood's Rogue Mogul : How Terminator Director McG Is Blowing Up the Movie Business » (« Le magnat rebelle d'Hollywood : McG, le réalisateur de *Terminator*, fait exploser le business du cinéma »), *Fast Company Magazine*, mai 2009.

72. http://theweek.com/articles/462449/odds-are-11-million-1-that-youll-die-plane-crash

73. Borden, « Hollywood's Rogue Mogul ».

74. http://fortune.com/2016/04/29/tax-evasion-cost.

75. C. P. Lamberton, J. E. De Neve et M. I. Norton, « Eliciting Taxpayer Preferences Increases Tax Compliance » (« En appeler aux préférences des contribuables augmente la conformité fiscale »), document de travail, 2014 ; disponible sur SSRN 2365751.

76. L. A. Leotti, S. S. Iyengar et K. N. Ochsner, « Born to Choose : The Origins and Value of the Need for Control » (« Nés pour choisir : origines et valeur du besoin de contrôle »), *Trends in Cognitive Sciences*, 14, n° 10 (2010), p. 457-63.

77. L. A. Leotti et M. R. Delgado, « The Inherent Reward of Choice » (« La récompense intrinsèque du choix »), *Psychological Science*, 22, n° 10 (2011), p. 1310-1318, doi.org/10.1177/0956797611417005 ; L. A. Leotti et M. R. Delgado, « The Value of Exercising Control over Monetary Gains and Losses » (« Valeur de l'exercice du contrôle sur les gains et pertes monétaires »), *Psychological Science*, 25, n° 2 (2014), p. 596-604, doi.org/10.1177/0956797613514589.

78. N. J. Bown, D. Read et B. Summers, « The Lure of Choice » (« L'attrait du choix »), *Journal of Behavioral Decision Making*, 16, n° 4 (2003), p. 297.

79. Stephen C. Voss et M. J. Homzie, « Choice as a Value » (« Le choix en tant que valeur »), *Psychological Reports*, 26, n° 3 (1970), p. 912-914.

80. A. C. Catania et T. Sagvolden, « Preference for Free Choice Over Forced Choice in Pigeons » (« Les pigeons préfèrent le choix libre au choix imposé »), *Journal of the Experimental Analysis of Behavior*, 34, n° 1 (1980), p. 77-86 ; A. C. Catania, « Freedom of Choice : A Behavioral Analysis » (« Liberté de choix : une analyse comportementale »), *Psychology of Learning and Motivation*, 14 (1981), p. 7-145.

81. Cf. note 11.

82. Sheena S. Iyengar and Mark R. Lepper, « When Choice Is Demotivating : Can One Desire Too Much of a Good Thing ? » (« Quand le choix est démotivant : peut-on trop vouloir d'une bonne chose ? »), *Journal of Personality and Social Psychology*, 79, n° 6 (2000), p. 995.

83. http://www.onemint.com/.

84. http://www.thedigeratilife.com/blog/index.php/2009/04/28/pick-stocks-choosing-individual-stocksmutual-funds/.

85. Laurent Barras, Olivier Scaillet et Russ Wermers, « False Discoveries in Mutual Fund Performance : Measuring Luck in Estimated Alphas » (« Fausses découvertes dans les performances de fonds mutuels : mesurer la part de chance dans les alphas estimés »), *Journal of Finance*, 65, n° 1 (2010), p. 179-216.

86. D. Owens, Z. Grossman et R. Fackler, « The Control Premium : A Preference for Payoff Autonomy » (« La prime de contrôle : une préférence pour l'autonomie du rendement »), *American Economic Journal : Microeconomics*, 6, n° 4 (2014), p. 138-161, doi.org/10.1257/mic.6.4.138.

87. Sebastian Bobadilla-Suarez, Cass R. Sunstein et Tali Sharot, « The Intrinsic Value of Control : The Propensity to Under-Delegate in the Face of Potential Gains and Losses » (« La valeur intrinsèque du contrôle : la propension à déléguer face à des gains et pertes potentiels ») *Journal of Risk and Uncertainty*.

88. D. H. Shapiro Jr., C. E. Schwartz et J. A. Astin, « Controlling Ourselves, Controlling Our World : Psychology's Role in Understanding Positive and Negative Consequences of Seeking and Gaining Control » (« Se contrôler et contrôler le monde : le rôle de la psychologie dans la compréhension des conséquences négatives et positives de la recherche et de l'acquisition du contrôle »), *American Psychologist*, 51, n° 12 (1996), p. 1213.

89. Id.

90. Judith Rodin et Ellen J. Langer, « Long-Term Effects of a Control-Relevant Intervention with the Institutionalized Aged » (« Les effets à long terme d'une intervention liée au contrôle auprès des personnes âgées en maison de retraite »), *Journal of Personality and Social Psychology*, 35, n° 12 (1977), p. 897.

91. Michael I. Norton, Daniel Mochon et Dan Ariely, « The "IKEA Effect" : When Labor Leads to Love » (« "L'effet Ikea" : quand le travail mène à l'amour »), Harvard Business School, Unité Marketing, document de travail 11091 (2011).

92. Raphael Koster et al., « How Beliefs About Self-Creation Inflate Value in the Human Brain » (« Comment les croyances sur la création personnelle accroissent la valeur dans le cerveau humain »), *Frontiers in Human Neuroscience*, 9 (2015).

93. http://www.ted.com/talks/daniel_wolpert_the_real_reason_for_brains (« À quoi sert vraiment le cerveau » – sous-titres en français).

94. E. A. Patall, H. Cooper et J. C. Robinson, « The Effects of Choice on Intrinsic Motivation and Related Outcomes : A Meta-Analysis of Research Findings » (« Les effets du choix sur la motivation intrinsèque et les conséquences liées à ce choix : une méta-analyse des résultats de recherche »), *Psychological Bulletin*, 134, n° 2 (2008), p. 270.

Références complémentaires

• T. Sharot, B. De Martino et R. J. Dolan, « How Choice Reveals and Shapes Expected Hedonic Outcome » (« Comment le choix révèle et façonne les conséquences hédoniques attendues »), *Journal of Neuroscience*, 29, n° 12 (2009), p. 3760-3765. doi.org/10.1523/JNEUROSCI.4972 08.2009.

• T. Sharot, T. Shiner et R. J. Dolan, « Experience and Choice Shape Expected Aversive Outcomes » (« L'expérience et le choix façonnent les conséquences négatives attendues »), *Journal of Neuroscience*, 30, n° 27 (2010), p. 9209-9015. doi.org/10.1523/JNEUROSCI.4770 09.2010.

• T. Sharot, C. M. Velasquez et R. J. Dolan, « Do Decisions Shape Preference ? Evidence From Blind Choice » (« Les décisions façonnent-elles les préférences ? Démonstration à travers un choix à l'aveugle »), *Psychological Science*, 21, n° 9 (2010), p. 1231-1235, doi.org/10.1177/0956797610379235.

• Suzanne C. Thompson, « Illusions of Control : How We Overestimate Our Personal Influence » (« Illusions de contrôle : comment nous surestimons notre influence personnelle »), *Current Directions in Psychological Science*, 8, n° 6 (1999), p. 187-190.

• E. Langer et J. Rodin, « The Effects of Choice and Enhanced Personal Responsibility for the Aged : A Field Experiment in an Institutional Setting », (« Les effets du choix et de l'accroissement des responsabilités personnelles chez les personnes âgées : expérience de terrain dans un cadre institutionnalisé »), *Journal of Personality and Social Psychology*, 34 (1976), p. 191-198.

• Richard Schulz, « Effects of Control and Predictability on the Physical and Psychological Well-Being of the Institutionalized Aged » (« Effets du contrôle et de la prédictibilité sur le bien-être physique et psychologique des personnes âgées en maison de retraite »), *Journal of Personality and Social Psychology*, 33, n° (1976), p. 563.

• Jeffey Cockburn, Anne G. E. Collins et Michael J. Frank, « A Reinforcement Learning Mechanism Responsible for the Valuation of Free Choice » (« Un mécanisme d'apprentissage de renforcement responsable de l'évaluation du libre choix »), *Neuron*, 83, n° 3 (2014), p. 551-57.

Chapitre 5

95. https://digitalsynopsis.com/advertising/virgin-america-safety-dance-video/.

96. Ed Felten, « Harvard Business School Boots 119 Applicants for "Hacking" into Admissions Site » (« La Harvard Business School éconduit 119 candidats pour avoir "piraté" le site d'admission »), Freedom to Tinker, 9 mars 2005 ; https://freedom-to-tinker.com/2005/03/09/harvard-business-school-boots-119-applicants-hacking-admissions-site/. Jay Lindsay, « College Admissions Sites Breached : Business Schools Reject Applicants Who Sought Sneak Peek » (« Piratage des sites d'admission universitaire : les écoles de commerce excluent les candidats qui ont tenté de tricher »), Associated Press, 9 mars 2005.

97. Yael Niv et Stephanie Chan, « On the Value of Information and Other Rewards » (« De la valeur de l'information et autres récompenses »), *Nature Neuroscience*, 14, n° 9 (2011), p. 1095.

98. Id.

99. Ethan S. Bromberg-Martin et Okihide Hikosaka, « Midbrain Dopamine Neurons Signal Preference for Advance Information About Upcoming Rewards » (« Les neurones dopaminergiques du mésencéphale signalent la préférence des informations précoces sur les récompenses à venir »), *Neuron*, 63, vol. 1 (2009), p. 119-126. Ethan S. Bromberg-Martin et Okihide Hikosaka, « Lateral Habenula Neurons Signal Errors in the Prediction of Reward Information » (« Les neurones de l'habénula latérale signalent des erreurs dans la prédiction des informations de gratification »), *Nature Neuroscience*, 14, n° 9 (2011), p. 1209-1216.

100. R. L. Bennett, *Testing for Huntington Disease : Making an Informed Choice* (« Dépistage de la maladie de Huntington : faire un choix

informé »), Medical Genetics (Seattle, University of Washington Medical Center).

101. Bettina Meiser et Stewart Dunn, « Psychological Impact of Genetic Testing for Huntington's Disease : An Update of the Literature » (« Impact psychologique du dépistage génétique de la maladie de Huntington : mise à jour documentaire »), *Journal of Neurology, Neurosurgery and Psychiatry*, 69, n° 5 (2000), p. 574-578.

102. Andrew Caplin et Kfir Eliaz, « AIDS Policy and Psychology : A Mechanism-Design Approach » (« Politique du SIDA et psychologie : une approche mécanique conceptuelle »), *RAND Journal of Economics*, 34, n° 4 (2003), p. 631-646.

103. C. Lerman, C. Hughes, S. Lemon et al., « What You Don't Know Can Hurt You : Adverse Psychological Effects in Members of BRCA1-Linked and BRCA2-Linked Families Who Decline Genetic Testing » (« Ce qu'on ignore ne peut nous blesser : effets psychologiques négatifs chez des membres de familles porteurs du BRCA1 et BRCA2 qui ont refusé de se soumettre au dépistage génétique »), *Journal of Clinical Oncology*, 16 (1998), p. 650-654.

104. Niklas Karlsson, George Loewenstein et Duane Seppi, « The Ostrich Effect : Selective Attention to Information » (« Le syndrome de l'autruche : l'attention sélective à l'information »), *Journal of Risk and Uncertainty*, 38, n° 2 (2009), p. 95-115.

105. Id.

106. Emily Oster, Ira Shoulson et E. Dorsey, « Optimal Expectations and Limited Medical Testing : Evidence from Huntington Disease » (« Attentes optimales et dépistage médical limité : éléments de la maladie de Huntington »), *American Economic Review*, 103, n° 2 (2013), p. 804-830.

107. James R. Averill et Miriam Rosenn, « Vigilant and Nonvigilant Coping Strategies and Psychophysiological Stress Reactions During the Anticipation of Electric Shock » (« Stratégies de défense vigilantes et non-vigilantes et réactions de stress psychologique dans l'anticipation d'un choc électrique »), *Journal of Personality and Social Psychology*, 23, n° 1 (1972), p. 128.

108. Paige Weaver, « Don't Torture Yourself » (« Ne vous torturez pas »), *Paige Weaver* (blog), avril 20, 2013.

109. Kristin Cashore, *This Is My Secret* (blog), 2008.

110. http://www.thesmokinggun.com/documents/crime/dick-cheneys-suite-demands.

Références complémentaires

Thomas R. Zentall et Jessica Stagner, « Maladaptive Choice Behaviour by Pigeons : An Animal Analogue and Possible Mechanism for Gambling (Sub-Optimal Human Decision-Making Behaviour) » (« Comportement de choix inadapté chez les pigeons : parallèle animal et mécanisme possible de jeu de hasard (Comportement décisionnel humain sous-optimal) »), *Proceedings of the Royal Society B : Biological Sciences*, 278, n° 1709 (2011), principe. 1203-1208.

Deepti Babu, « Is Access to Predictive Genetic Testing for Huntington's Disease a Problem? » (« L'accès au dépistage génétique prédictif de la maladie de Huntington est-il un problème ? »), HD Buzz, 23 avril 2013.

Tommy C. Blanchard, Benjamin Y. Hayden et Ethan S. Bromberg--Martin, « Orbitofrontal Cortex Uses Distinct Codes for Different Choice Attributes in Decisions Motivated by Curiosity » (« Le cortex orbitofrontal utilise des codes distincts pour différents attributs de choix dans les décisions motivées par la curiosité »), *Neuron*, 22 janvier 2015.

Chapitre 6

111. David K. Shipler, « More Schoolgirls in West Bank Fall Sick » (« D'autres élèves de Cisjordanie tombent malades »), *New York Times*, 4 avril 1983.

112. Robert Sapolsky, *Stress and Your Body* (« Le stress et votre corps »), éd. The Great Courses, 2013.

113. Neil Garrett, Ana María González-Garzón, Lucy Foulkes, Liat Levita et Tali Sharot, « Updating Beliefs Under Threat » (« Mise à jour des croyances sous la menace »), en préparation.

114. *Ibid.*

115. http://www.pressreader.com/.

116. Avinash Kunnath, «Jeff Tedford : Where Things Went Wrong» («Jeff Tedford : comment les choses ont mal tourné»), https://www.pacifictakes.com/cal-bears/2012/11/16/3648578/jeff-tedford-california-golden-bears-head-coach-history.

117. *Ibid.*

118. *Ibid.*

119. Avinash Kunnath, « Coach Tedford the Playcaller : Part I » (« Tedford le stratège – première partie »), http://www.californiagoldenblogs.com/2009/4/7/824135/coach-tedford-the-playcaller-part-i.

120. Brian Burke, « Are NFL Coaches Too Timid? » (« Les entraîneurs de la NFL sont-ils trop timides ? »), *http://archive.advancedfootballanalytics.com/2009/05/are-nfl-coache-too-timid.html.*

121. Chris Brown, « Smart Football » (« Le football intelligent »), http://smartfootball.blogspot.com/2009/02/conservative-and-risky-football.html.

122. Greg Garber, « Chang Refused to Lose Twenty Years Ago » (« Il y a vingt ans, Chang a refusé de perdre »), ESPN.com, 20 mai 2009.

123. *Ibid.*

124. Steven Pye, « How Michael Chang Defeated Ivan Lendl at the French Open in 1989 » (« Comment Michael Chang a battu Ivan Lendl à l'Open de France en 1989 »), *Guardian*,http://www.theguardian.com/sport/that-1980s-sports-blog/2013/may/21/michael-chang-ivan-lendl-french-open-1989

125. Paul Gittings, « Chang's 'Underhand' Tactics Stunned Lendl and Made Tennis History » (« Le service à la cuillère de Chang stupéfie Lendl et entre dans l'histoire du tennis »), CNN, http://edition.cnn.com/2012/06/08/sport/tennis/tennis-chang-underhand-service-french-openlin/index.html.

126. *Ibid.*

127. Pye, « How Michael Chang Defeated Ivan Lendl at the French Open in 1989 » (« Comment Chang a battu Lendl à l'Open de France en 1989 »).

128. Gittings, « Chang's 'Underhand' Tactics Stunned Lendl and Made Tennis History » (« Le service à la cuillère de Chang stupéfie Lendl et entre dans l'histoire du tennis »).

129. Pye, « How Michael Chang Defeated Ivan Lendl at the French Open in 1989 » (« Comment Chang a battu Lendl à l'Open de France en 1989 »).

130. L. Guiso, P. Sapienza et L. Zingales, « Time Varying Risk Aversion » (« L'aversion du risque dans le temps »), document de travail NBER n° w19284 (2013) ; disponible sur http://www.nber.org/papers/w19284.

131. R. M. Heilman, L. G. Crişan, D. Houser, M. Miclea et A. C. Miu, « Emotion Regulation and Decision Making Under Risk and Uncertainty » (« Régulation de l'émotion et prise de décision en contexte de risque et d'incertitude »), *Emotion*, 10 (2010), p. 257-265.

132. Kenneth T. Kishida et al., « Implicit Signals in Small Group Settings and Their Impact on the Expression of Cognitive Capacity and Associated Brain Responses » (« Signaux implicites dans les petits groupes et leur impact sur l'expression de la capacité cognitive et des réactions cérébrales associées »), *Philosophical Transactions of the Royal Society B : Biological Sciences*, 367, n° 1589 (2012), p. 704-716.

133. Gregory J. Quirk et Jennifer S. Beer, « Prefrontal Involvement in the Regulation of Emotion : Convergence of Rat and Human Studies » (« Implication préfrontale dans la régulation de l'émotion : convergence des études sur le rat et l'humain »), *Current Opinion in Neurobiology*, 16, n° 6 (2006), p. 723-727.

134. A. Ross Otto, Stephen M. Fleming et Paul W. Glimcher, « Unexpected but Incidental Positive Outcomes Predict Real-World Gambling » (« Influence des résultats positifs inattendus mais secondaires sur les jeux d'argent dans le monde réel »), *Psychological Science*, 2016, 0956797615618366.

Chapitre 7

135. Jeanna Bryner, « Good or Bad, Baby Names Have Long-lasting Effects » (« Bons ou mauvais, les prénoms des bébés ont des effets à long terme »), *Live Science*, 13 juin 2010.

136. Rob Siltanen, « The Real Story Behind Apple's 'Think Different' Campaign » (« La face cachée de la campagne "Think different" d'Apple »), *Forbes*, 14 décembre 2011.

137. Albert Bandura, Dorothea Ross et Sheila A. Ross, « Imitation of Film-Mediated Aggressive Models » (« Imitation de modèles agressifs issus de films »), *Journal of Abnormal and Social Psychology*, 66, n° 1 (1963), p. 3.

138. Caroline J. Charpentier et al., « The Brain's Temporal Dynamics from a Collective Decision to Individual Action » (« La dynamique temporale du cerveau, de la décision collective à l'action individuelle »), *Journal of Neuroscience*, 34, n° 17 (2014), p. 816-823.

139. http://www.usatoday.com/story/life/movies/2014/10/06/sideways-killed-merlot/15901489/.

140. Zhang Juanjuan, « The Sound of Silence : Observational Learning in the U.S. Kidney Market » (« Le bruit du silence : apprentissage observationnel sur le marché américain des reins »), *Marketing Science*, 29, n° 2 (2010), p. 315-335.

141. Lev Muchnik, Sinan Aral et Sean J. Taylor, « Social Influence Bias : A Randomized Experience » (« Biais d'influence sociale : une expérience aléatoire »), *Science*, 341, n° 6146 (2013), p. 647-651.

142. Micah Edelson, Tali Sharot, R.J. Dolan et Yadin Dudai, « Following the Crowd : Brains Substrates of Long-Term Memory Conformity » (« Suivre la foule : Supports cérébraux de la conformité mémorielle à long terme »), *Science*, 333, n° 6038 (2011), p. 108-111.

143. Joseph Ledoux, « The Emotional Brain : The Mysterious Underpinnings of Emotional Life » (« Le cerveau émotionnel : les mystérieux fondements de la vie émotionnelle »), New York (Simon and Schuster, 1998).

144. Heinrich Klüver et Paul C. Bucy, « Preliminary Analysis of Functions of the Temporal Lobes in Monkeys » (« Analyse préliminaire des fonctions des lobes temporaux chez les singes »), *Archives of Neurology and Psychiatry*, 42, n° 6 (décembre 1939), p. 979-1000.

145. Kevin C. Bickart et al., « Amygdala Volume and Social Network Size in Humans » (« Volume de l'amygdale et taille des réseaux sociaux chez les humains »), *Nature Neuroscience*, 14, n° 2 (2011), p. 163-164.

146. Edelson et al., « Following the Crowd » (« Suivre la foule »).

147. Micah Edelson, Yadin Dudai, R.J. Dolan et Tali Sharot, « Brains Substrates of Recovery from Misleading Influence » (« Supports cérébraux permettant de se remettre d'une mauvaise influence »), *Journal of Neuroscience*, 34, n° 23 (2014), p. 7744-7753.

148. Christophe P. Chamley, *Rational Herds : Economic Models of Social Learning* (« Troupeaux rationnels : modèles économiques d'apprentissage social »), Cambridge (Cambridge University Press, 2004).

149. Albert Bandura, « Influence of Models' Reinforcement Contingencies on the Acquisition of Imitative Responses » (« Influence des contingences de renforcement des modèles sur l'acquisition de réactions imitatives »), *Journal of Personality and Social Psychology*, 1, n° 6 (1965), p. 589.

150. Kyoko Yoshida et al., « Social Error Monitoring in Macaque Frontal Cortex » (« Observation de l'erreur sociale dans le cortex frontal des macaques »), *Nature Neuroscience*, 15, n° 9 (2012), p. 1307-1312.

151. Wolfram Schultz, Peter Datan et P. Read Montague, « A Neural Substrate of Prediction and Reward » (« Un support neural de la prédiction et de la récompense »), *Science*, 275, n° 5306 (1997), p. 1593-1599.

152. Christopher J. Burke et al., « Neural Mechanisms of Observational Learning » (« Mécanismes neuraux d'apprentissage observationnel »), *Proceedings of the National Academy of Sciences*, 107, n° 32 (2010), p. 14431-14436.

153. Paul A. Howard-Jones et al., « The Neural Mechanisms of Learning from Competitors » (« Les mécanismes neuraux de l'apprentissage issu des concurrents »), *Neuroimage*, 53, n° 2 (2010), p. 790-799.

154. Rebecca Saxe et Nancy Kanwisher, « People Thinking About Thinking People : The Role of the TemporoParietal Junction in 'Theory of Mind' » (« Penser à des gens qui pensent : le rôle du carrefour temporo-pariétal dans la "théorie de l'esprit" »), *Neuroimage*, 19, n° 4 (2003), p. 1835-1842.

155. Benedetto De Martino et al, « In the Mind of the Market : Theory of Mind Biases Value Computation During Financial Bubbles » (« Dans l'esprit du marché : la théorie de l'esprit biaise le calcul des valeurs pendant les bulles financières »), *Neuron*, 79.6 (2013), p. 1222-1231.

Chapitre 8

156. Albin Michel, 2016.

157. « Man Booker Winner's Debut Novel Rejected Nearly Eighty Times » (« Le premier roman du lauréat du Man Booker Prize a été refusé près de 80 fois »), *Guardian*, 14 octobre 2015.

158. « Revealed : The Eight-Year-Old Girl Who Saved Harry Potter » (« Révélation : la fillette de huit ans qui a sauvé Harry Potter »), *Independent*, 2 juillet 2005.

159. *Ibid.*

160. Francis Galton, « Vox Populi (the Wisdom of Crowds) » (« Vox populi, la sagesse des foules »), *Nature*, 75 (1907), p. 450-451.

161. James Surowiecki, *La Sagesse des foules*, Jean-Claude Lattès, 2008.

162. Micah Edelson, Tali Sharot, R.J. Dolan et Yadin Dudai, « Following the Crowd : Brains Substrates of Long-Term Memory Conformity » (« Suivre la foule : Supports cérébraux de la conformité mémorielle à long terme »), *Science*, 333, n° 6038 (2011), p. 108-111.

163. Julia A. Minson et Jennifer S. Mueller, « The Cost of Collaboration : Why Joint Decision Making Exacerbates Rejection of Outside Information, » (« Le coût de la collaboration : pourquoi les prises de

décisions conjointes exacerbent le rejet des informations extérieures»), *Psychological Science*, 23, n° 3 (2012), p. 219-224.

164. Edward Vul et Harold Pashler, «Measuring the Crowd Within: Probabilistic Representations Within Individuals» («Mesurer la foule intérieure: représentations probabilistes chez les individus»), *Psychological Science*, 19, n° 7 (2008), p. 645-647.

165. Ali Mahmoodi et al., «Equality Bias Impairs Collective Decision-Making Across Cultures» («Les biais d'égalité affectent les prises de décisions collectives à travers les cultures»), *Proceedings of the National Academy of Sciences*, 112, n° 12 (2015), p. 3835-3840.

166. Sharot, *The Optimism Bias: A Tour of the Irrationally Positive Brain*.

167. Michale L. Kalish, Thomas L. Griffiths et Stephan Lewandowsky, «Iterated Learning: Intergenerational Knowledge Transmission Reveals Inductive Biases» («Apprentissage réitéré: la transmission intergénérationnelle du savoir révèle des biais inductifs»), *Psychonomic Bulletin & Review*, 14, n° 2 (2007), p. 288-294.

168. *Ibid.*

169. *Ibid.*

170. *Ibid.*

171. Mahmoodi, «Equality Bias» («Biais d'égalité»), TK.

172. Shane Frederick, «Cognitive Reflection and Decision Making» («Réflexion cognitive et prise de décision»), *Journal of Economic Perspectives*, 19, n° 4 (2005), p. 25-42, oi:10.1257/089533005775196732, 1er décembre, 2015.

173. Drazen Prelec, H. Sebastian Seung et John McCoy, *Finding truth even if the crowd is wrong* («Trouver la vérité même quand tout le monde a tort»), document de travail, MIT, 2013.

Chapitre 9

174. A. Belfer-Cohen et N. Goren-Inbar, «Cognition and Communication in the Levantine Lower Palaeolithic» («Cognition et communication dans le paléolithique inférieur levantin»), *World Archaeology*, 26 (1994), p. 144-157, doi:10.1080/00438243.1994.9980269.

175. F. L. Coolidge et T. Wynn, «Working Memory, Its Executive Functions, and the Emergence of Modern Thinking» («La mémoire de travail, ses fonctions exécutives et l'émergence de la pensée moderne»),

Cambridge Archaeological Journal, 15 (2005), p. 5-26, doi:10.1017/S0959774305000016.

176. Peter T. Daniels, « The Study of Writing Systems » (« L'étude des systèmes d'écriture ») *in The World's Writing Systems* (« Les systèmes d'écriture dans le monde »), ed. William Bright et Peter T. Daniels, New York, Oxford University Press, 1996.

177. Lucien Febvre et Henri-Jean Martin, *L'Apparition du livre* (Albin Michel, 1958), cité par Benedict Anderson dans *Comunidades Imaginadas : Reflexiones Sobre el Origen y la Difusión del Nacionalismo* (« Communautés imaginaires : réflexions sur l'origine et la diffusion du nationalisme »), Mexico, Fondo de Cultura Económica, 1993.

178. P. K. Bondyopadhyay, « Guglielmo Marconi : The Father of Long Distance Radio Communication–An Engineer's Tribute » (« Guglielmo Marconi : le père de la communication radio longue distance – hommage d'un ingénieur »), 1995.

179. « Current Topics and Events » (« Sujets et événement contemporains »), *Nature*, 115 (4 avril 1925), p. 505-506, doi:10.1038/115504a0.

180. Mitchell Stephens, « History of Television » (« L'histoire de la télévision »), *Grolier Encyclopedia*, https://www.nyu.edu/classes/stephens/History%20of%20Television%20page.htm.

181. « The fist ISP » (« Le premier ISP »), Indra.com, 13 août 1992 ; archivé à partir de l'original le 5 mars 2016, extrait le 17 octobre 2015.

182. J. Hawks, « How Has the Human Brain Evolved? » (« Comment le cerveau humain a-t-il évolué ? »), *Scientific American*, 2013, p. 6.

183. J. K. Rilling et T. R. Insel, « The Primate Neocortex in Comparative Perspective Using Magnetic Resonance Imaging » (« Le néocortex des primates dans une perspective comparative grâce aux IRM »), *Journal of Human Evolution*, 37, n° 2 (1999), p. 191-223.

184. U. Hasson, A. A. Ghazanfar, B. Galantucci, S. Garrod et C. Keysers, « Brain-to-Brain Coupling : A Mechanism for Creating and Sharing a Social World » (« Couplage des cerveaux : un mécanisme de création et de partage du monde social »), *Trends in Cognitive Sciences*, 16, n° 2 (2012), p. 114-121.

185. Miguel PaisVieira et al., « A Brain-to-Brain Interface for Real-Time Sharing of Sensorimotor Information » (« Interface cerveau-cerveau pour le partage en temps réel d'information sensorimotrices »), *Scientific Reports*, 3 (2013).

186. Ian Sample, « Brain-to-Brain Interface Lets Rats Share Information via Internet » (« L'interface cerveau-cerveau permet à des rats de partager des informations *via* Internet »), *Guardian*, 1er mars 2013, https://www.theguardian.com/science/2013/feb/28/brains-rats-connected-share-information.

187. Daniel Engber, « The Neurologist Who Hacked His Brain—and Almost Lost His Mind » (« Le neurologue qui a piraté son propre cerveau – et a failli devenir fou »), *Wired*, 26 janvier 2016, http://www.wired.com/2016/01/phil-kennedy-mind-control-computer/.

188. *Ibid.*

189. Seung Schik Yoo et al., « Non-Invasive Brain-to-Brain Interface (BBI) : Establishing Functional Links Between Two Brains » (« Interface cerveau-cerveau non invasive : établir des liens fonctionnels entre deux cerveaux »), *PLoS One*, 8, n° 4 (2013), e60410.

190. http://www.extremetech.com/extreme/162678-harvard-creates-brain-to-brain-interface-allows-humans-to-control-other-animals-with-thoughts-alone.

191. Seung Schik Yoo et al., « Non-Invasive Brain-to-Brain Interface (BBI) : Establishing Functional Links Between Two Brains » (« Interface cerveau-cerveau non invasive : établir des liens fonctionnels entre deux cerveaux »), *PLoS One*, 8, n° 4 (2013), e60410.

192. Charles Q. Choi, « Quadriplegic Woman Moves Robot Arm with Her Mind » (« Une femme tétraplégique contrôle un bras robotisé par la pensée »), *Live Science*, 17 décembre 2012, http://www.livescience.com/25600-quadriplegic-mind-controlled-prosthetic.html.

193. *https://www.washingtonpost.com/news/speaking-of-science/wp/2015/03/03/a-paralyzed-woman-flew-a-f-35-fighter-jet-in-a-simulator-using-only-her-mind/.*

194. Rajesh P. N. Rao et al., « A Direct Brain-to-Brain Interface in Humans » (« Une interface cerveau-cerveau directe chez les humains »), *PLoS One*, 9, n° 11 (2014), e111332.

195. Doree Armstrong et Michelle Ma, « Researcher Controls Colleague's Motions in First Human Brain-to-Brain Interface » (« Un chercheur contrôle les mouvements d'un confrère lors de la première interface cerveau-cerveau humaine »), *UW Today*, 27 août 2017, http://www.washington.edu/news/2013/08/27/researcher-controls-colleagues-motions-in-1st-human-brain-to-brain-interface/

196. W. B. Scoville et B. Milner, « Loss of Recent Memory After Bilateral Hippocampal Lesions » (« Perte de la mémoire récente après des lésions

bilatérales de l'hippocampe »), *Journal of Neurology, Neurosurgery, and Psychiatry*, 20 février, n° 1 (1957), p. 11-21.

197. J. M. Harlow, « Passage of an Iron Rod Though the Head » (« Insertion d'une tige métallique dans la tête »), *Journal of Neuropsychiatry and Clinical Neurosciences*, 11, n° 2 (1999), p. 281-283.

À propos de l'auteur

Tali Sharot est l'auteur de *Tous programmés pour l'optimisme* (Marabout, 2012) et professeur associée de neurosciences cognitives, titulaire de diplômes en économie et psychologie. Elle est la fondatrice et directrice de l'Affective Brain Lab à l'University College de Londres. Ses essais sur la prise de décision, l'émotion et l'influence ont été publiés dans *Nature, Science, Nature Neuroscience, Psychological Science* et de nombreuses autres revues. Elle a été citée dans de nombreux travaux et a écrit pour le *New York Times, Time Magazine, The Washington Post,* CNN et la BBC, entre autres. Avant de devenir neuroscientifique, Tali Sharot a travaillé dans l'industrie financière pendant quelques années et effectué son service national obligatoire dans l'armée de l'air israélienne. Elle vit entre Londres et Boston avec son mari et ses enfants.

PAPIER CERTIFIÉ

Achevé d'imprimer en Espagne par Rotativas de Estella en mars 2024
Pour le compte des Éditions Hachette Livre (Marabout)
58, rue Jean-Bleuzen, 92178 Vanves Cedex
Dépôt légal : avril 2024
ISBN: 978-2-501-18062-7
62 8425 6